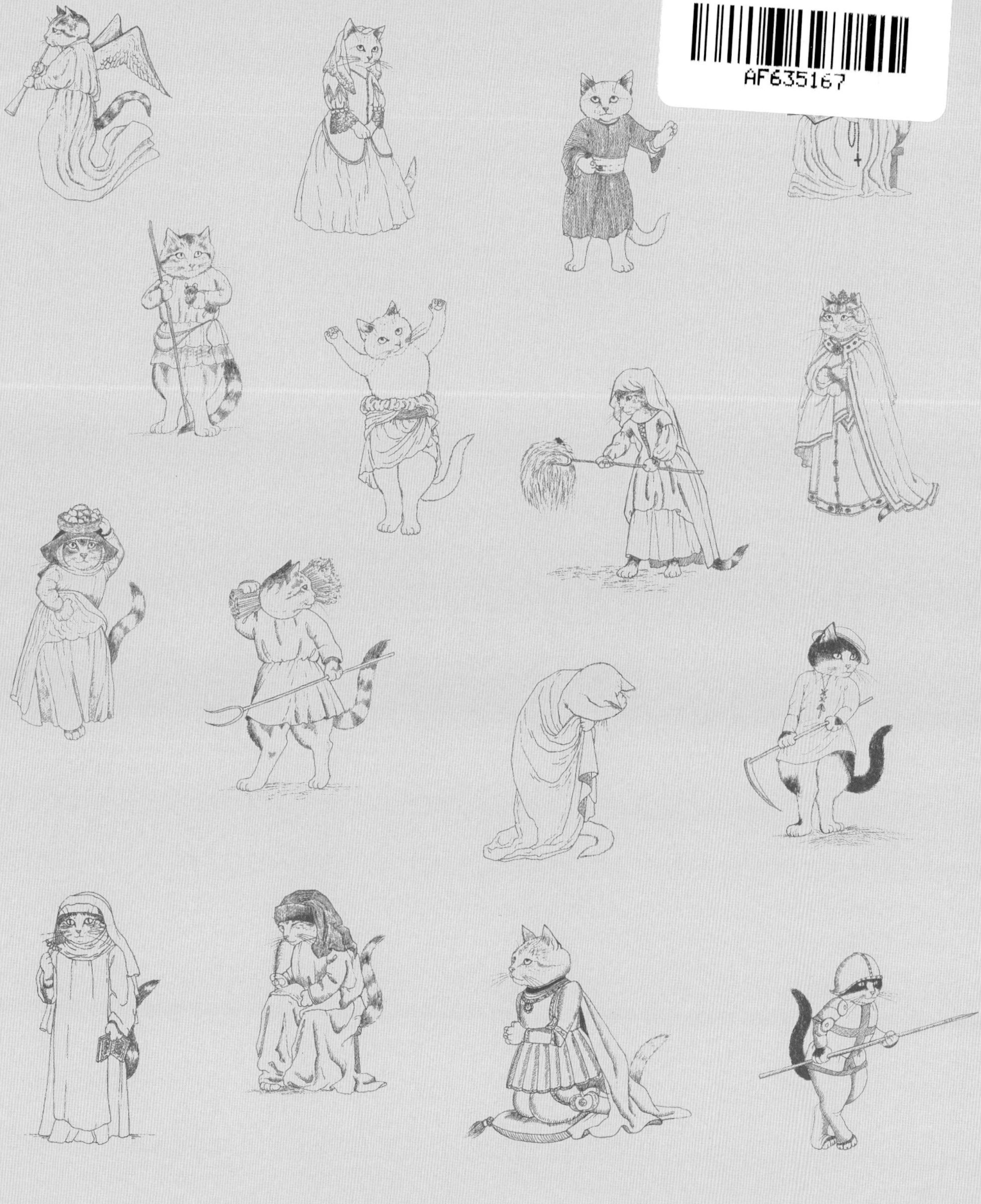

MEHR
KATZENKUNST

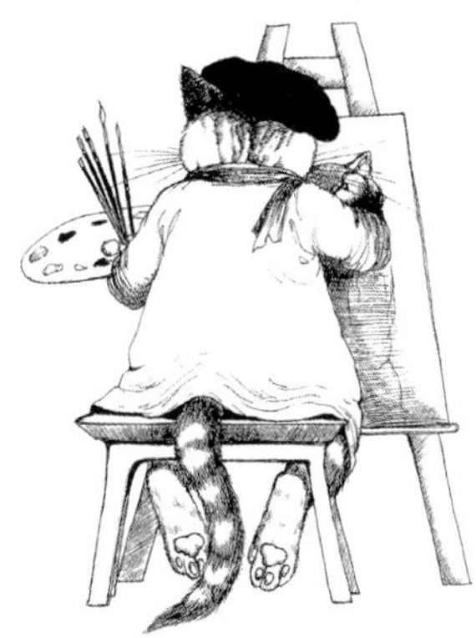

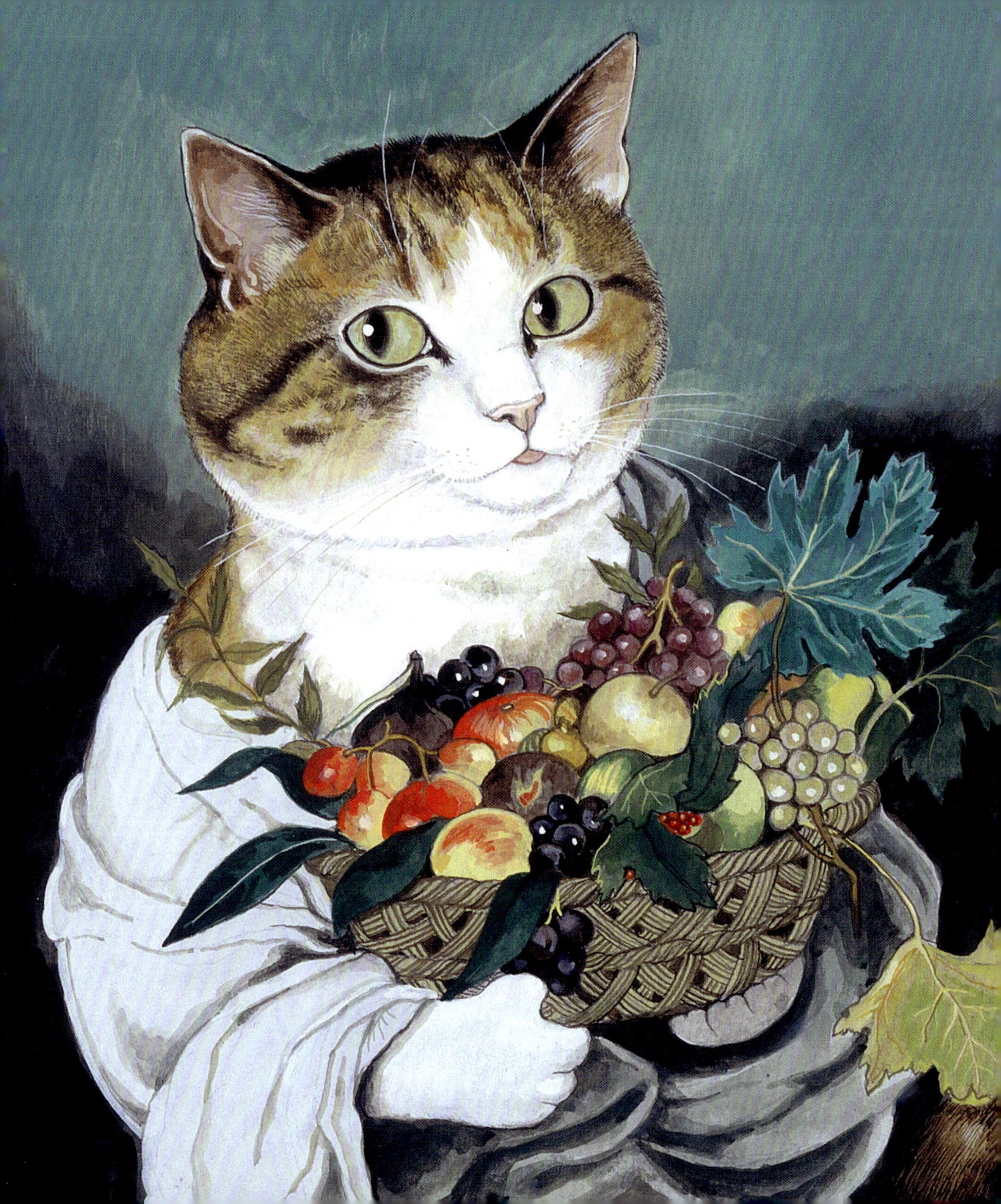

SUSAN HERBERT

MEHR KATZEN KUNST

Ein neues Kompendium kultivierter Katzen

EDITION OLMS ZÜRICH

Dieses Buch ist Susan Herbert (1945–2014) sowie Polly, Clover und allen Katzen gewidmet, die ihre Arbeit inspiriert haben.

COVER *Vorderseite* in Anlehnung an Vincent van Gogh, *Selbstbildnis*, 1889

SEITE 2 in Anlehnung an Caravaggio, *Knabe mit Früchtekorb*, 1593–1595

EDITION OLMS AG
Rosengartenstrasse 13B
CH-8608 Bubikon / Zürich
Switzerland

Mail: info@edition-olms.com
Web: www.edition-olms.com

ISBN 978-3-283-01305-9

Übersetzung: Julia Voigt
Lektorat: Beate Bücheleres-Rieppel
Satz: Weiß-Freiburg GmbH – Grafik und Buchgestaltung

Bibliografische Information der Deutschen Bibliothek
Die Deutsche Bibliothek verzeichnet diese Publikation
in der Deutschen Nationalbibliografie;
detaillierte bibliografische Daten sind im Internet über
http://dnb.ddb.de abrufbar

Originalausgabe:

Printed and bound in China

FSC www.fsc.org
MIX
Papier aus verantwortungsvollen Quellen
FSC® C008047

INHALT

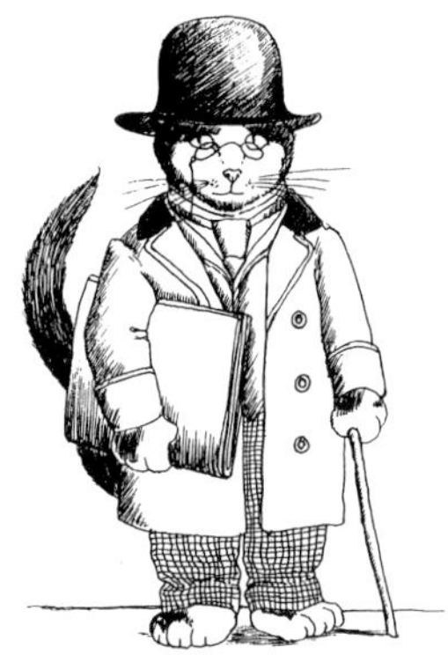

Vorwort

von Janet Froud

Susan Herbert war meine jüngere Schwester und kam 1945 in Hampton-in-Arden, England, zur Welt. Unser ganzes Leben waren wir eng verbunden. Schon in unserer Kindheit spielten Zeichnen und Malen eine große Rolle, da unser Vater Architekt war und uns oft alte Pläne überließ. Dann bastelten wir Figuren und Gegenstände aus Pappe und erfanden eigene Geschichten. Künstler, die uns früh beeinflussten, waren Beatrix Potter und Arthur Rackham.

Zu Beginn der 1960er Jahre begeisterten wir uns für Shakespeare – und nicht für die Beatles – und verbrachten unsere Samstage im Theater im benachbarten Stratford-upon-Avon. Später arbeiteten wir für die Royal Shakespeare Company, bis ich heiratete und Susan nach London ging. Durch die Werke von Gilbert und Sullivan hatte sie ihre Liebe zu Opern entdeckt und bekam eine Anstellung an der English National Opera. Susan malte Tiere in verschiedenen Aufmachungen und Milieus, vor allem Mäuse und Ratten, später spezialisierte sie sich auf Katzen, die über eine stärkere Anziehungskraft verfügten. In der Zeitschrift *Opera* erschien ihr „Rodent Ring Cycle“ (Ring der Nagetiere) – Wagner war einer ihrer Lieblinge.

Nach einem Semester an der Ruskin School of Art merkte Susan, dass Studieren nichts für sie war, und sie ging nach Bath zum Theatre Royal. Andere Jobs folgten, während ihre Kunst nur wenig Beachtung fand. Doch dann erkannte Stanley Baron vom Verlag Thames & Hudson ihr Potenzial: 1990 erschien mit *The Cats Gallery of Art* (Die Katzengalerie) ihr erstes Buch, viele weitere folgten. Vor allem in Japan waren ihre Werke populär. Zwei Ausstellungen ihrer Gemälde fanden in Tokio statt.

Susan wollte unterhalten und amüsieren, und mit Vorwürfen der Ketzerei kam sie gut zurecht. Ihre weiteren Jahre prägten ihre Katzen Polly (die in vielen ihrer Gemälde verewigt ist, wie gegenüber als Penelophon) und Clover, ihre Begeisterung für den *Herrn der Ringe*, für den Tenor Jonas Kaufmann und das Sammeln von Stofftieren. Meine Kinder liebten sie wegen ihres Bohème-Lebensstils, ihres derben Humors und ihrer Standfestigkeit in puncto Rotwein.

Susan ertrug die Höhen und Tiefen ihrer Krebsbehandlung sehr tapfer und mit heiterer Gelassenheit. 2014 starb sie kurz vor ihrem 69. Geburtstag.

GEGENÜBER Edward Burne-Jones, *König Cophetua und die Bettlerin*, 1884

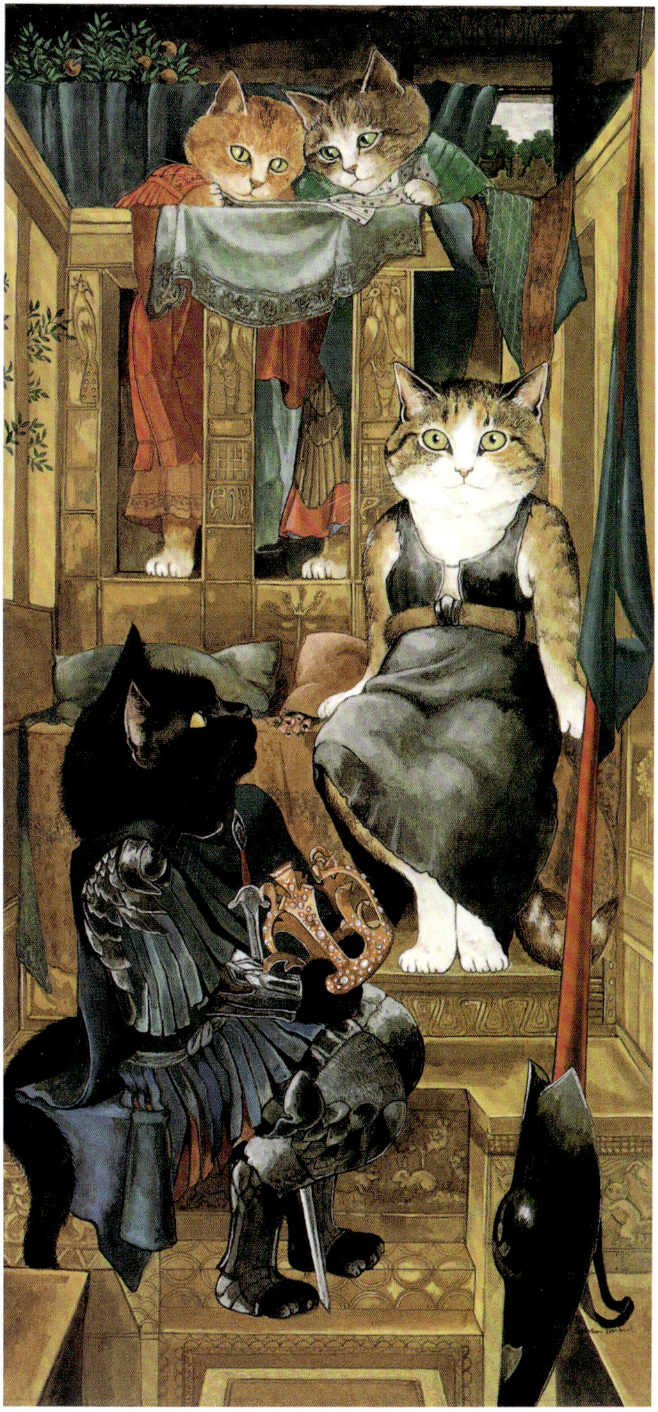

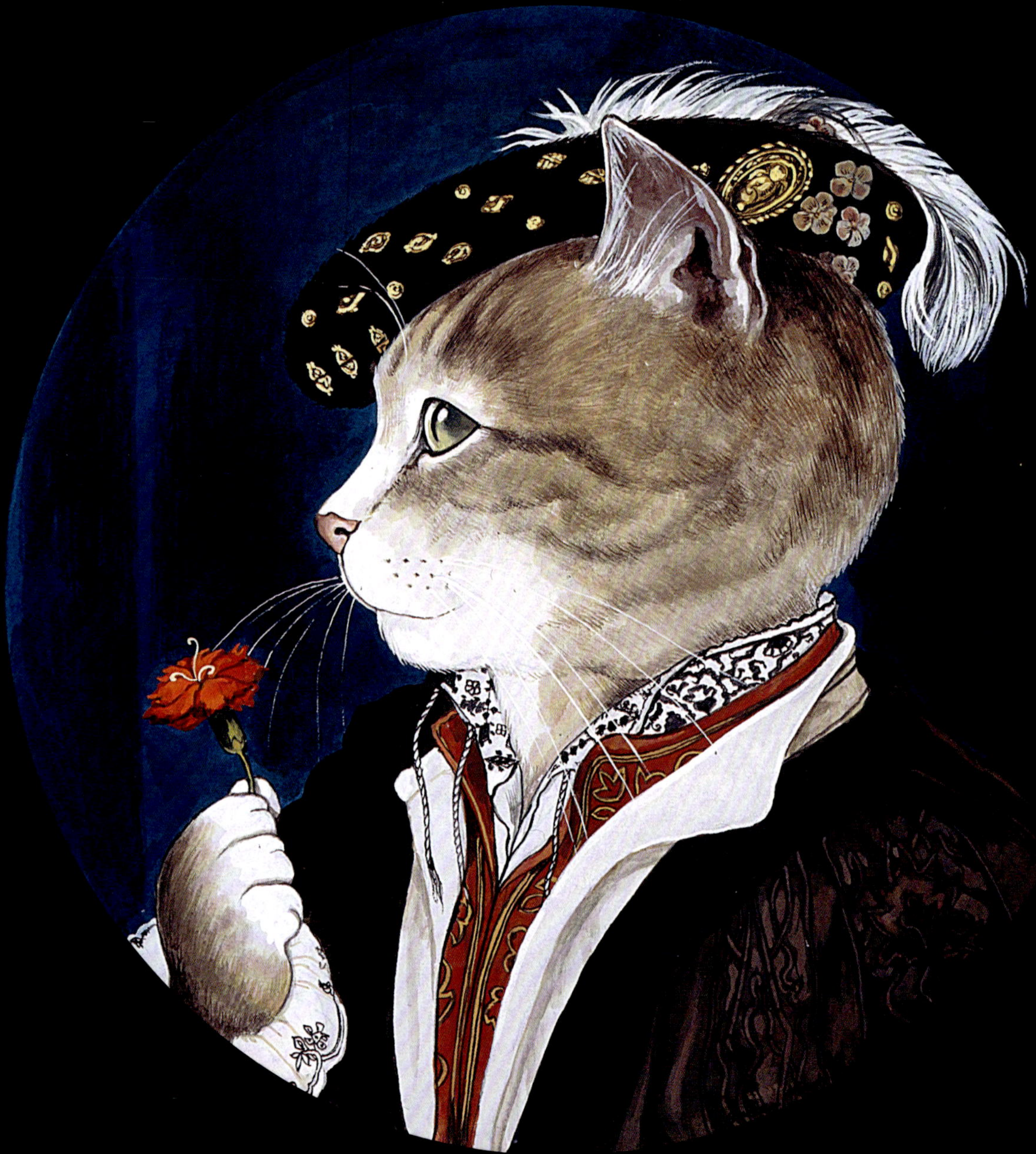

Einleitung

Gesichter mit Schnurrhaaren spähen unter Hauben mit Bandschlaufen und Spitzen hervor. Pelzige Schwänze hängen wie Sonnenschirme über Armen oder streichen, steil nach oben gestreckt, an einer Reihe Orden entlang. Weiche, dicke Pfoten greifen nach Blumen, Hüten und Obst. Es gibt leidende Jungfern, biblische Propheten und auch den gepeinigten Künstler mit dem abgeschnittenen Ohr. Willkommen in Susan Herberts wunderbarer Welt, die sich vom Mittelalter bis zum Impressionismus spannt.

In dieser neuen Zusammenstellung origineller Katzenkunst übernehmen die Stubentiger noch weitere der bekanntesten Gemälde der Welt. Sie tauchen im *Stundenbuch des Herzogs von Berry* aus dem 15. Jahrhundert auf, schweben als engelhafte Amoretten durch Renaissance-Meisterwerke und posieren steif in königlichen Porträts, bevor es im 19. Jahrhundert etwas lockerer wird, als Künstler zur Farbe griffen und sich ins Freie begaben.

Es handelt sich jedoch nicht um schlichte Reproduktionen bekannter Kunstwerke, bei denen die Figuren einfach durch Katzen ersetzt werden. Vielmehr sind in Susan Herberts Bildern die Katzen selbst die Protagonisten und schlüpfen in die Rolle der Jungfrau Maria, des Königs von Frankreich oder gleich in die Gottes. Die spitzen Ohren, die einer Krone oder einem Blumenkranz Halt geben, sind nur eine Facette, die diese Adaptionen so besonders macht. Eine weitere ist der Gesichtsausdruck mürrischer Resignation, den wohl jeder Katzenbesitzer kennt.

Susan Herberts eigene rundliche Katze Polly taucht in diesem Buch immer wieder auf, sei es mit einem geltungsvollen Seitenblick als Hans Holbeins Simon George of Cornwell (gegenüber), als Caravaggios *Knabe mit Früchtekorb* schelmisch die Zunge herausstreckend (Seite 2), oder adrett dasitzend in Dante Gabriel Rossettis *Tagtraum* (Seite 181), um nur einige Beispiele zu nennen. Aber Polly war nicht der einzige Star der Familie – auch die weiße Katze Clover ist als Chardins *Mädchen mit dem Federball* zu sehen (Seite 88).

Polly, Clover und all die anderen Katzen von Susan Herbert strahlen auf jeder Seite ihren unverkennbaren Charakter aus. Sie verleihen den Werken Wärme und Humor und sorgen für die große Anzahl begeisterter Fans dieser beliebten Künstlerin.

GEGENÜBER Hans Holbein der Jüngere, *Bildnis des Simon George of Cornwall*, 1535–1540

DIE GEMÄLDE

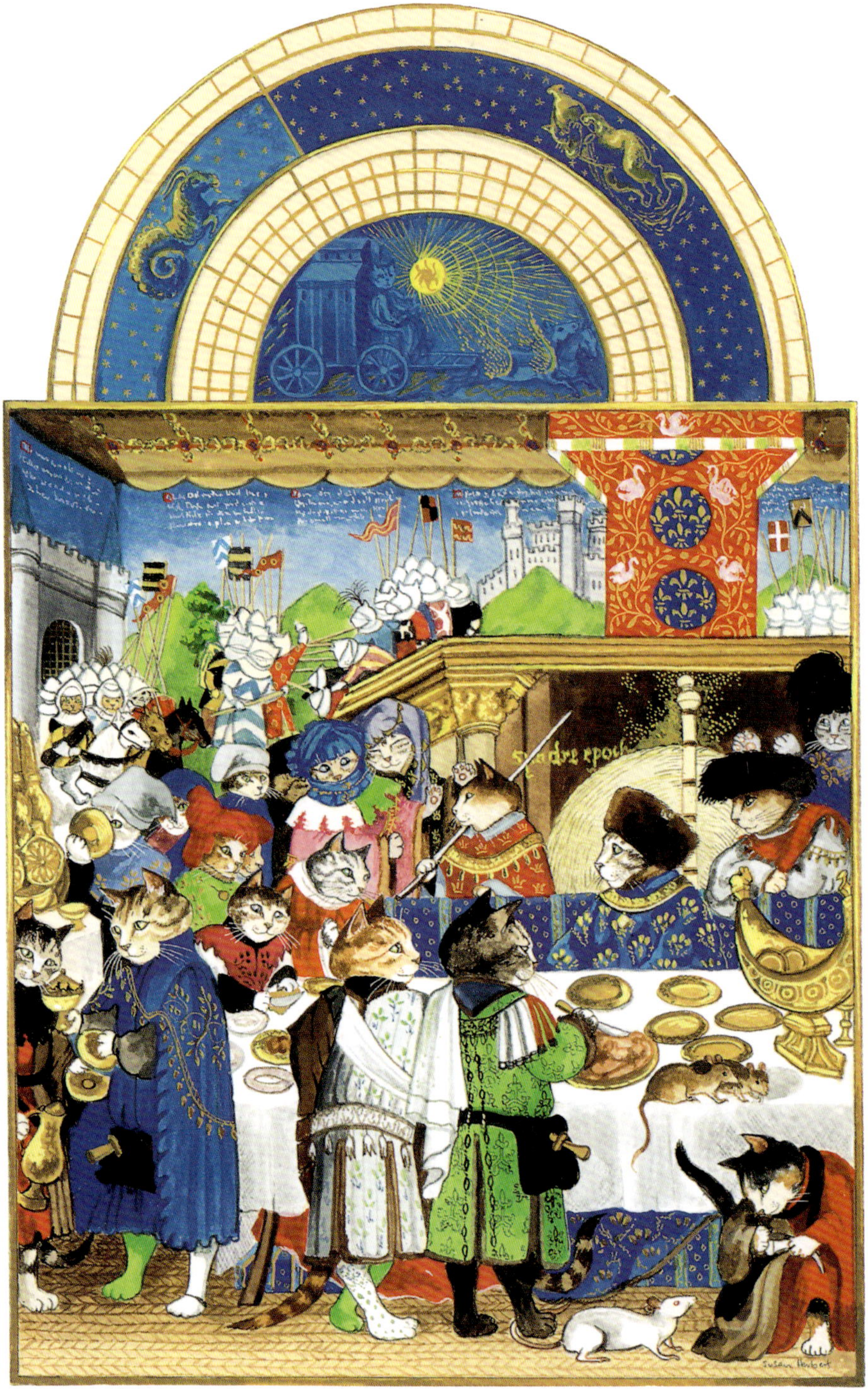

BRÜDER VON LIMBURG

Januar, aus *Das Stundenbuch des Herzogs von Berry*

CA. 1412–1416

NACHFOLGENDE DOPPELSEITE, LINKS Brüder von Limburg, *Mai*, ca. 1412–1416

NACHFOLGENDE DOPPELSEITE, RECHTS Brüder von Limburg, *August*, ca. 1412–1416

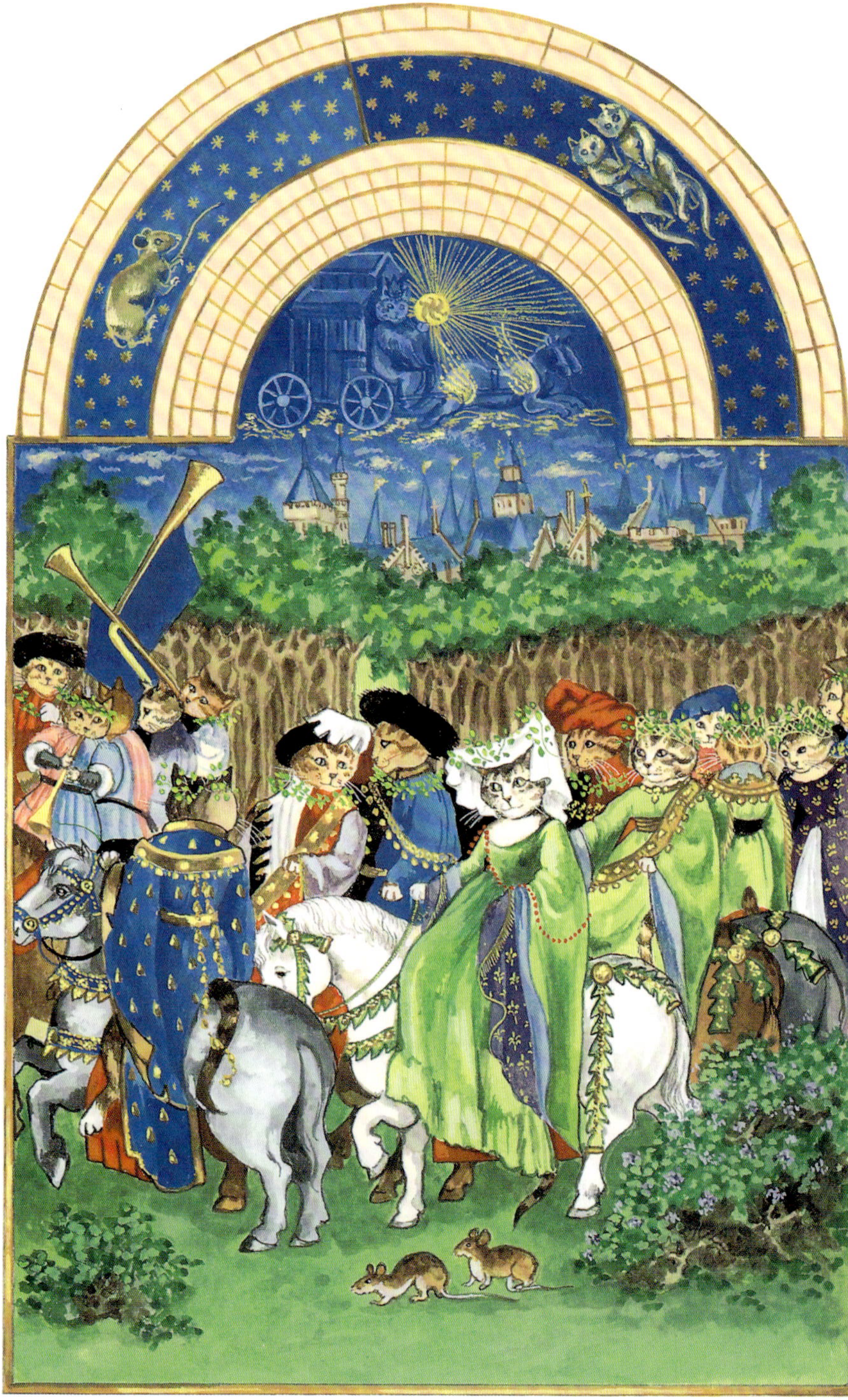

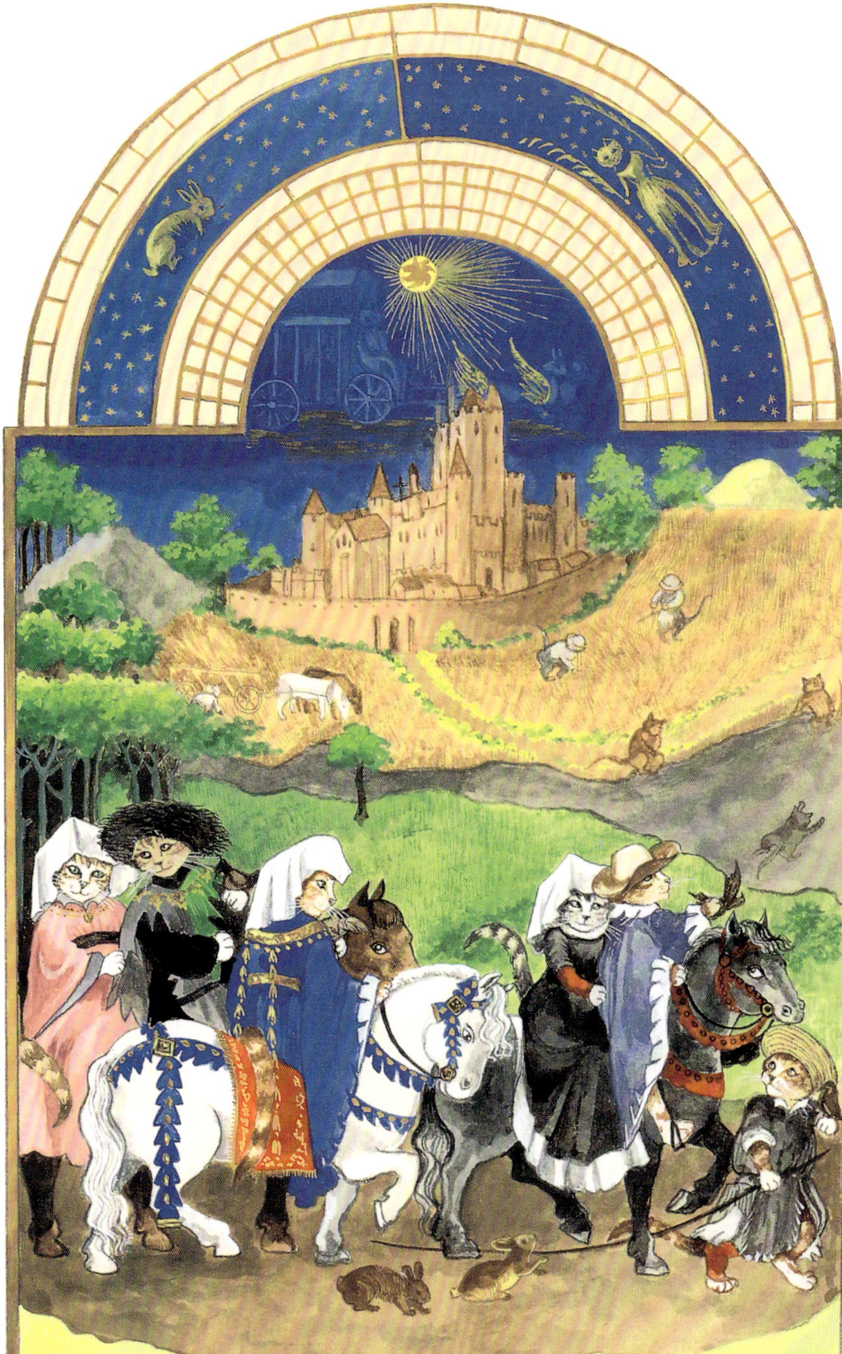

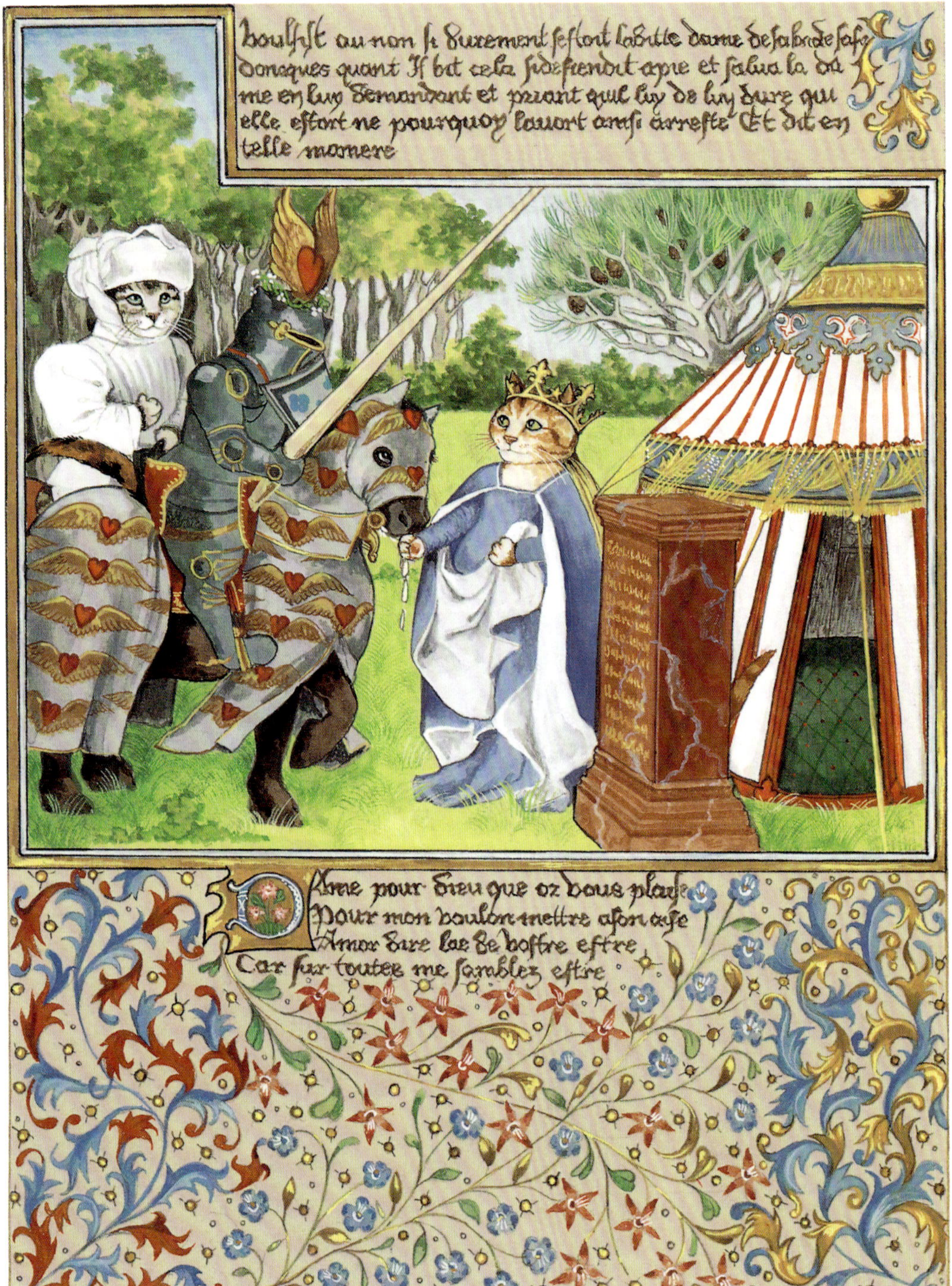
voulsist ou non si durement sestoit la belle dame desabndesafe
donques quant il vit cela si descendit apre et salua la da
me en luy demandant et priant quil luy de luy dire qui
elle estoit ne pourquoy lavoit ainsi arreste Et dit en
telle maniere
Dame pour dieu que or vous plaise
Pour mon voulon mettre a son aise
Amor dire lae se vostre estre
Car sur toutes me samblez estre

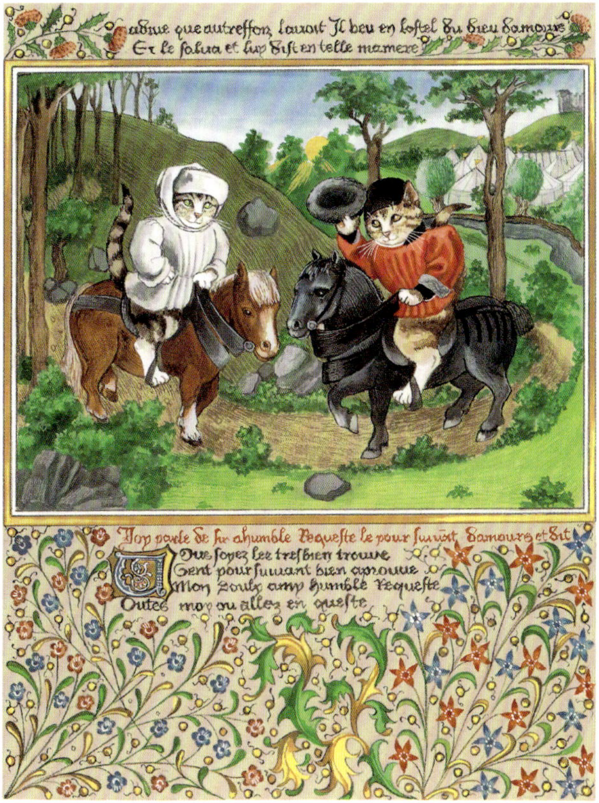

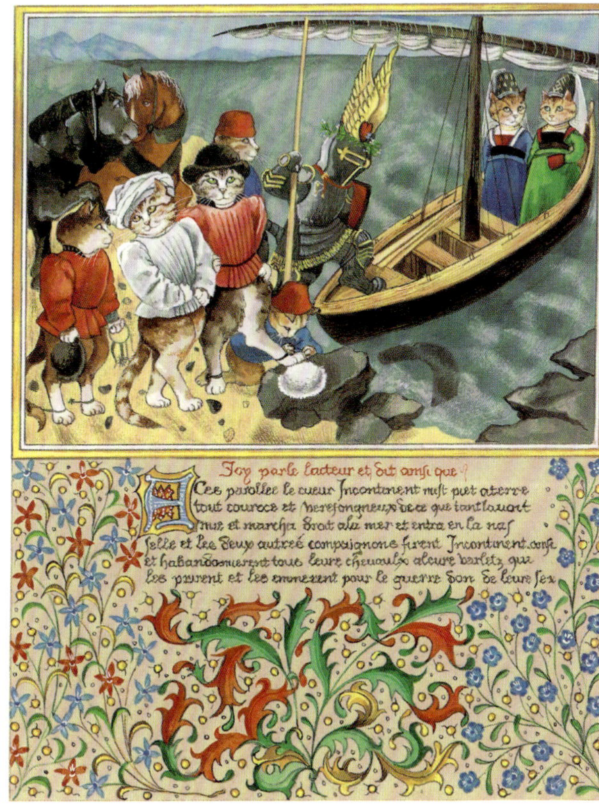

OBEN Barthélemy d'Eyck, *Buch vom liebentbrannten Herzen*, Blätter 31 (links) und 51 (rechts), 1457

GEGENÜBER Barthélemy d'Eyck, *Buch vom liebentbrannten Herzen,* Blatt 5, 1457

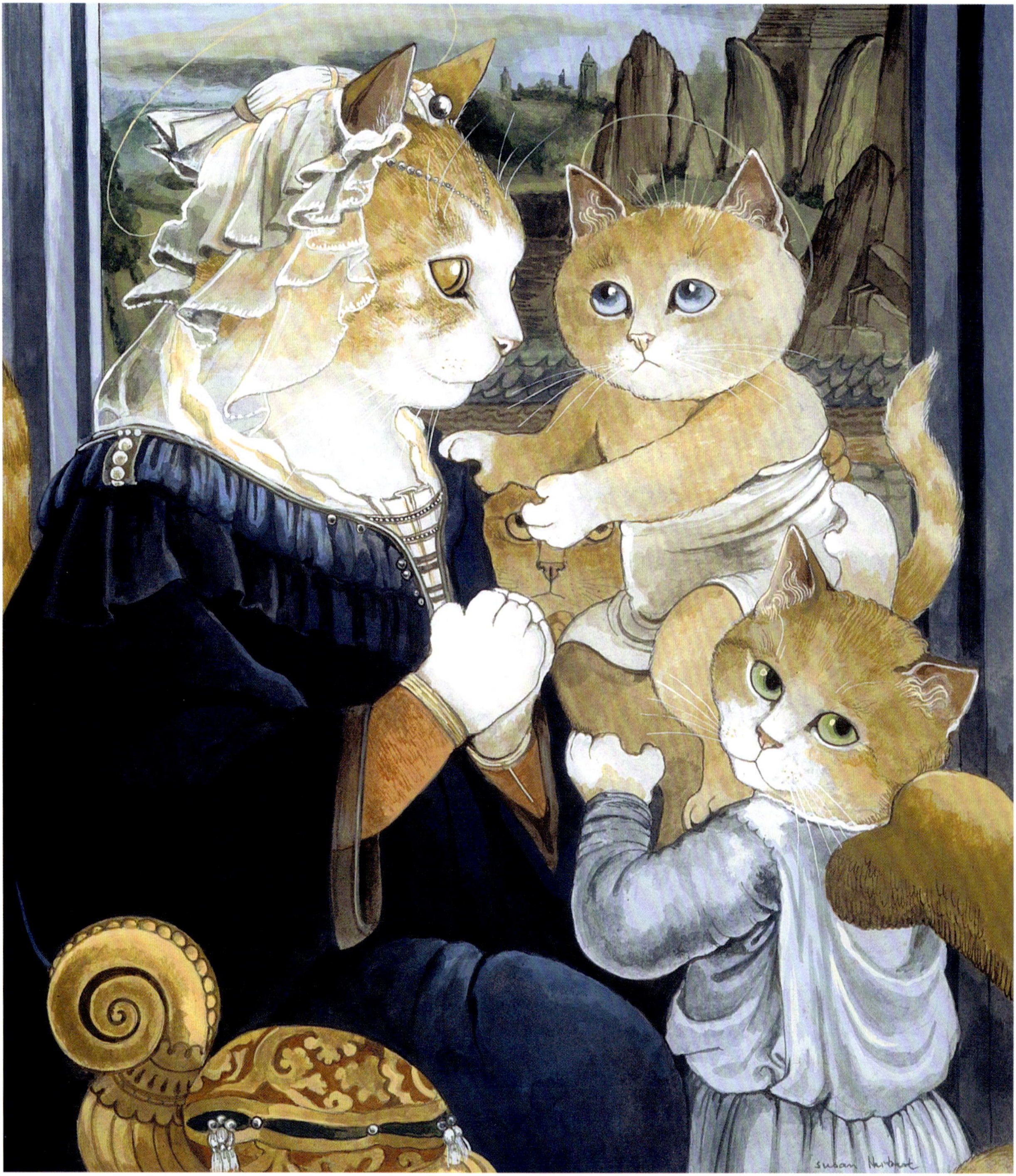
susan Herbert

FRA FILIPPO LIPPI

Madonna mit Kind und zwei Engeln

CA. 1460–1465

SANDRO BOTTICELLI

Primavera

CA. 1480

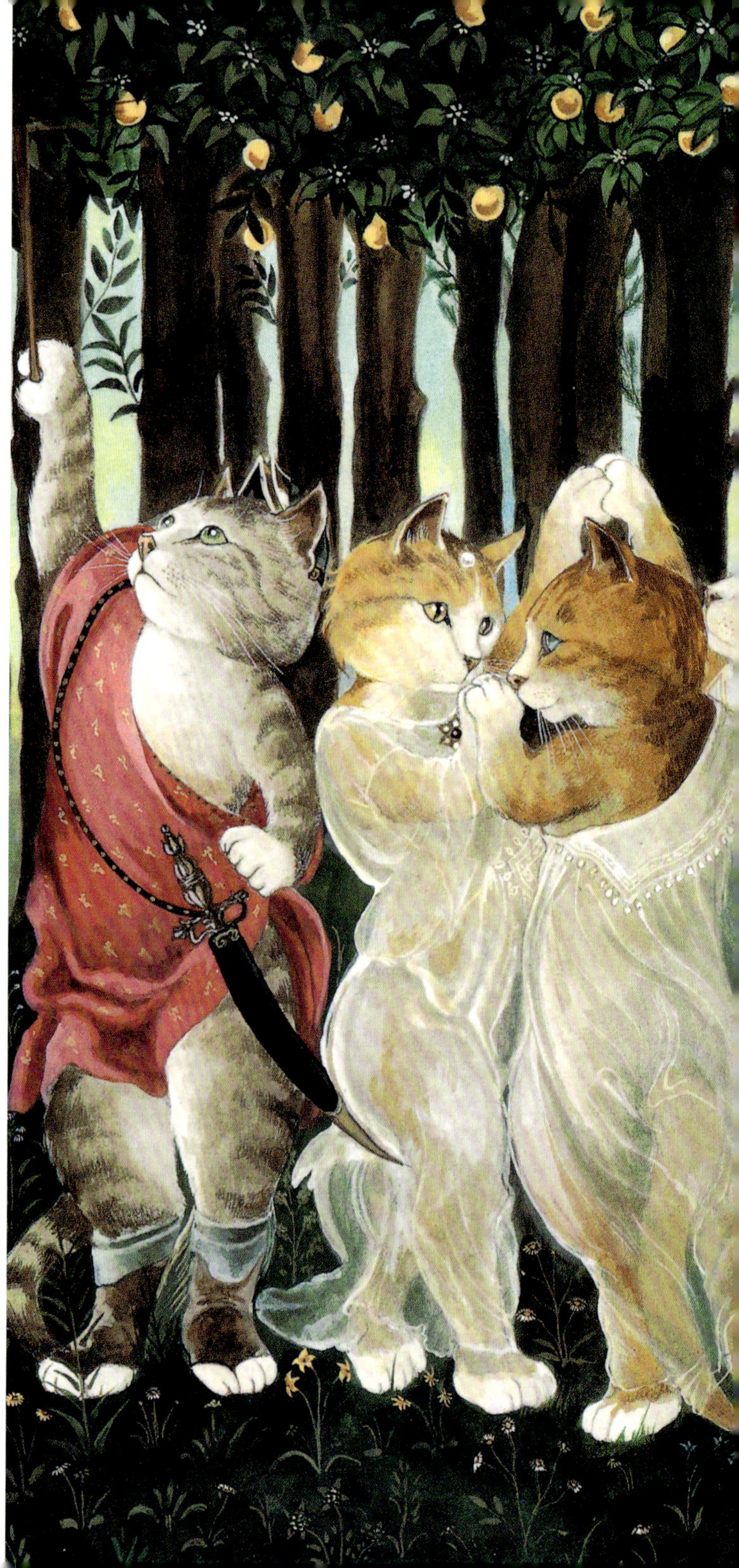

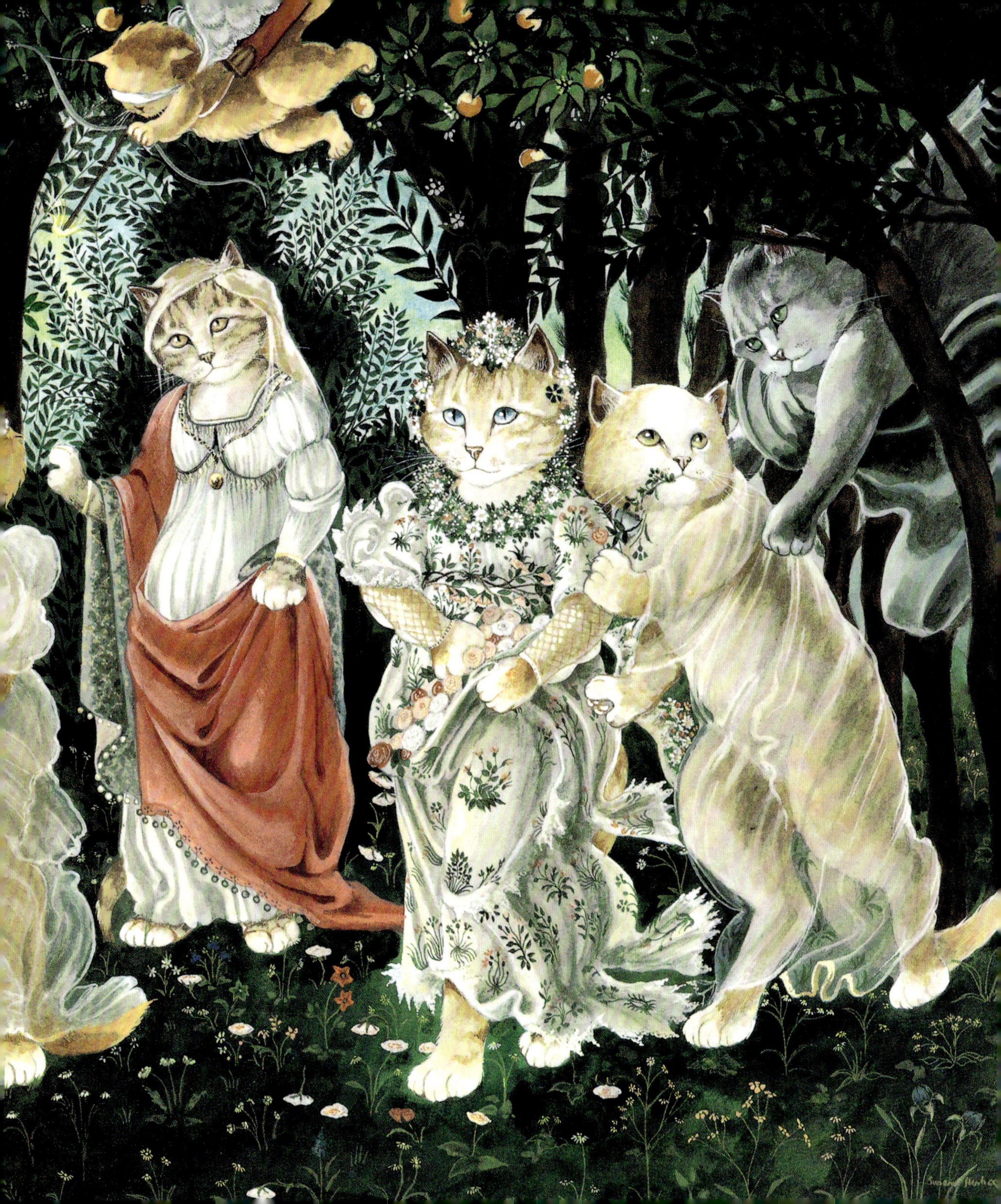

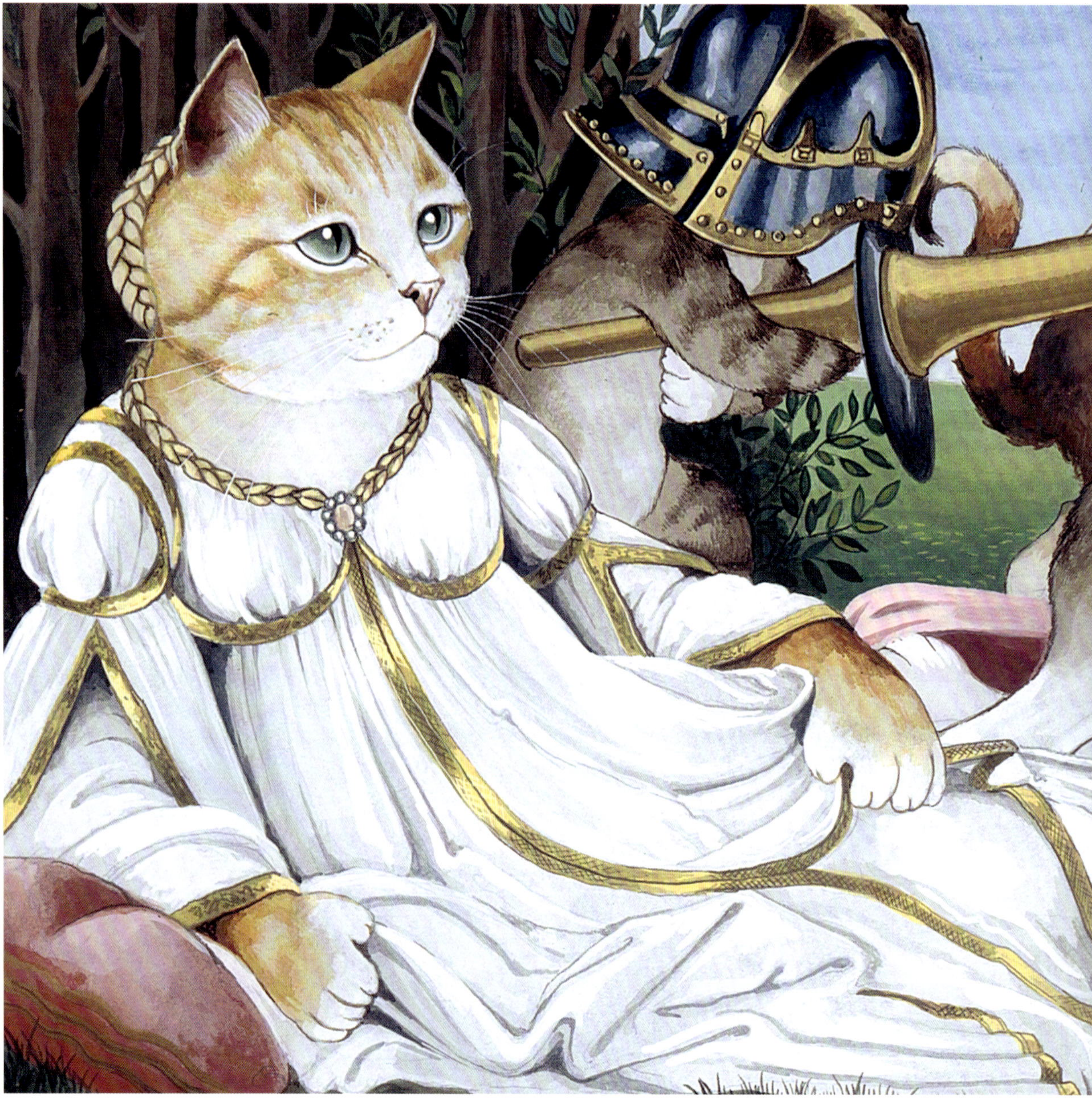

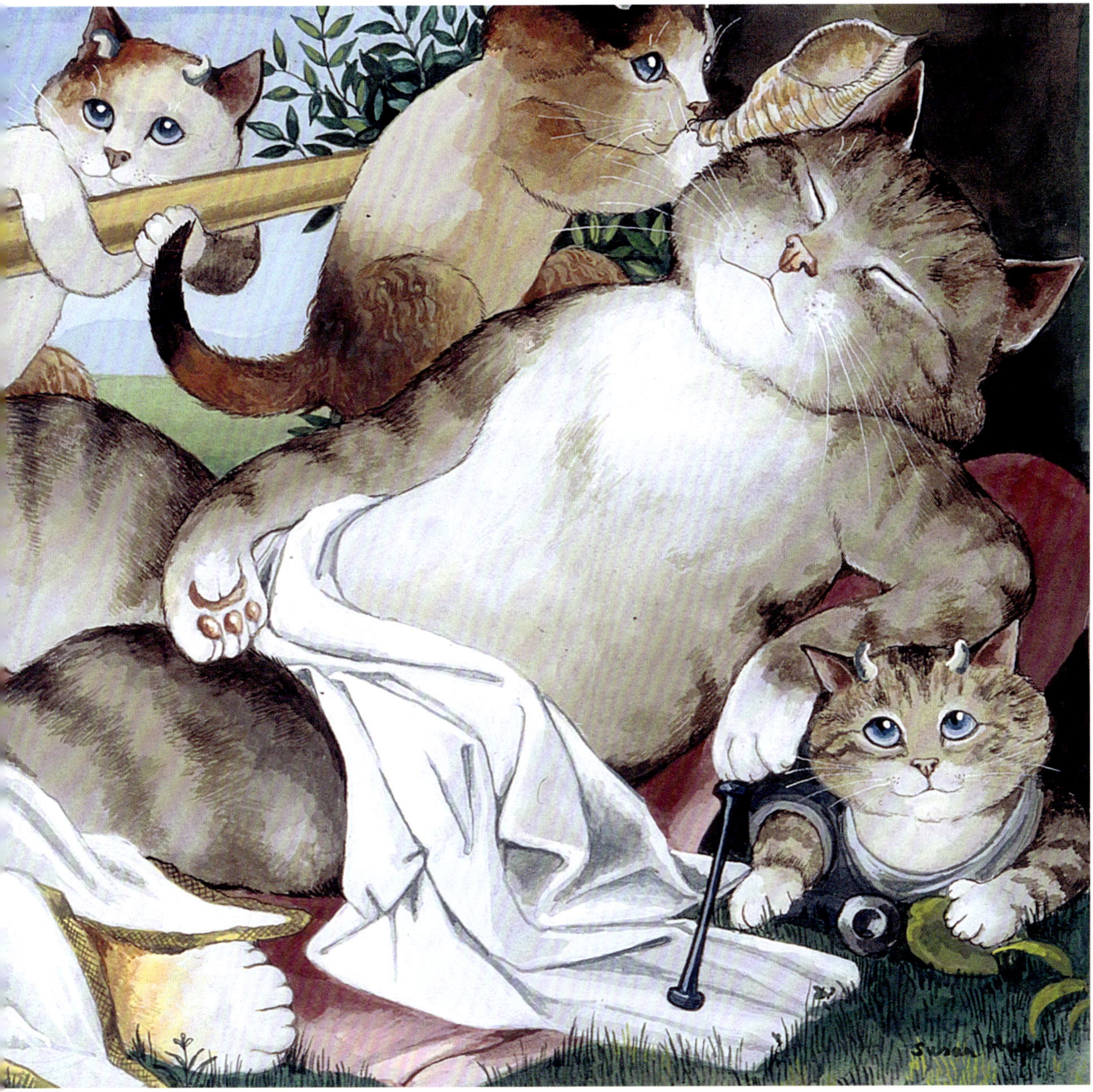

Sandro Botticelli, *Venus und Mars*, ca. 1485

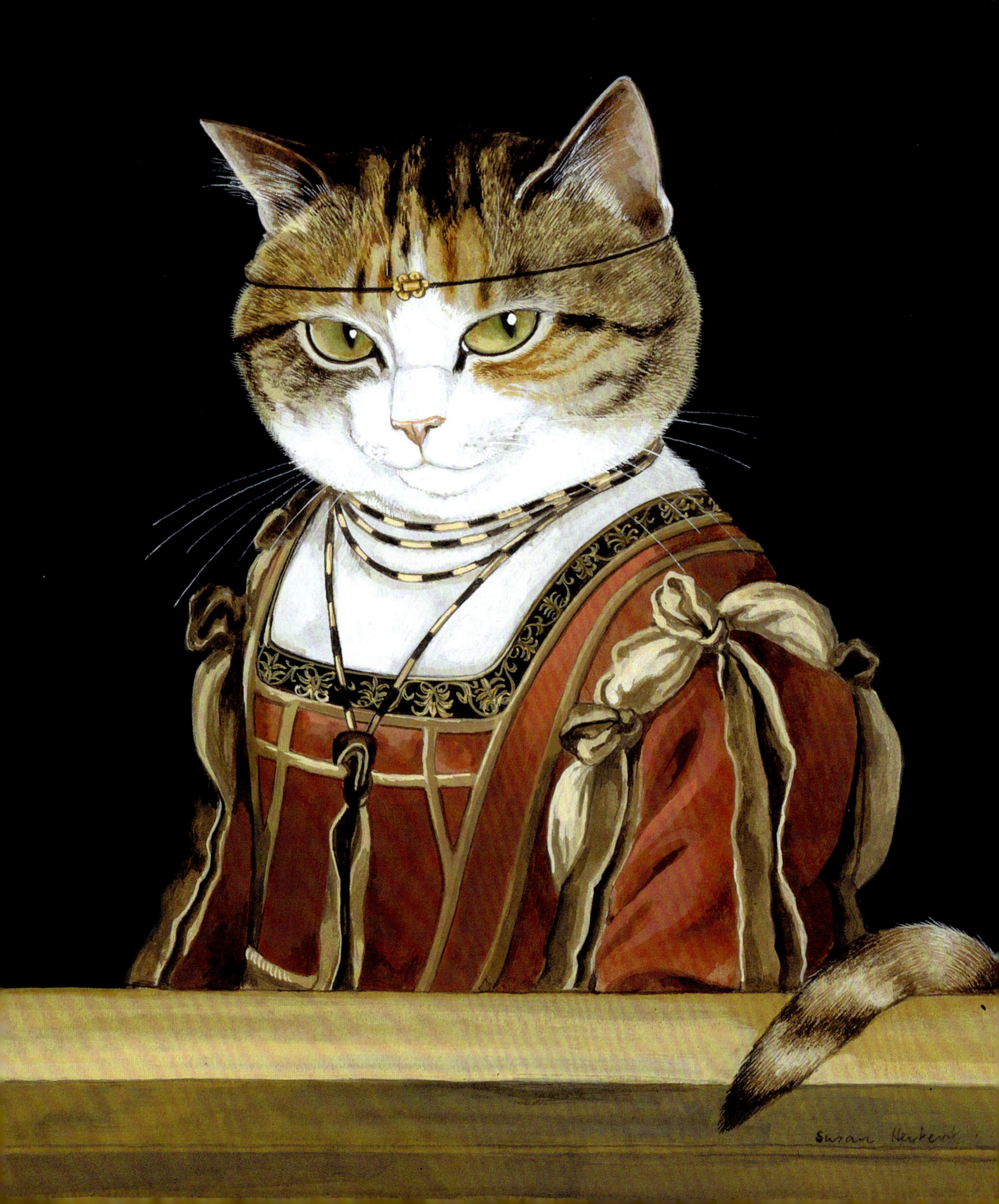
Susan Herbert

LEONARDO DA VINCI

La Belle Ferronnière

1495–1499

LEONARDO DA VINCI

Felsgrottenmadonna

CA. 1491/1492–1499 UND 1506–1508

NACHFOLGENDE SEITE Schüler von Filippino Lippi,
Anbetung des ägyptischen heiligen Stieres Apis, ca. 1500

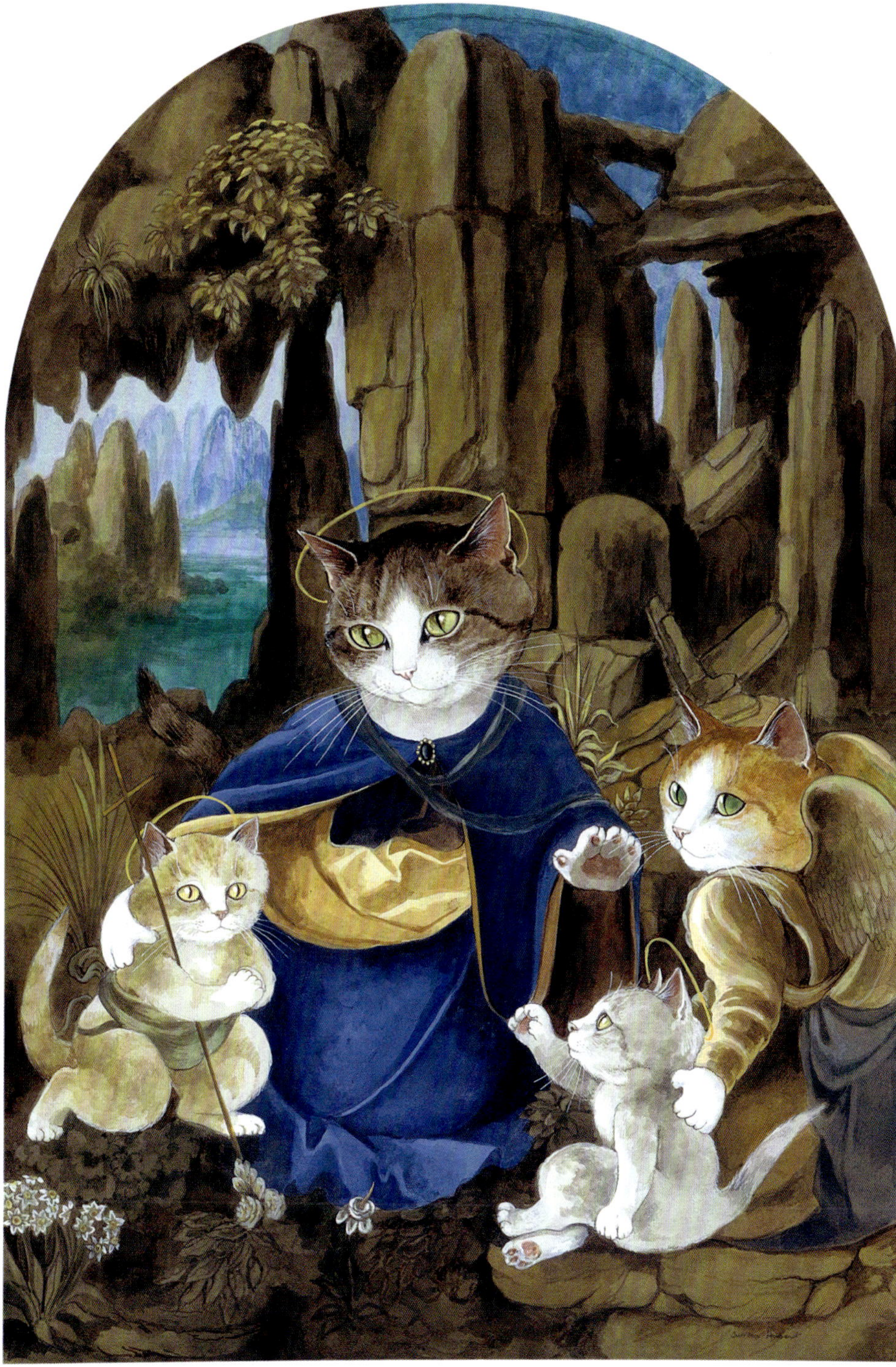

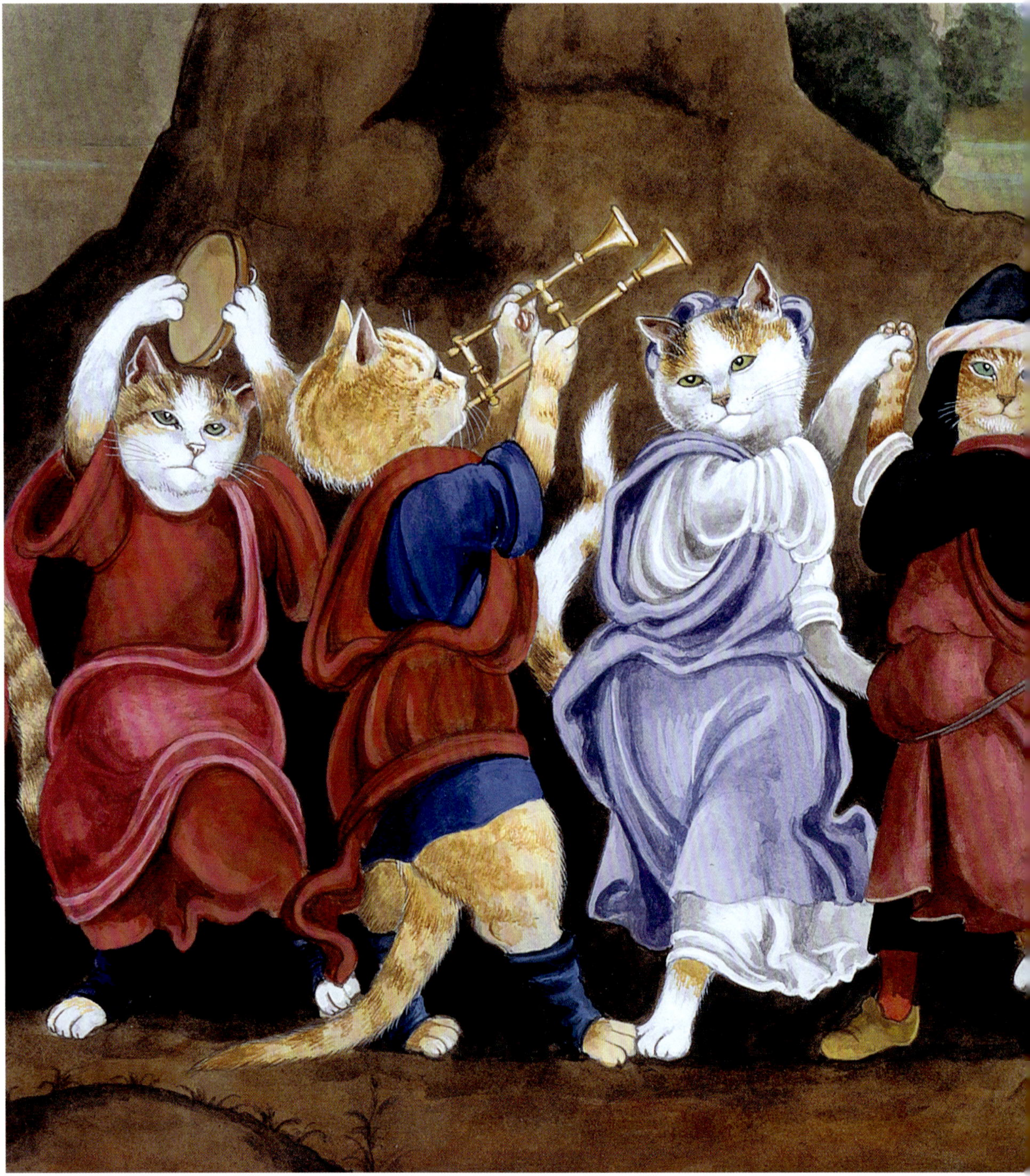

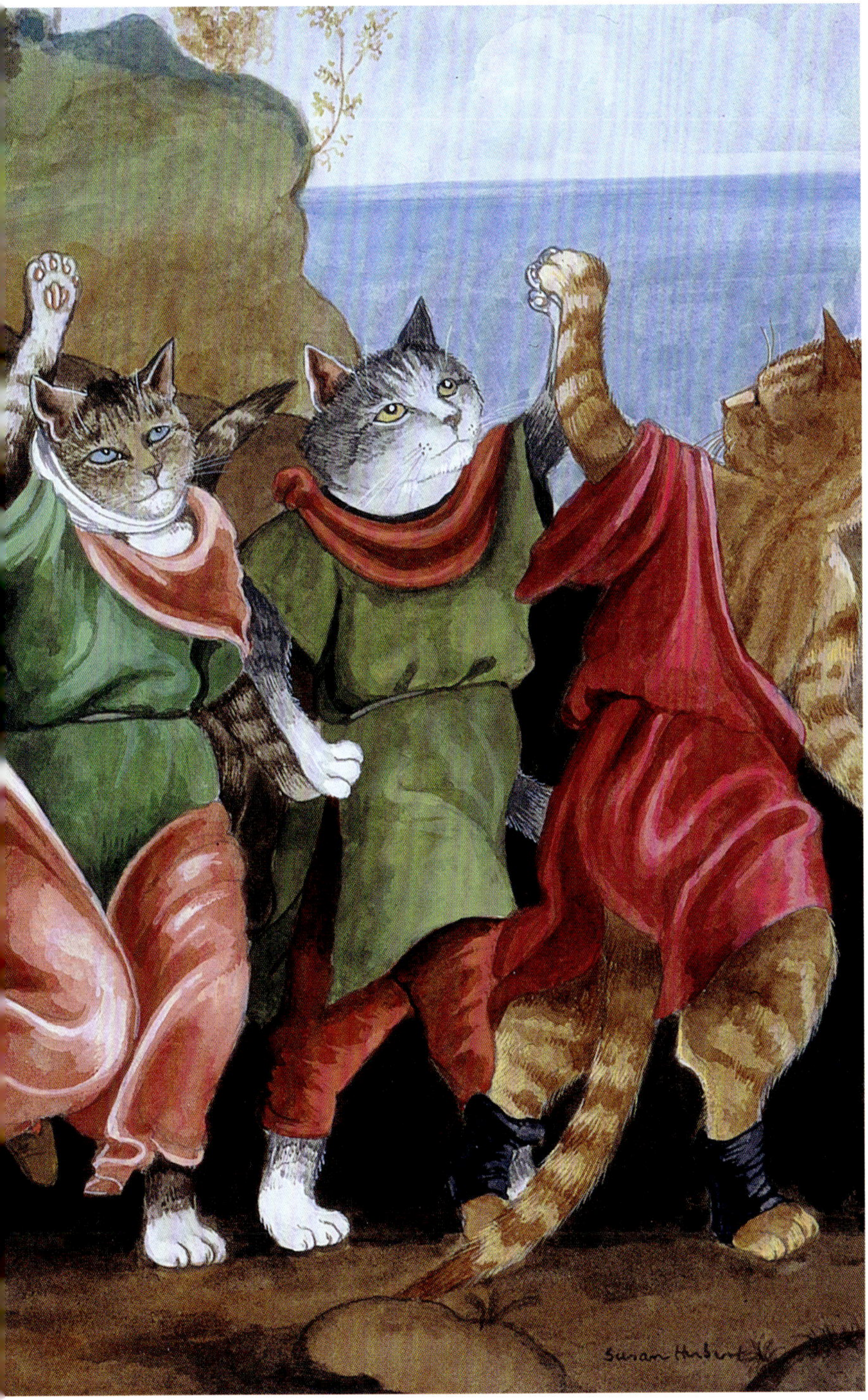
Susan Herbert

GIOVANNI BELLINI

Leonardo Loredan

1501

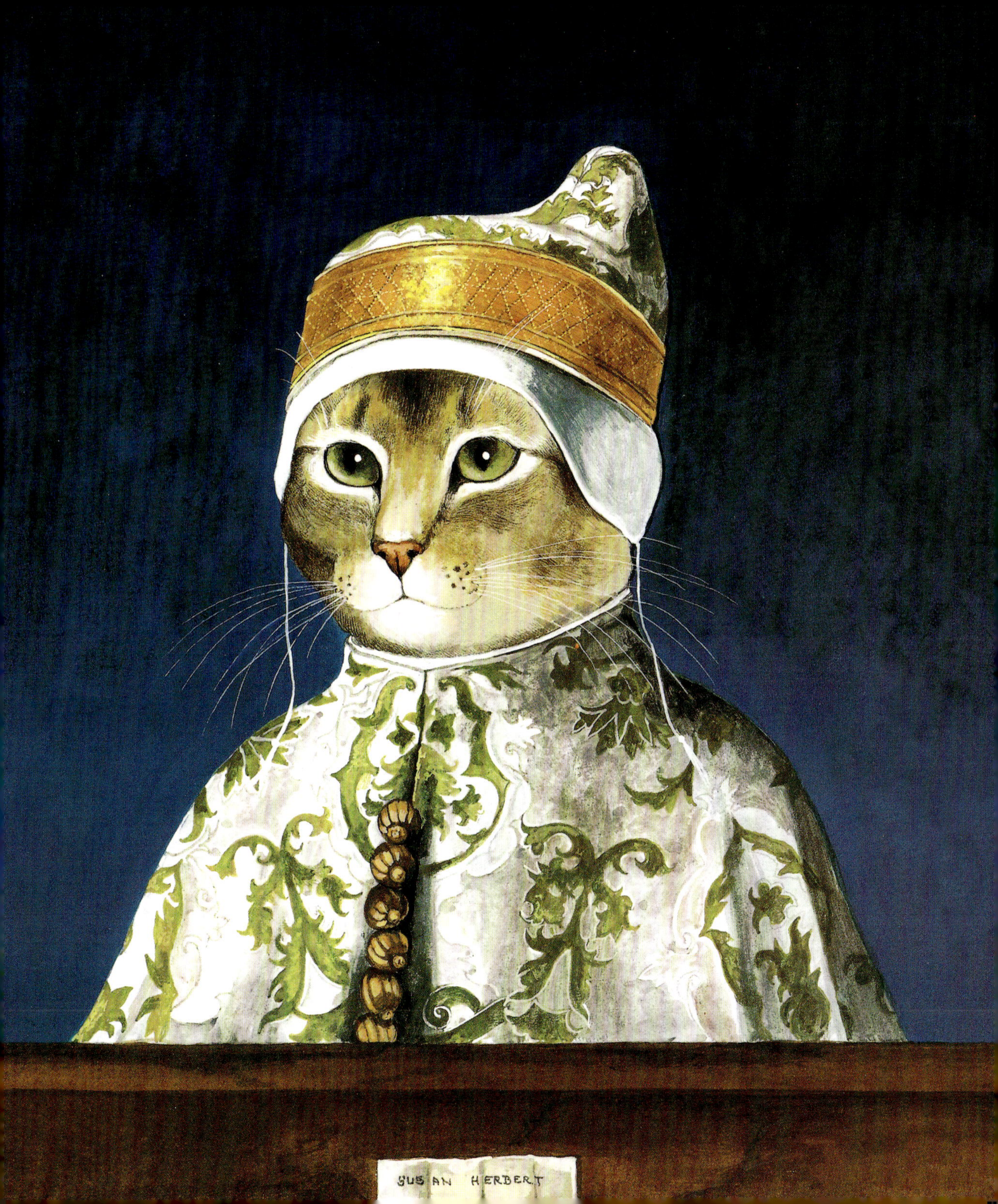
SUSAN HERBERT

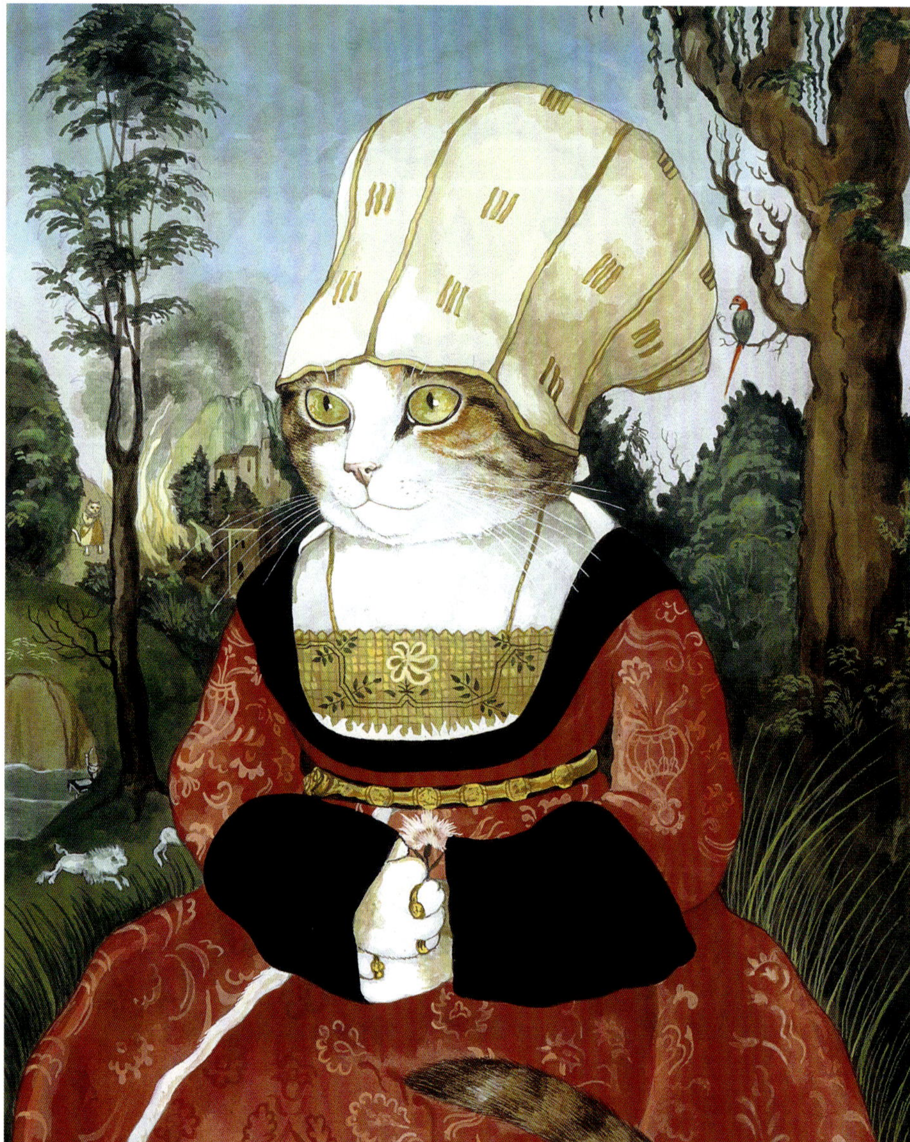

Lucas Cranach der Ältere, *Bildnis der Anna Putsch, erste Frau des Dr. Johannes Cuspinian*, 1502

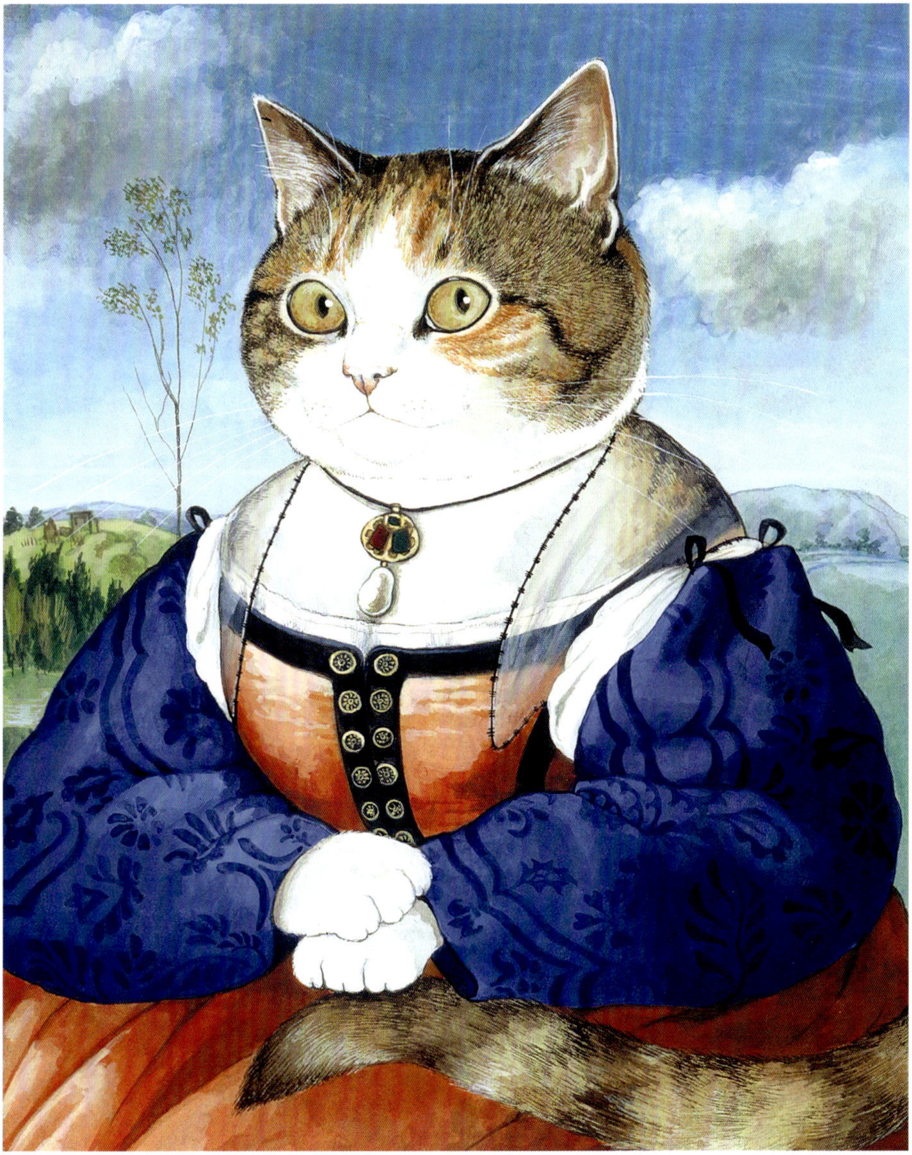

Raffael, *Porträt der Maddalena Doni, geb. Strozzi,* ca. 1504–1507

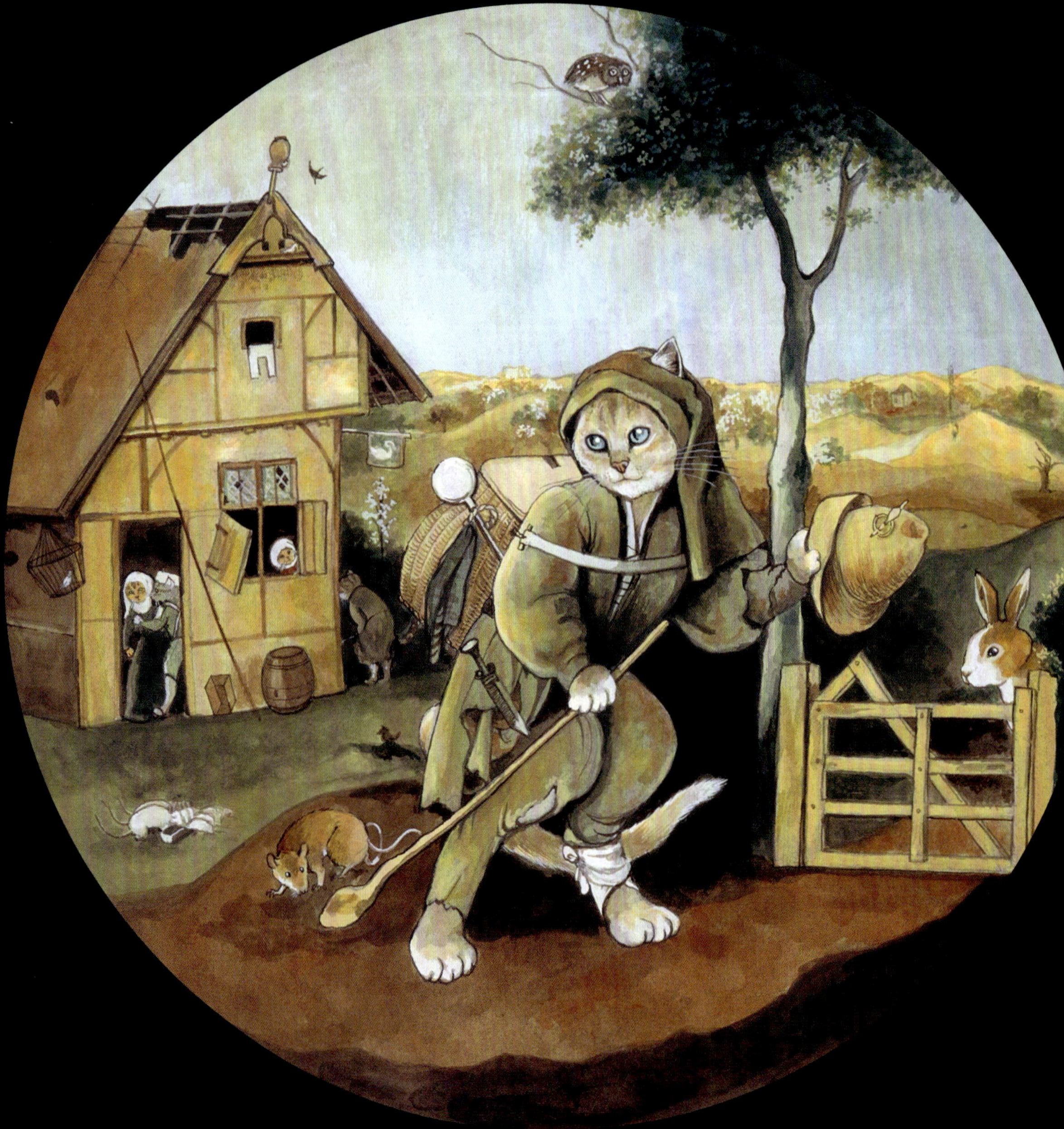

HIERONYMUS BOSCH

Der Hausierer

CA. 1500

MICHELANGELO

Tondo Doni

1505–1506

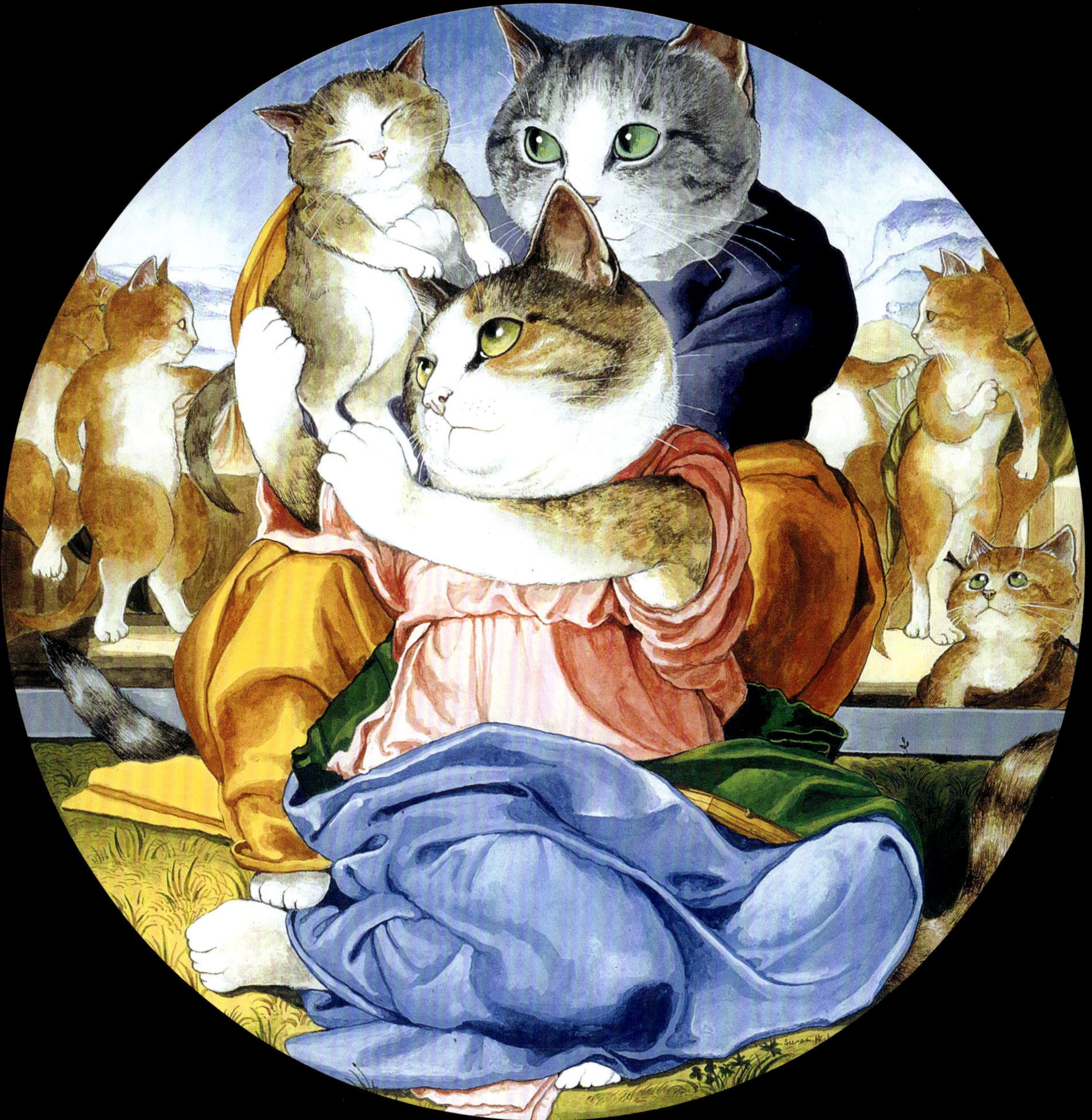

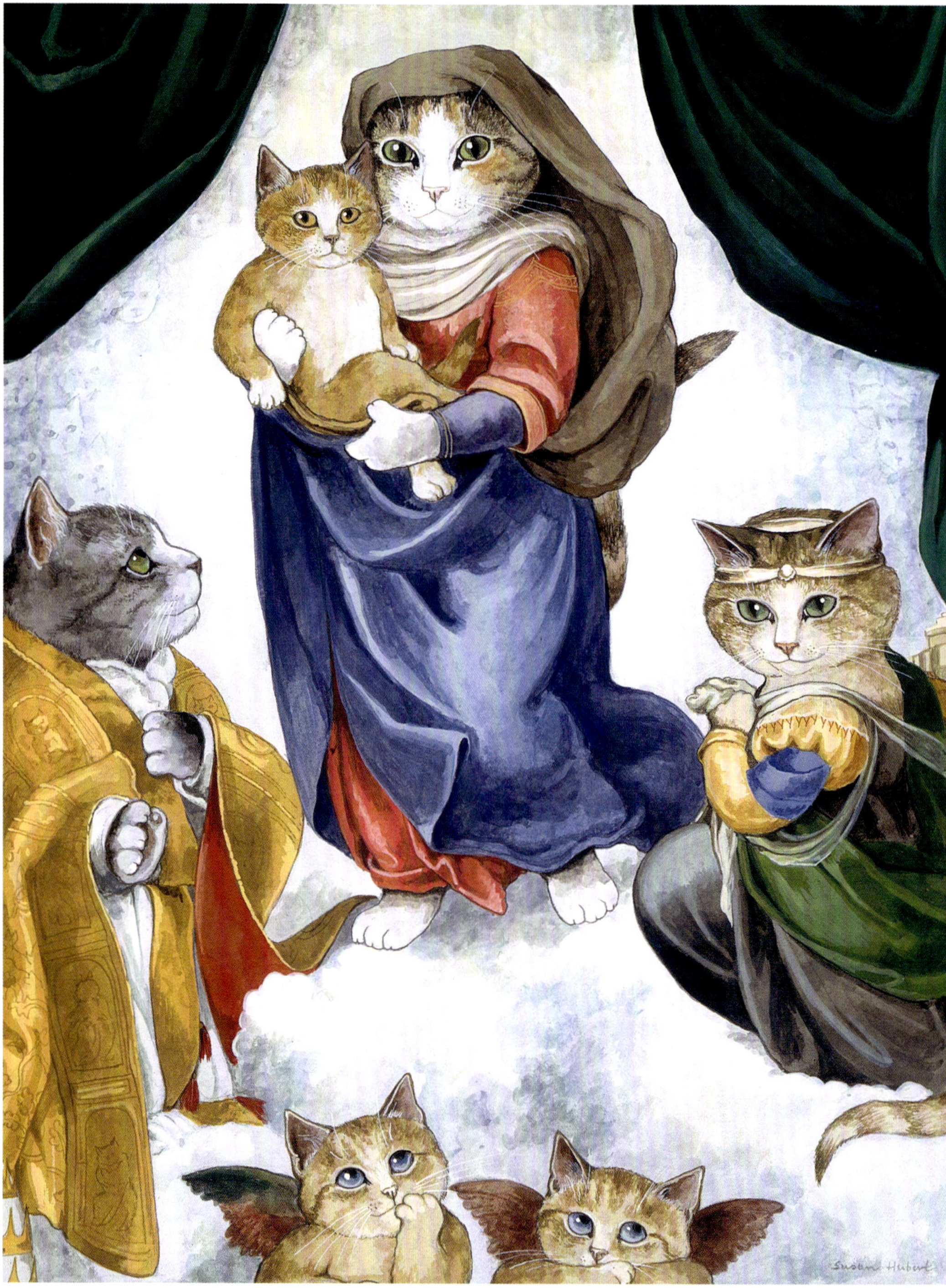

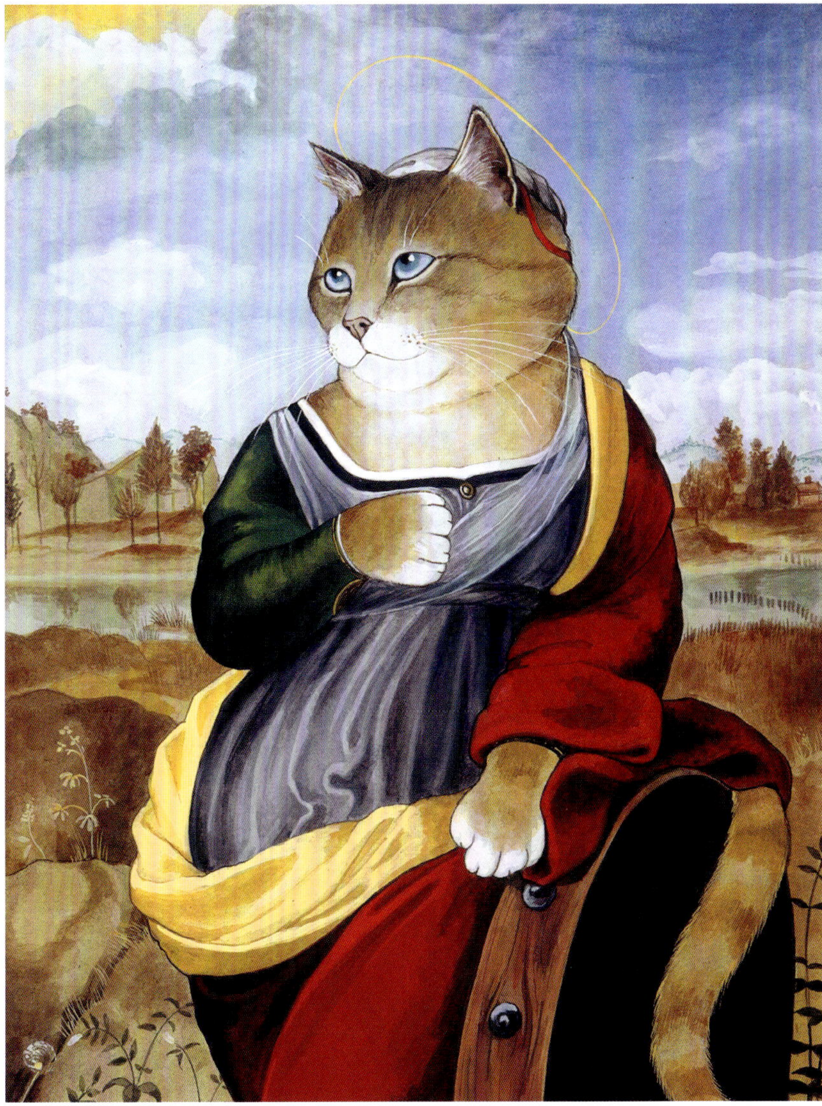

OBEN Raffael, *Die Hl. Katharina von Alexandrien*, ca. 1507

GEGENÜBER Raffael, *Sixtinische Madonna*, 1512

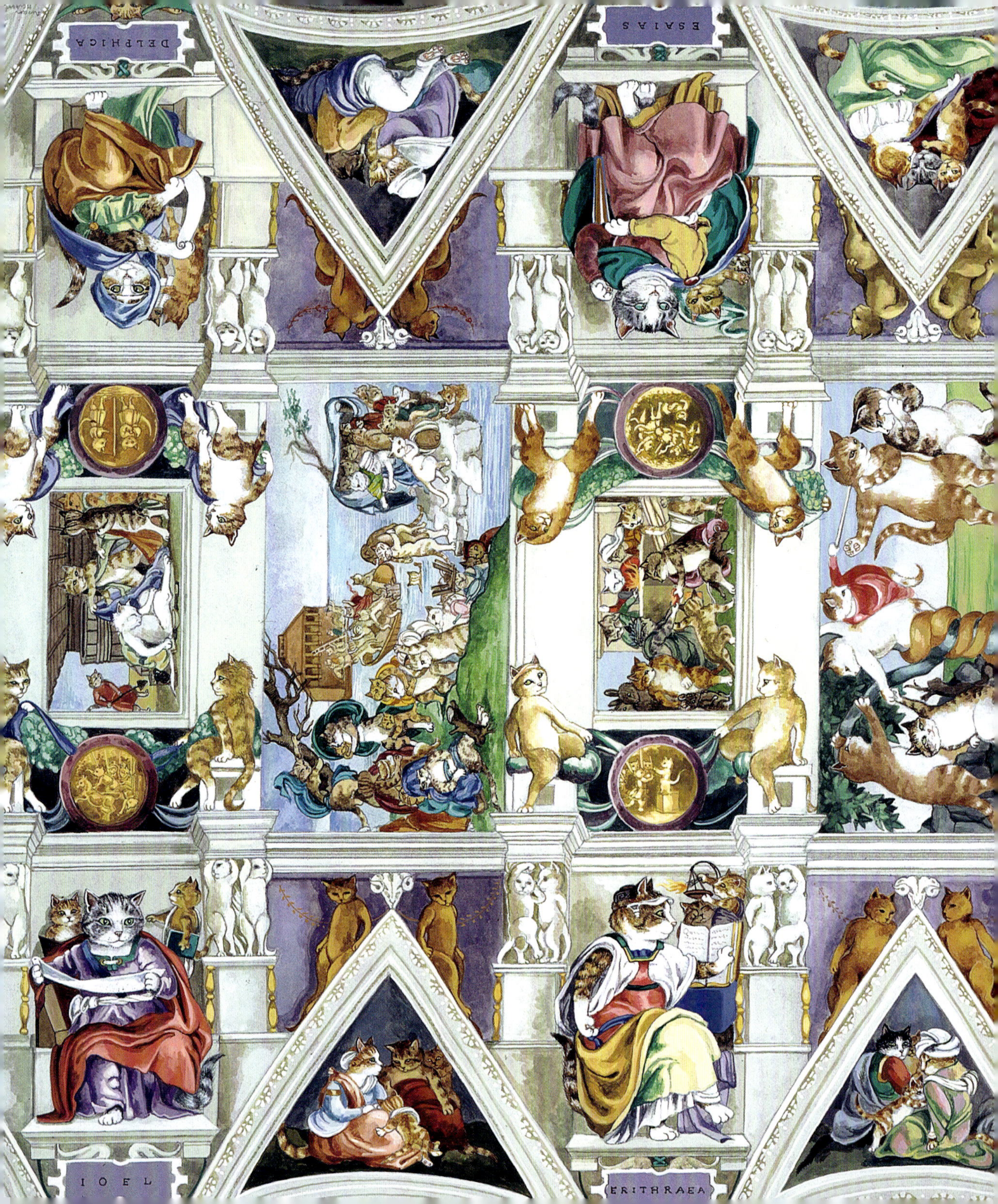
DELPHICA
ESAIAS
IOEL
ERITHRAEA

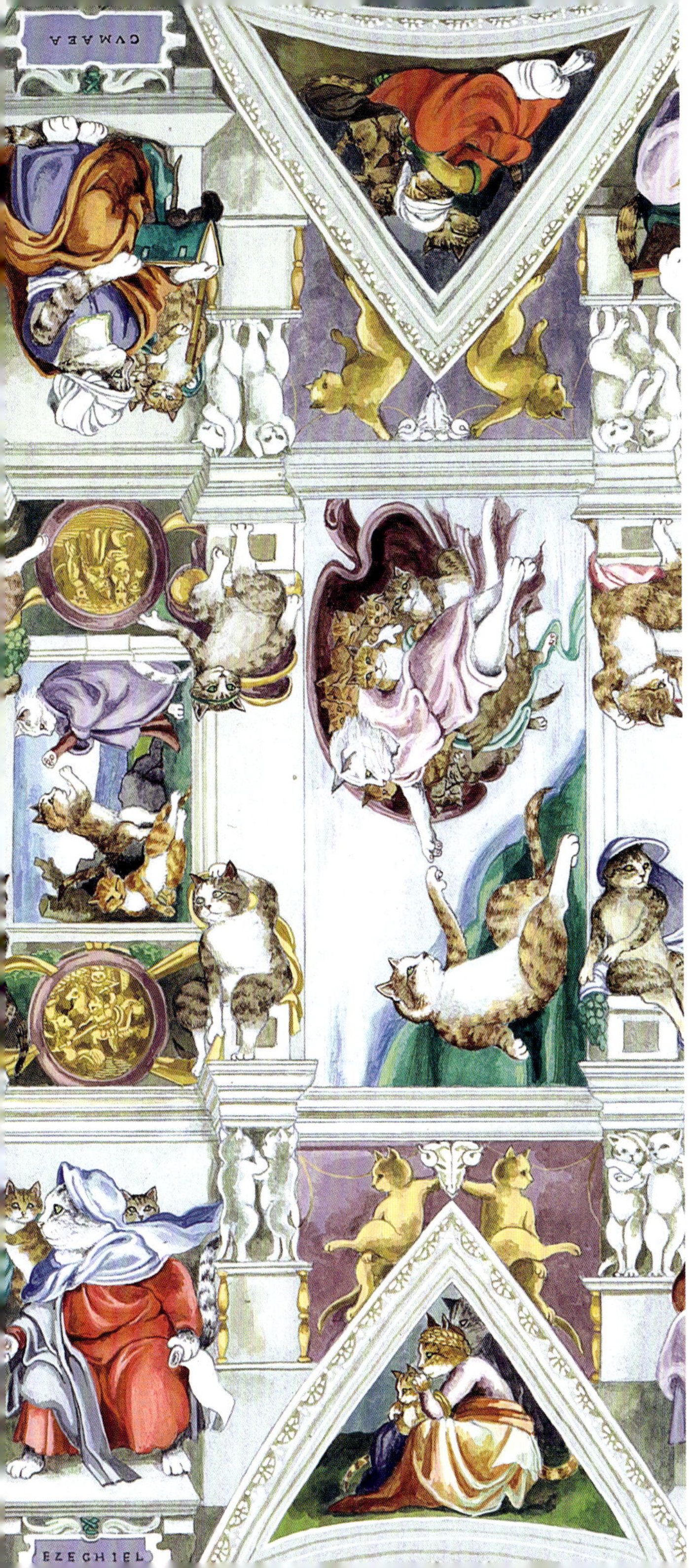

MICHELANGELO

Deckenfresko der Sixtinischen Kapelle

1508–1512

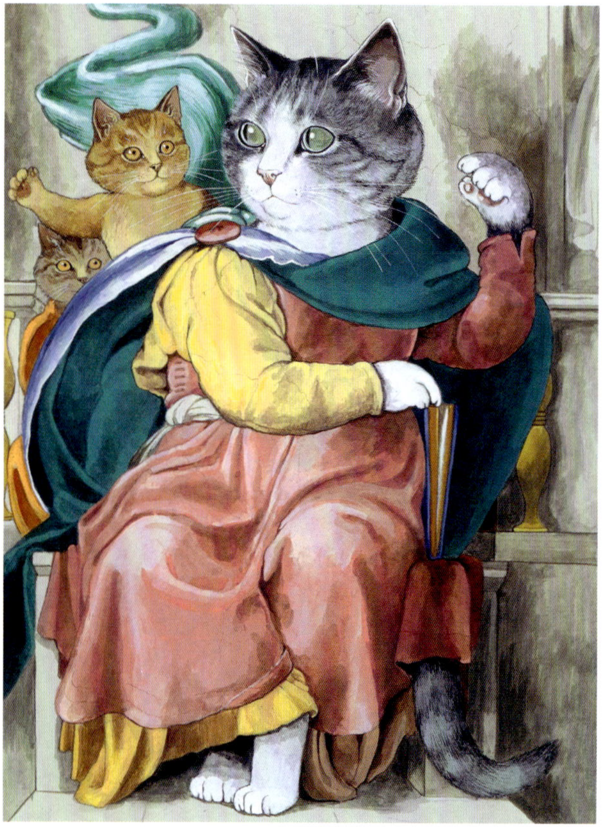

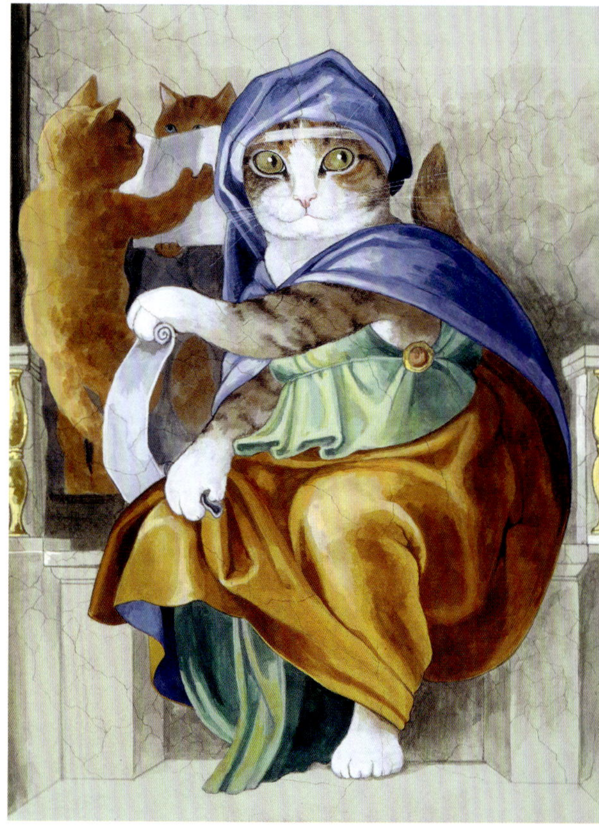

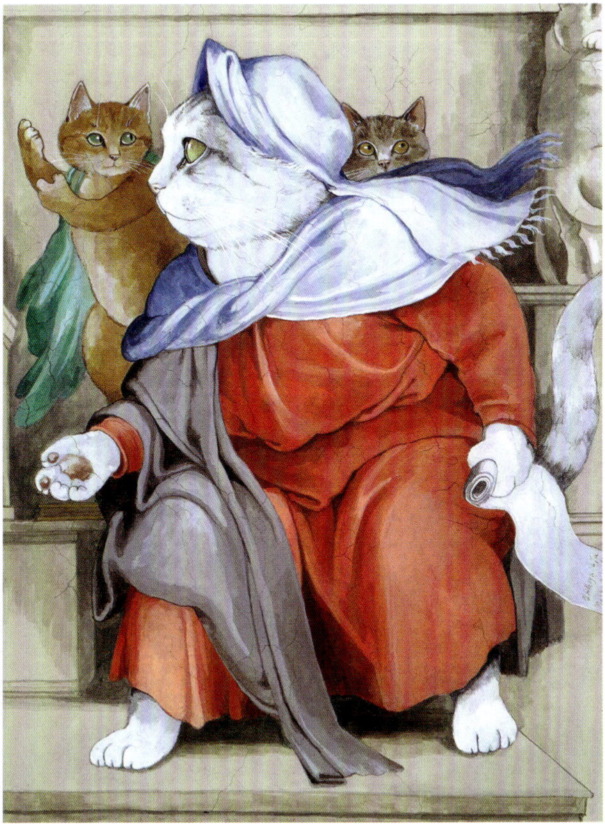

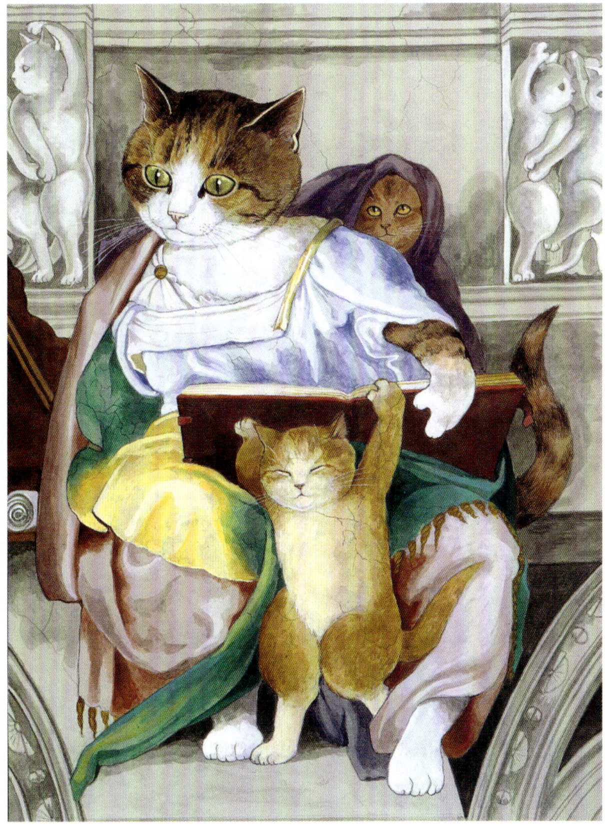

OBEN Michelangelo, *Ezechiel* (links) und *Daniel* (rechts),

Ausschnitt Deckenfresko der Sixtinischen Kapelle, 1508–1512

GEGENÜBER Michelangelo, *Jesaja* (links) und *Delphische Sibylle* (rechts), 1508–1512

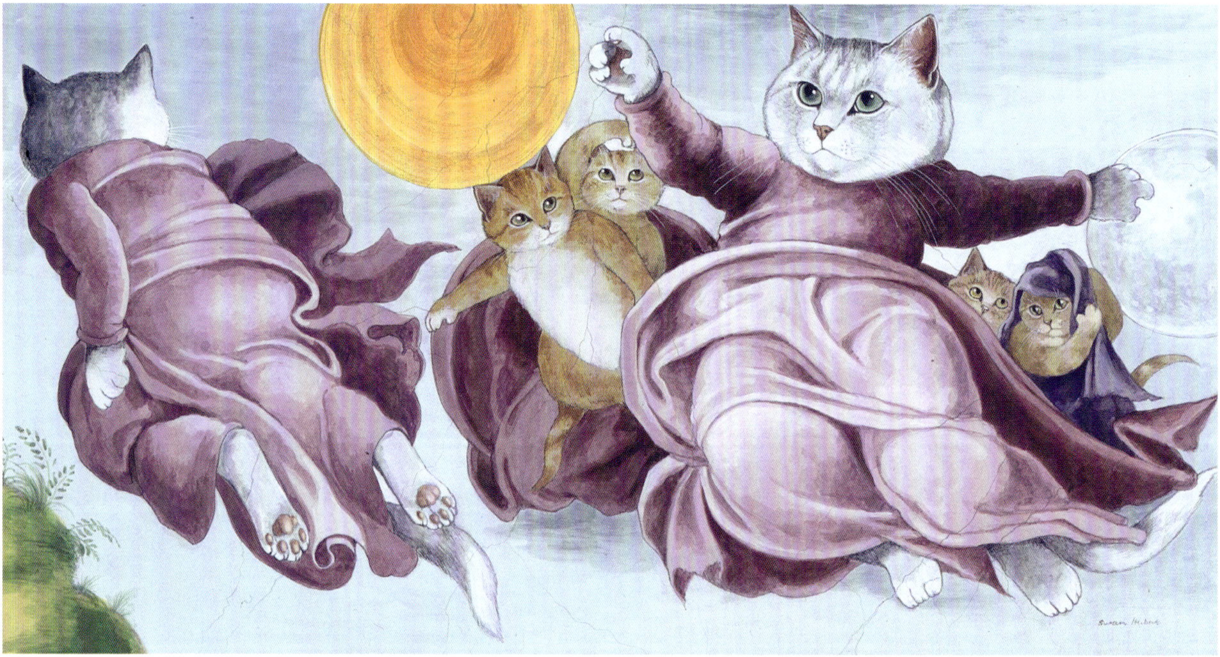

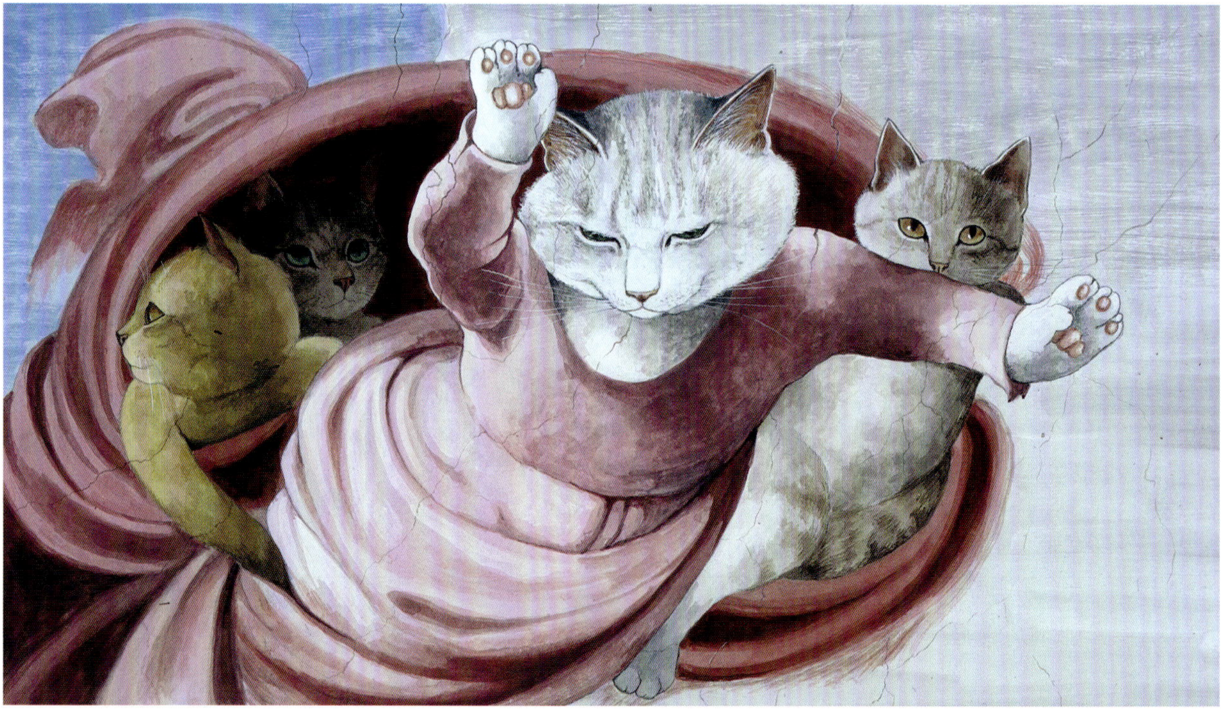

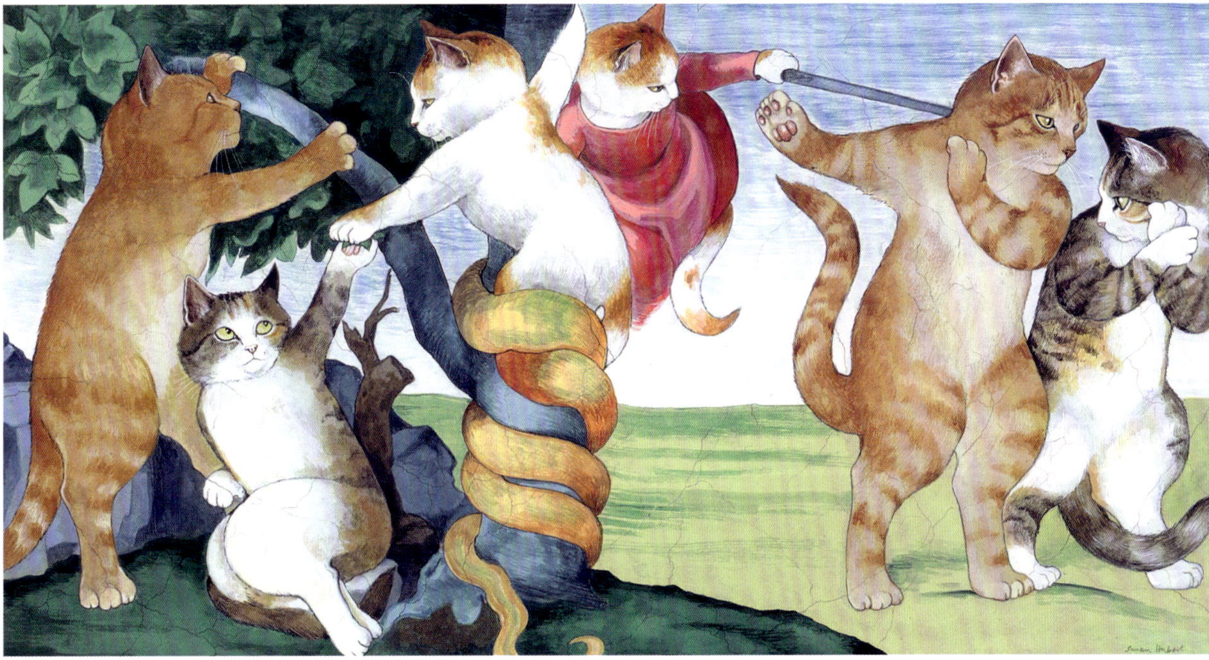

OBEN Michelangelo, *Der Sündenfall und die Vertreibung aus dem Paradies*, Ausschnitt Deckenfresko der Sixtinischen Kapelle, 1508–1512

GEGENÜBER Michelangelo, *Die Erschaffung der Sonne, des Mondes und der Pflanzen* (oben) und *Die Scheidung von Land und Wasser* (unten), 1508–1512

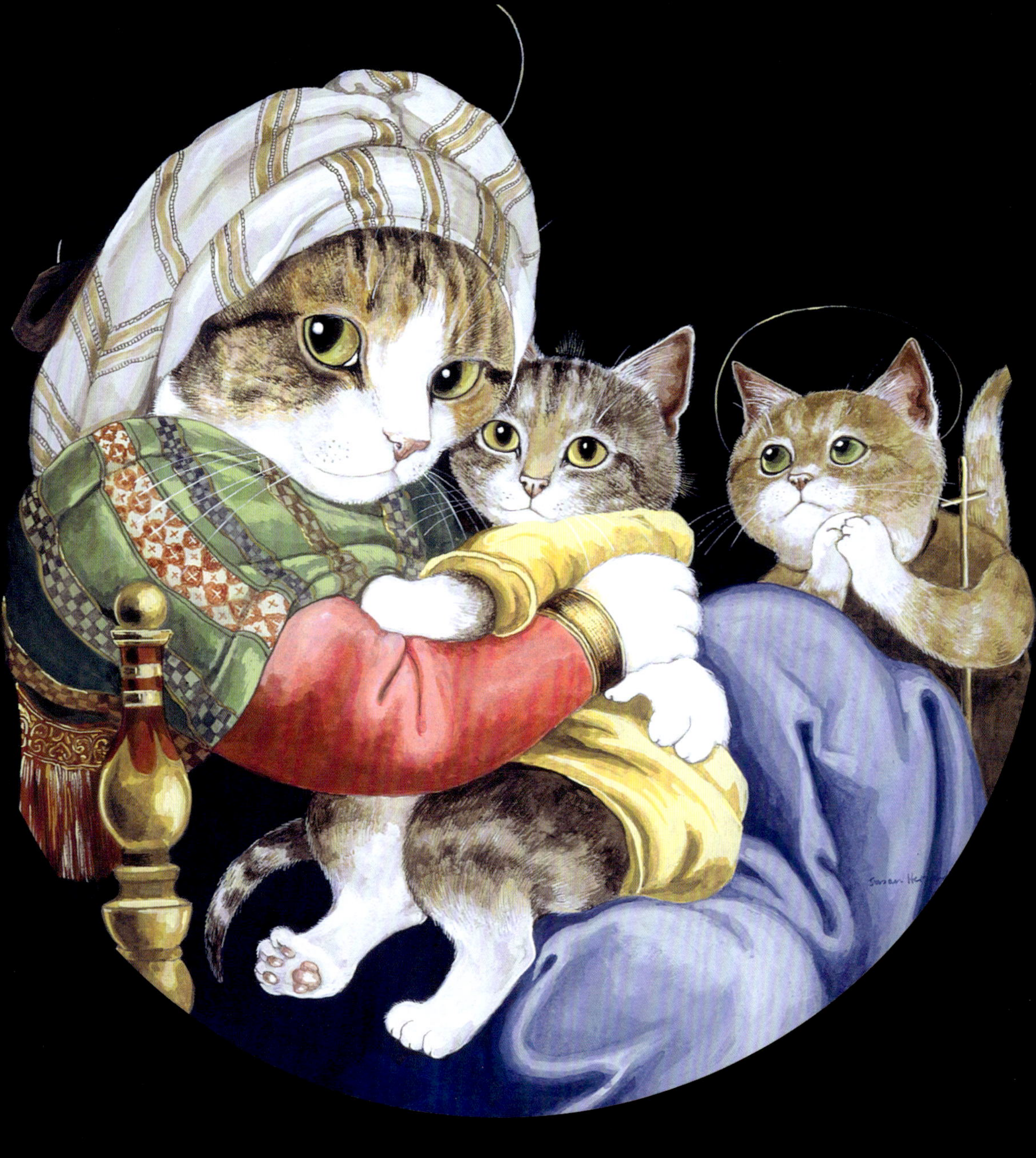

RAFFAEL

Madonna della Seggiola

CA. 1513–1514

RAFFAEL

Triumph der Galatea

CA. 1514

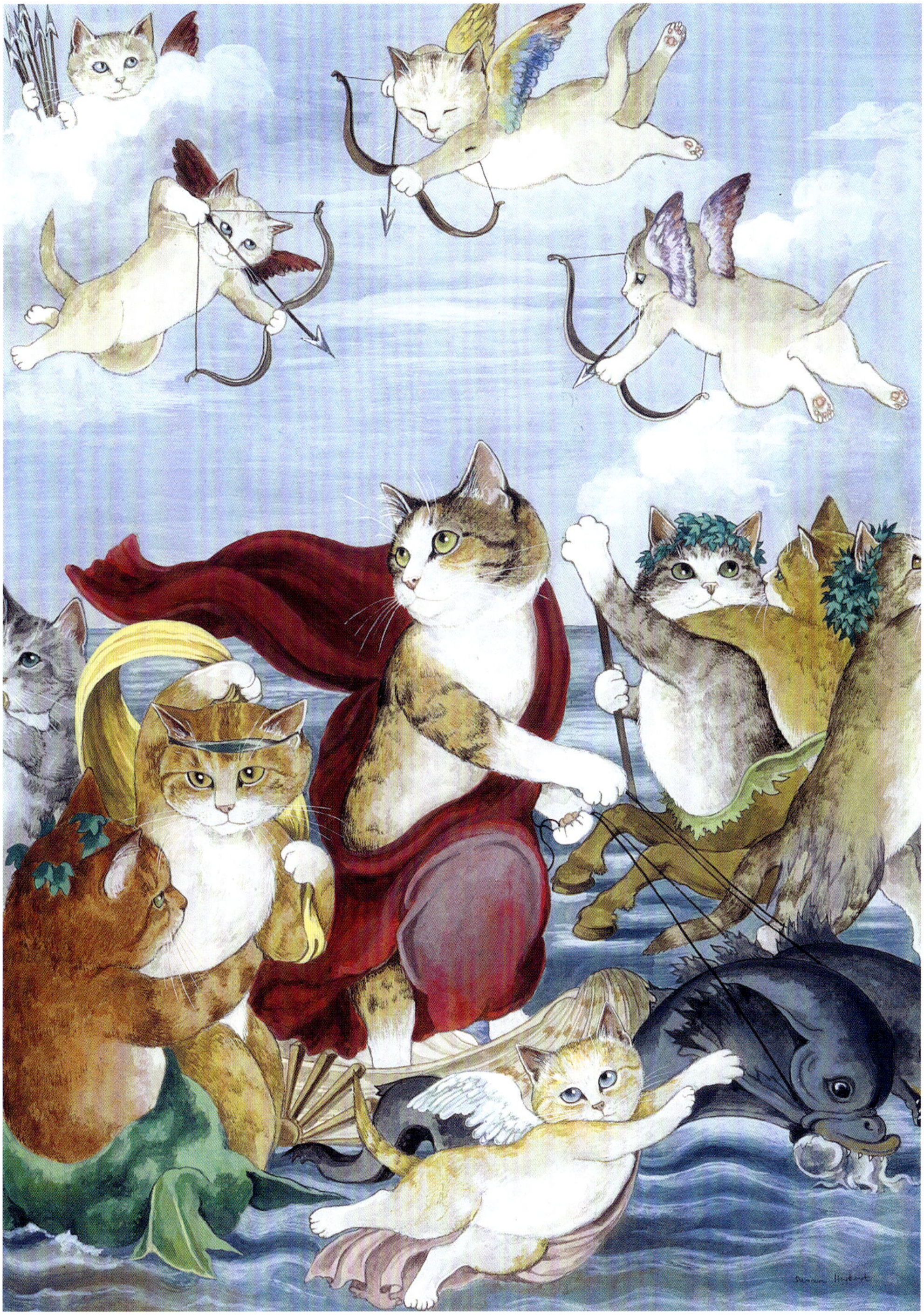

TIZIAN

Flora

CA. 1517

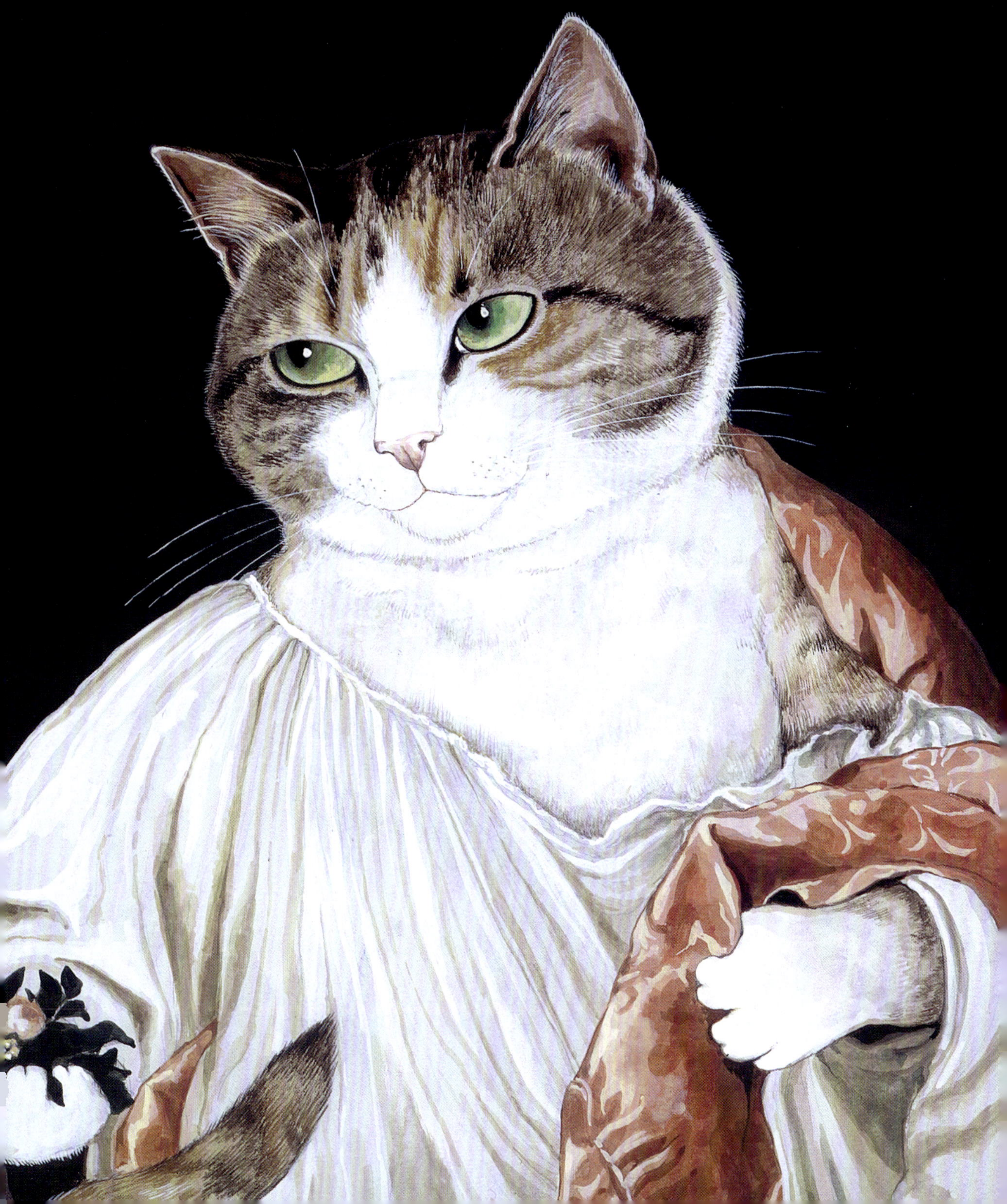

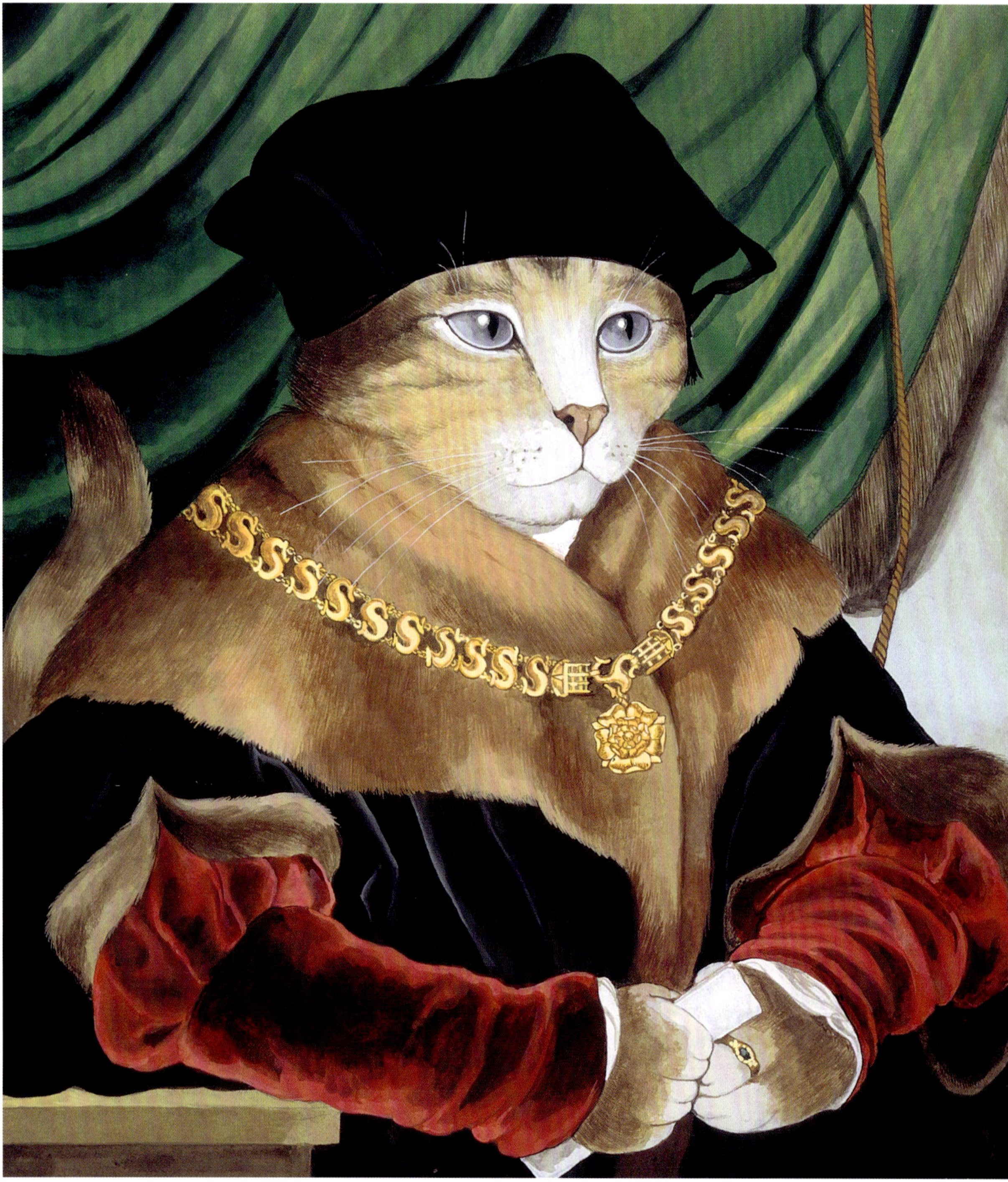

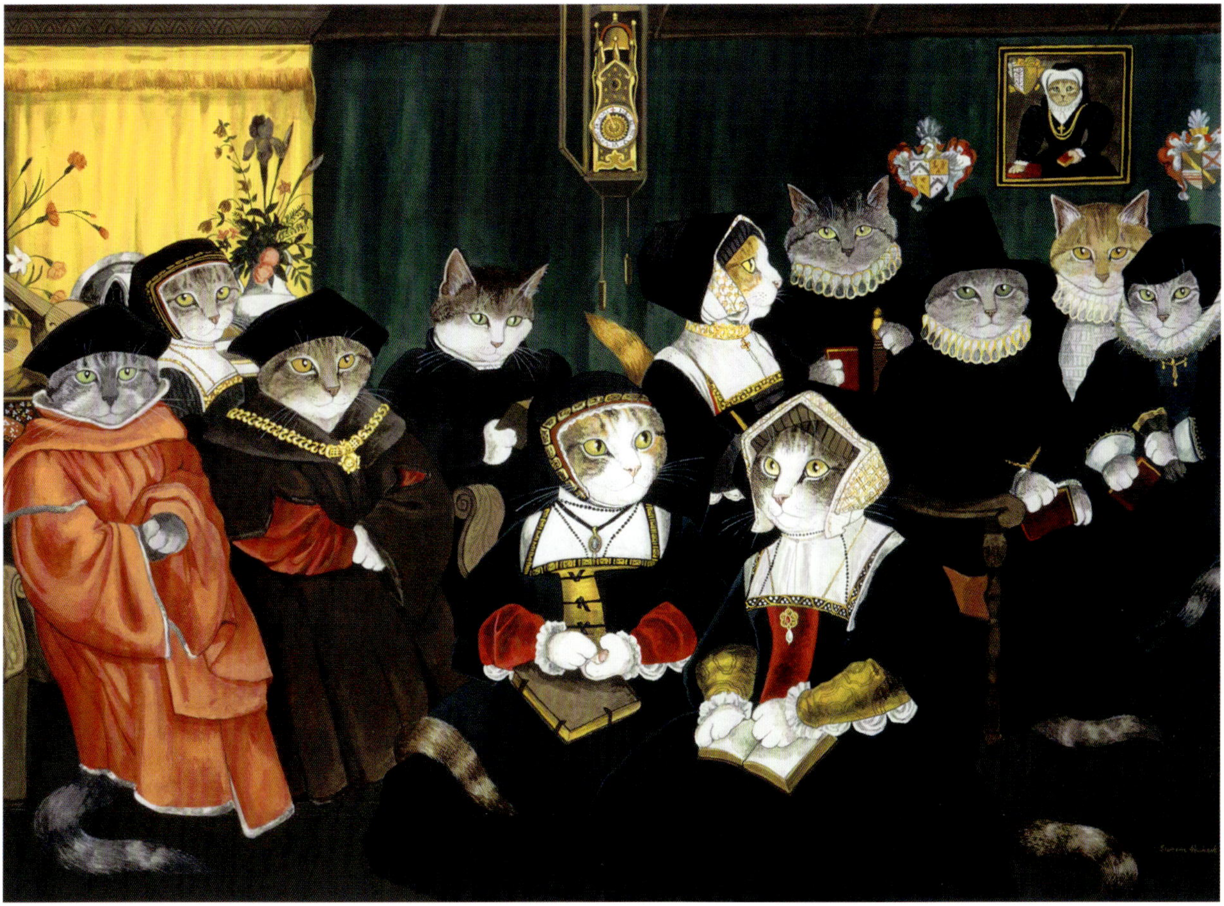

OBEN Rowland Lockey, *Sir Thomas More und seine Familie*, 1593, nach dem verschollenen Original von Hans Holbein dem Jüngeren, ca. 1527–1528

GEGENÜBER Hans Holbein der Jüngere, *Thomas Morus*, 1527

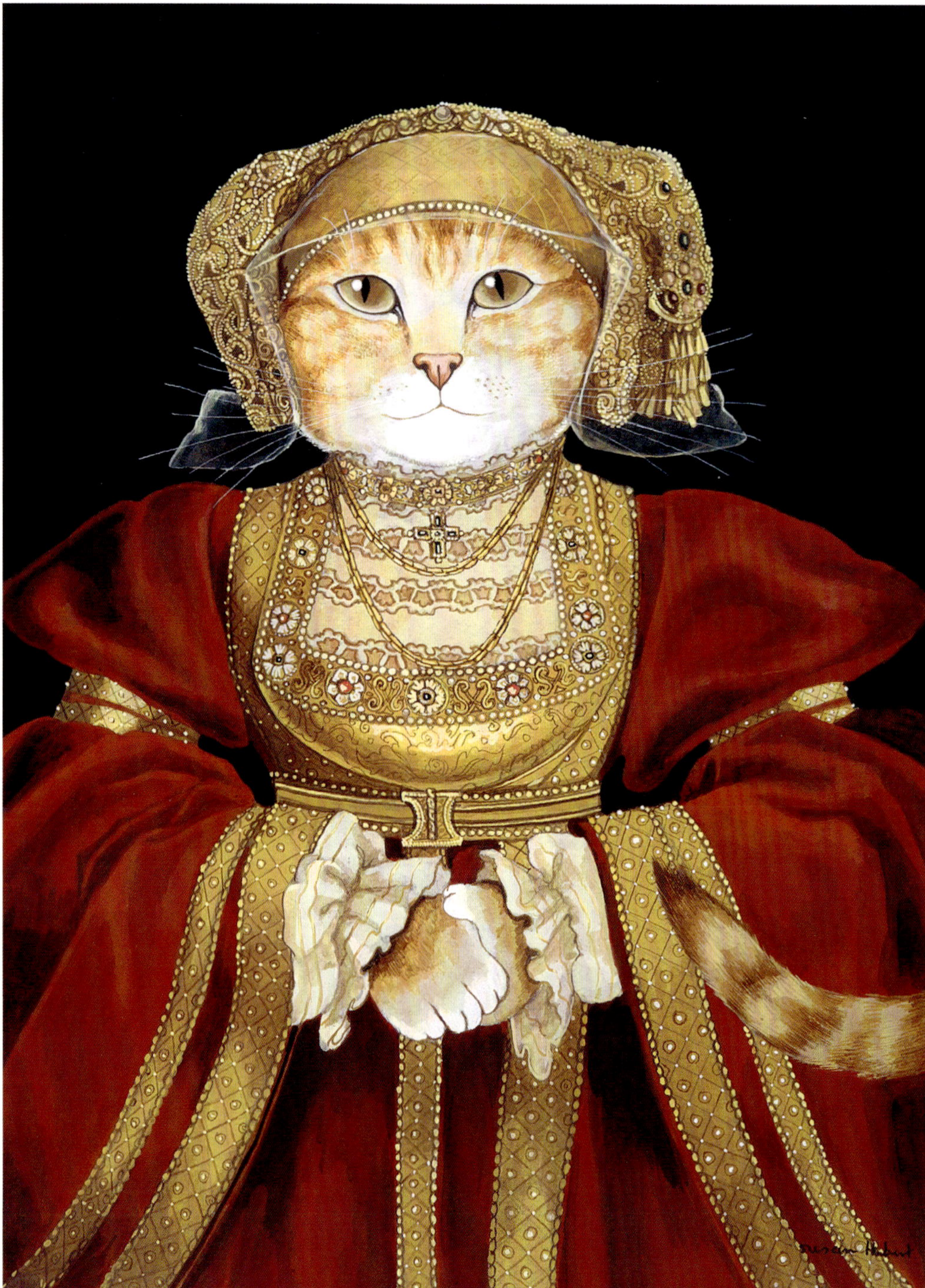

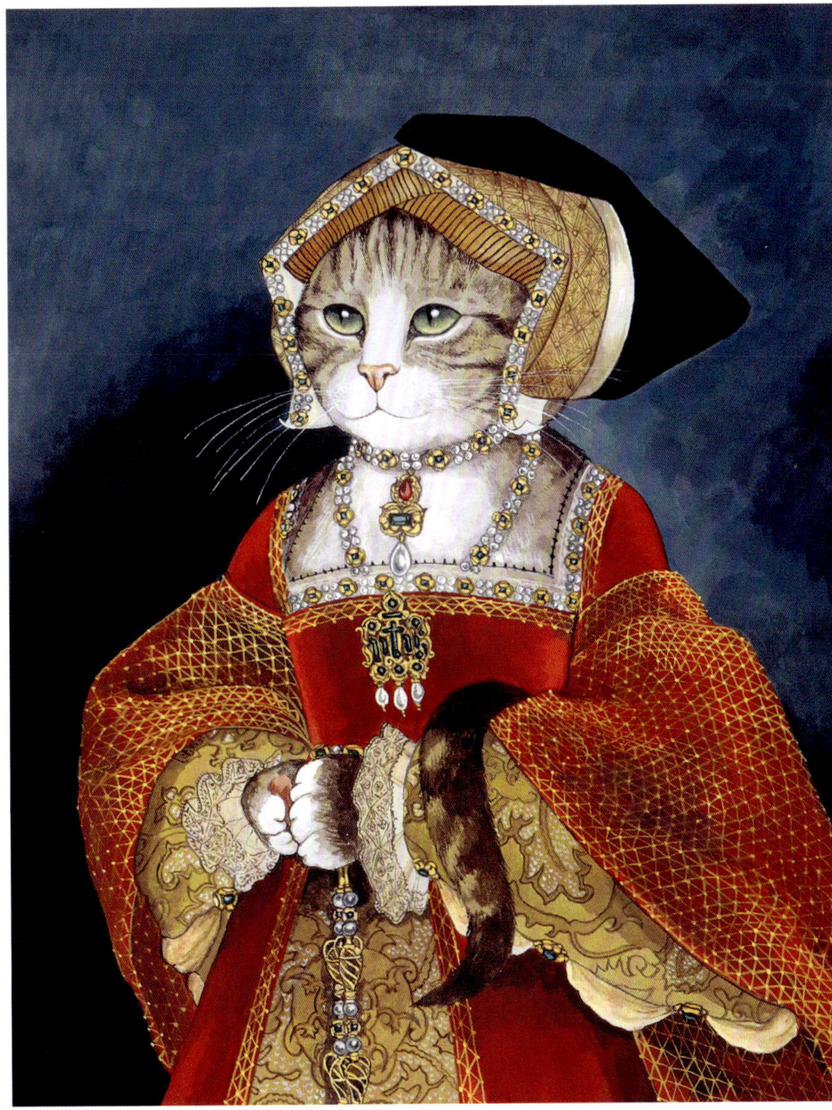

OBEN Hans Holbein der Jüngere, *Jane Seymour*, 1536

GEGENÜBER Hans Holbein der Jüngere, *Anna von Kleve*, 1539

AGNOLO BRONZINO

Lucrezia Panciatichi

CA. 1540

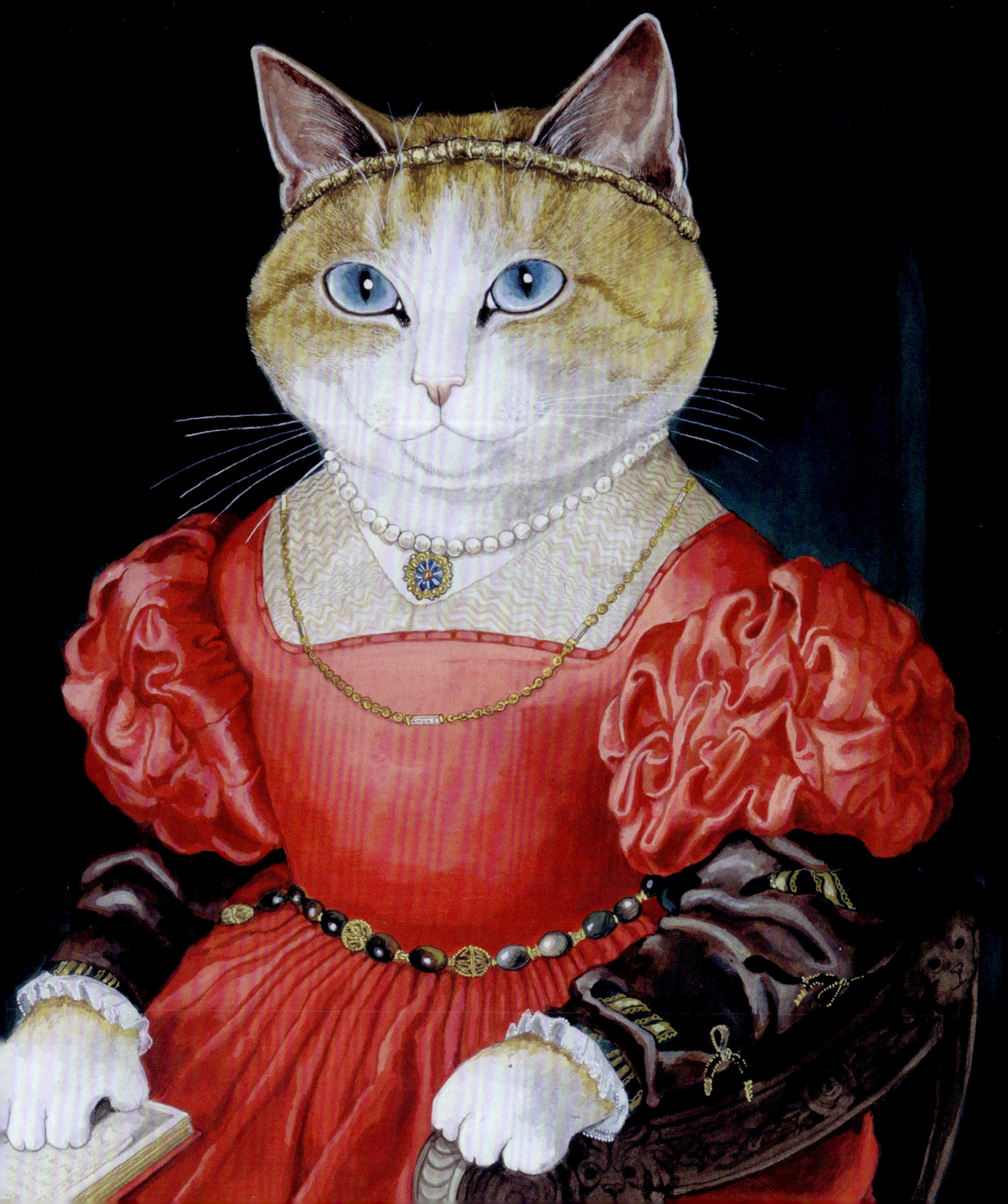

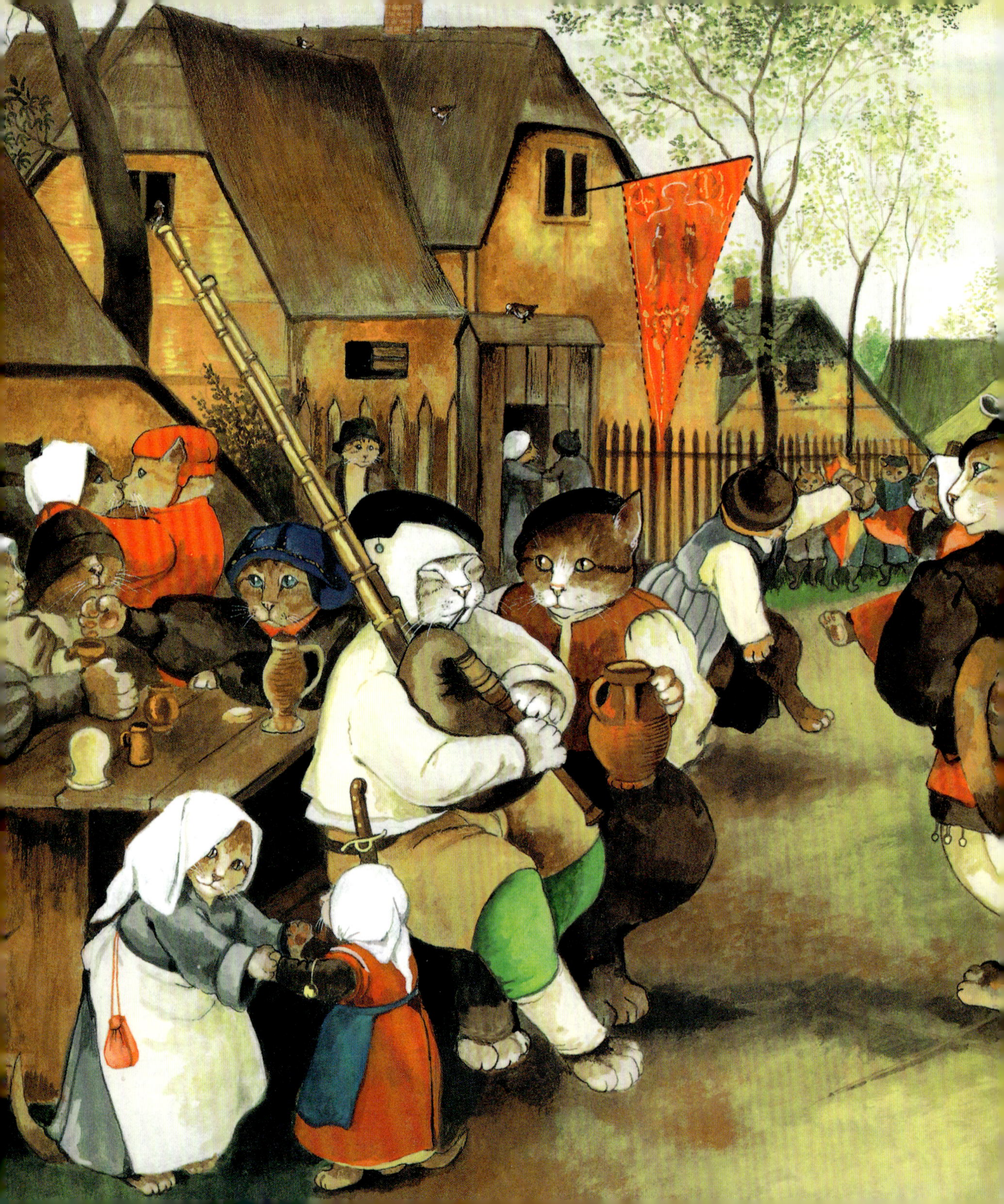

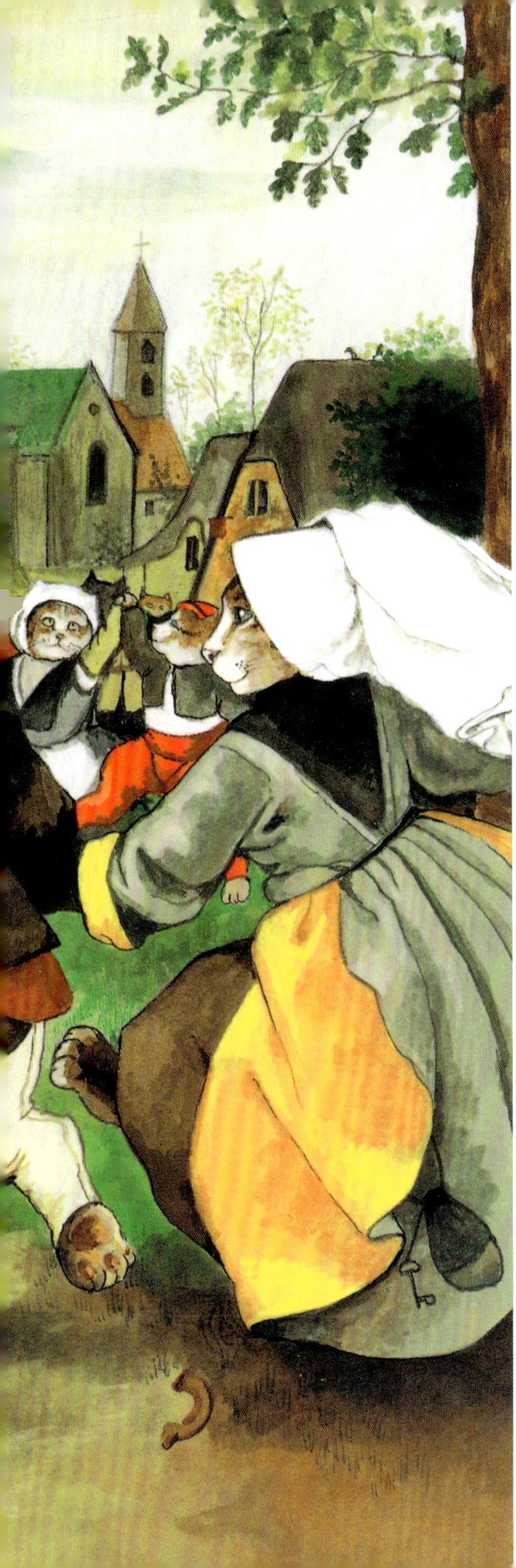

PIETER BRUEGEL DER ÄLTERE

Bauerntanz

CA. 1568

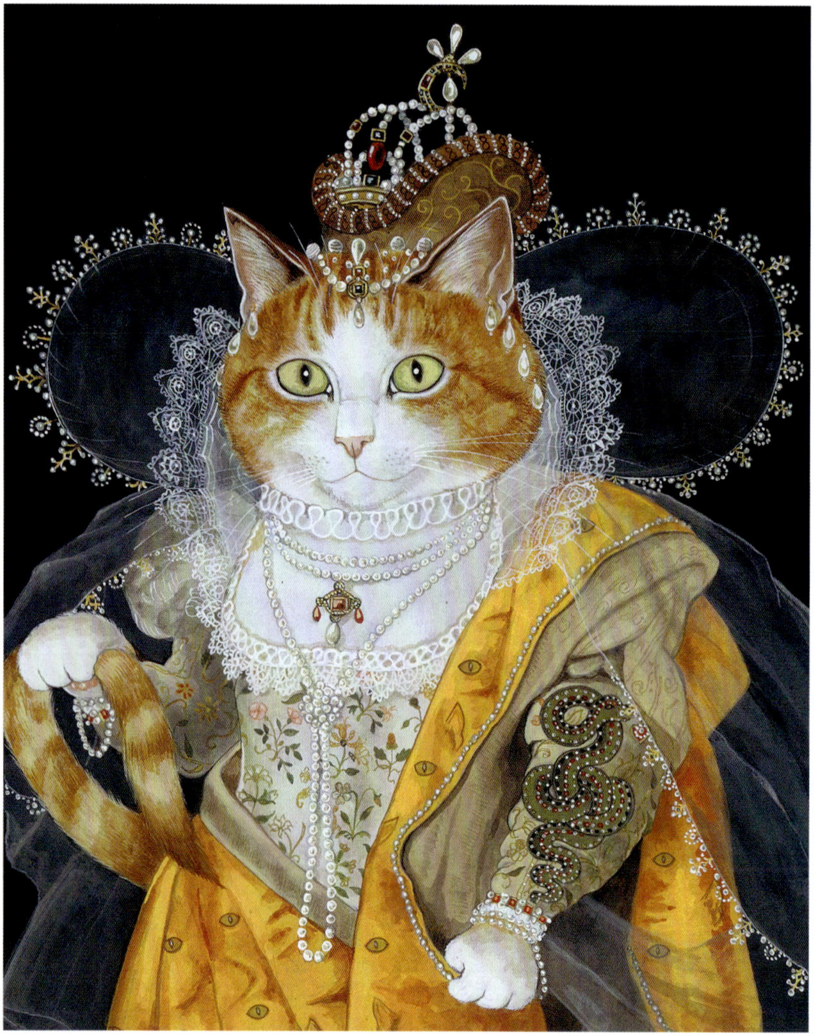

OBEN Marcus Gerards der Jüngere oder Isaak Oliver
Elizabeth I. (Regenbogenporträt), ca. 1600–1602

GEGENÜBER Marcus Gerards der Jüngere
Elizabeth I. (Ditchley-Porträt), ca. 1592

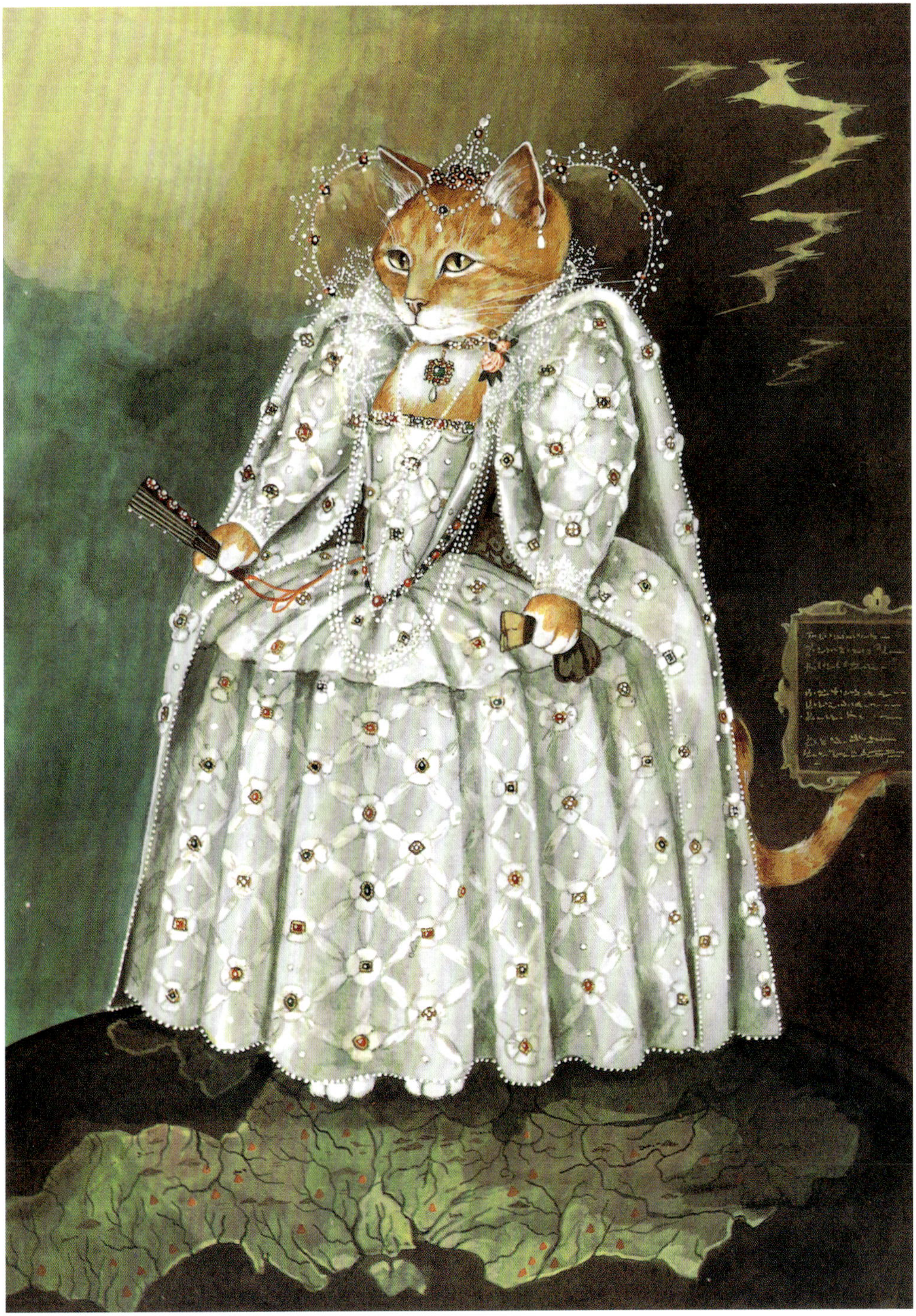

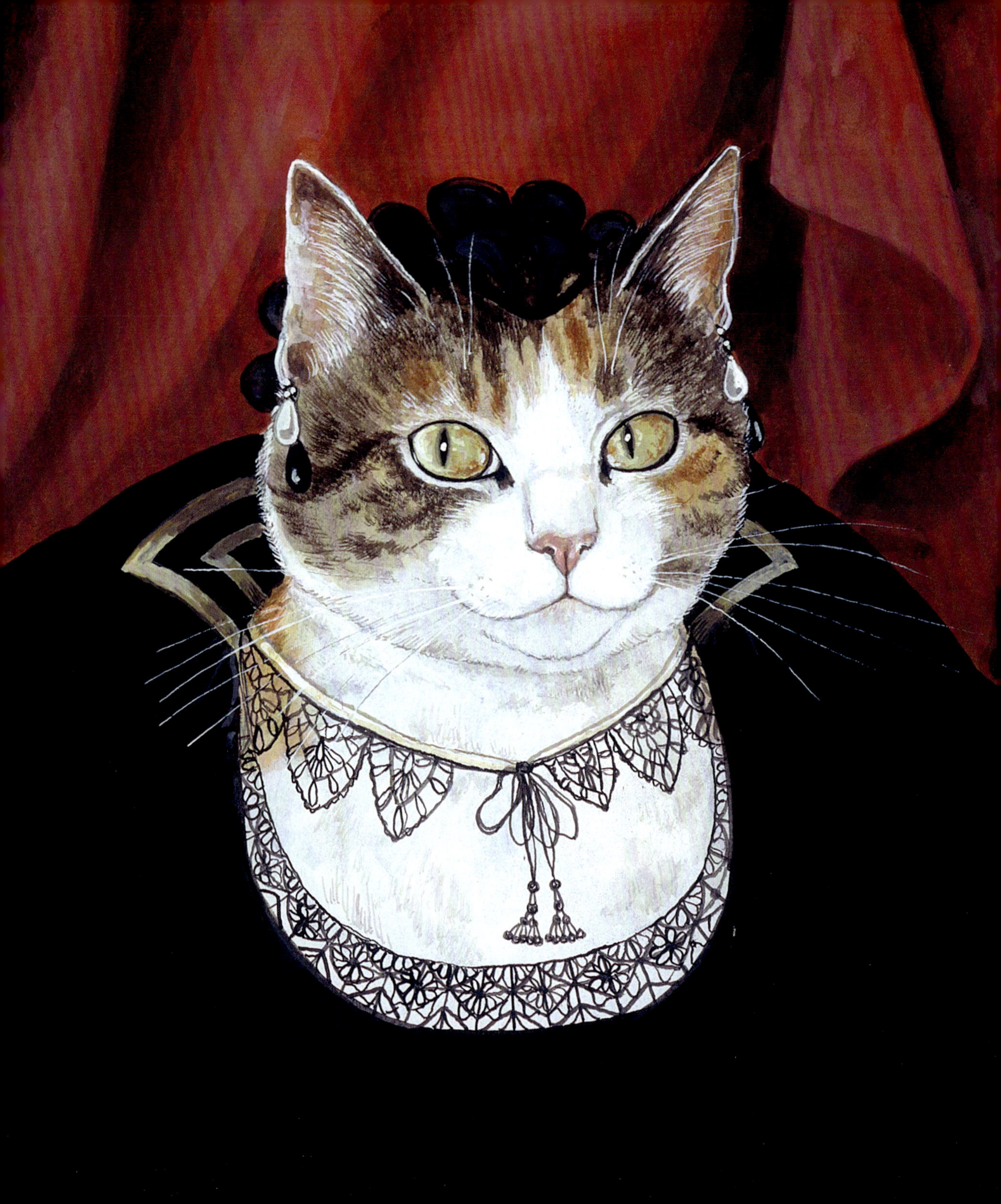

UNBEKANNTER KÜNSTLER

(vermutlich Gerards der Jüngere)

Anna von Dänemark

CA. 1612

PETER PAUL RUBENS

Die Geißblattlaube

CA. 1609

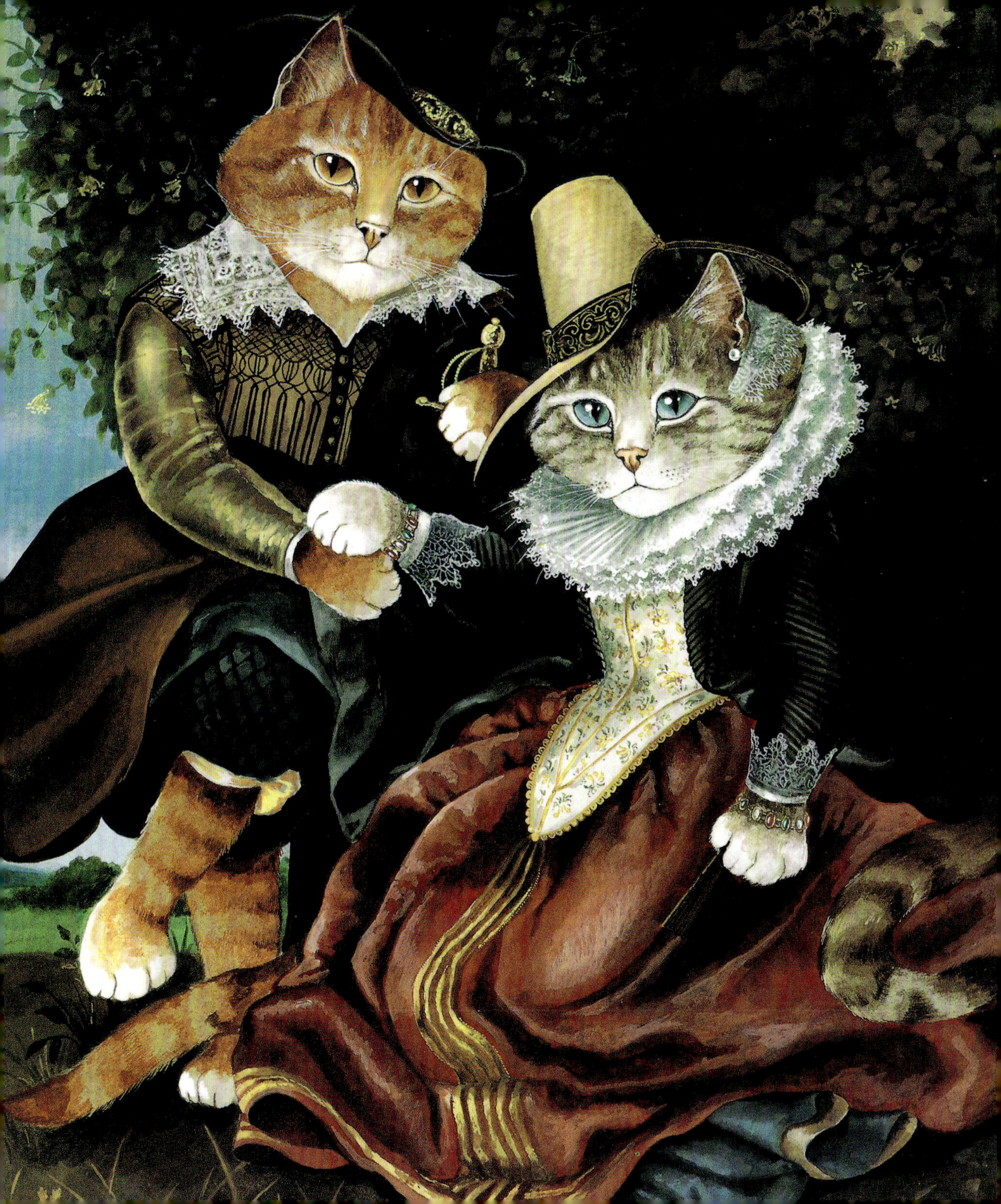

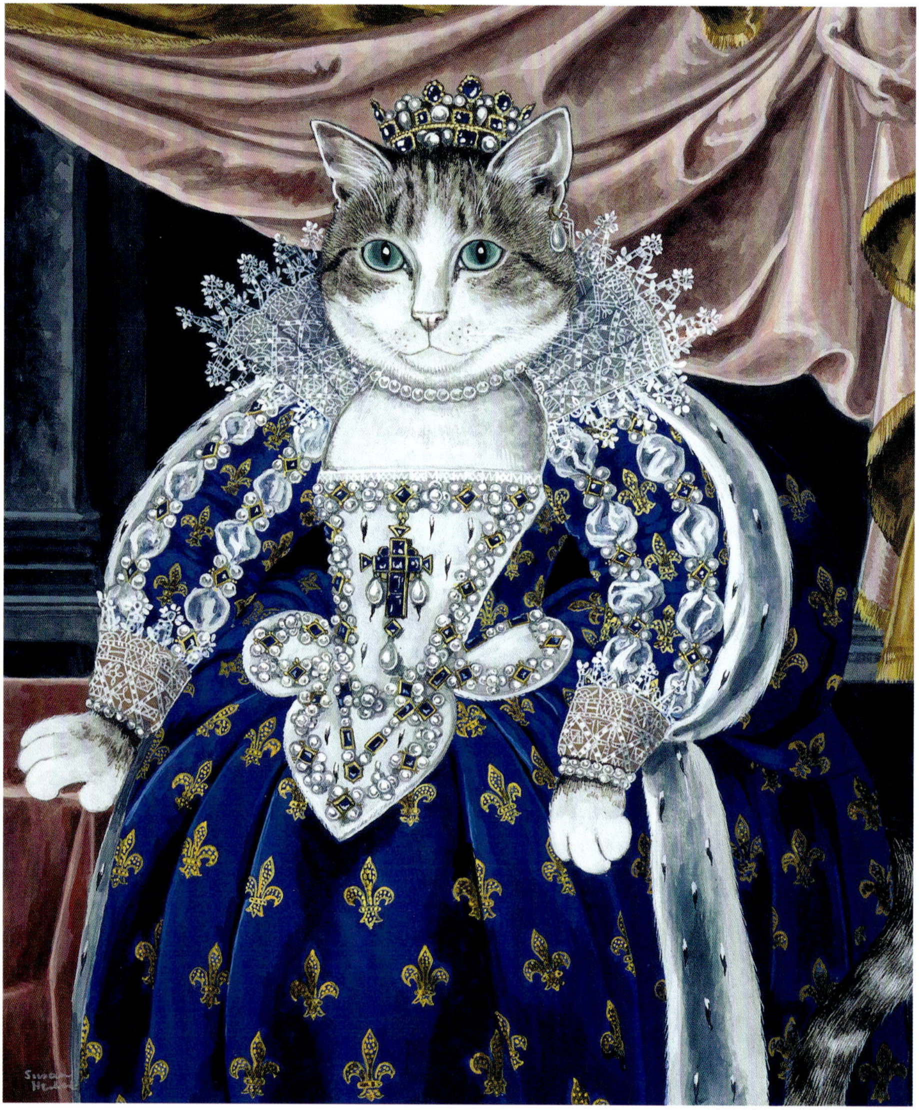

OBEN Frans Pourbus der Jüngere, *Maria de' Medici*, 1613

GEGENÜBER Peter Paul Rubens, *Der Strohhut*, ca. 1622–1625

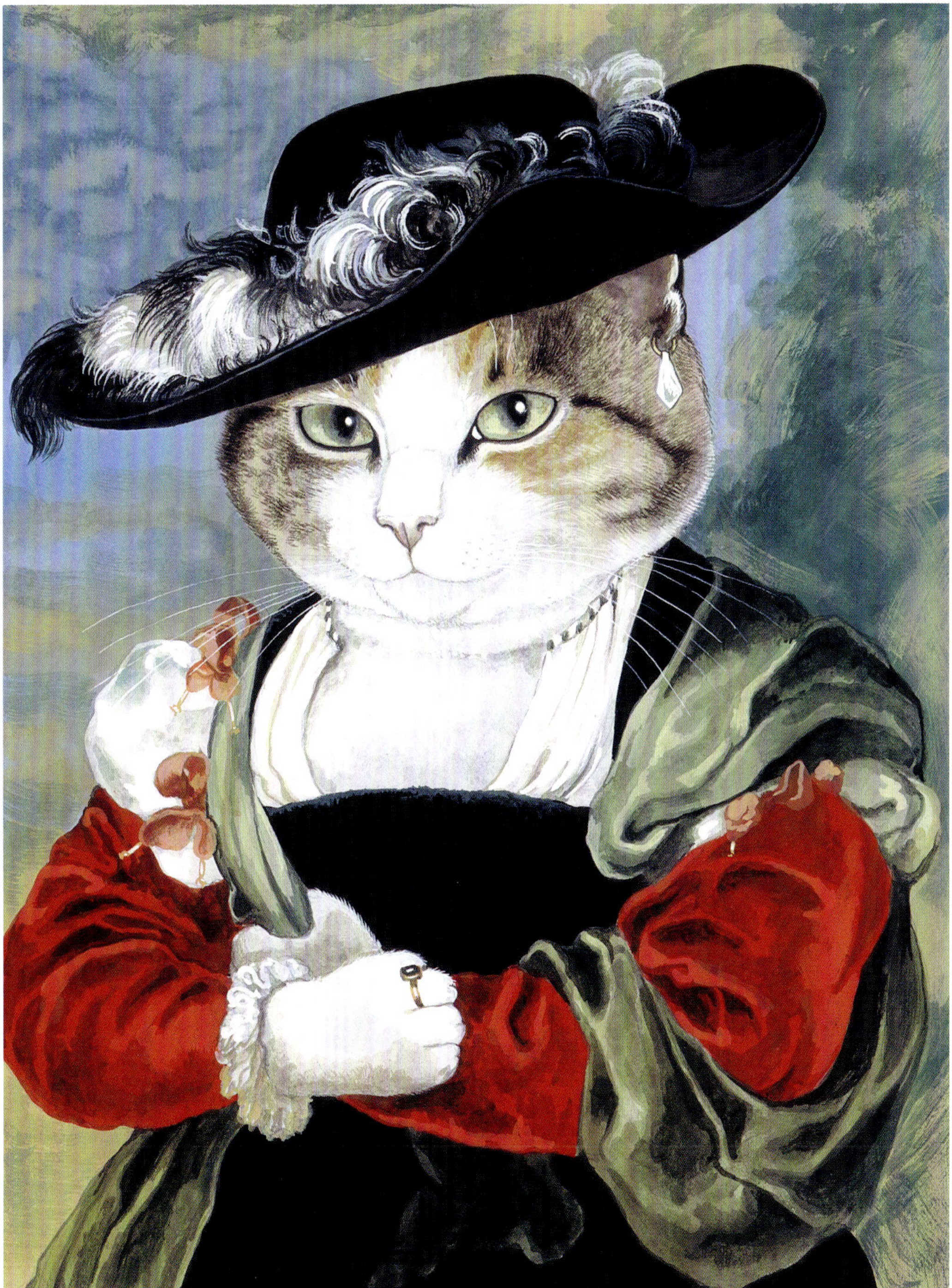

REMBRANDT VAN RIJN

Saskia als Flora

1634

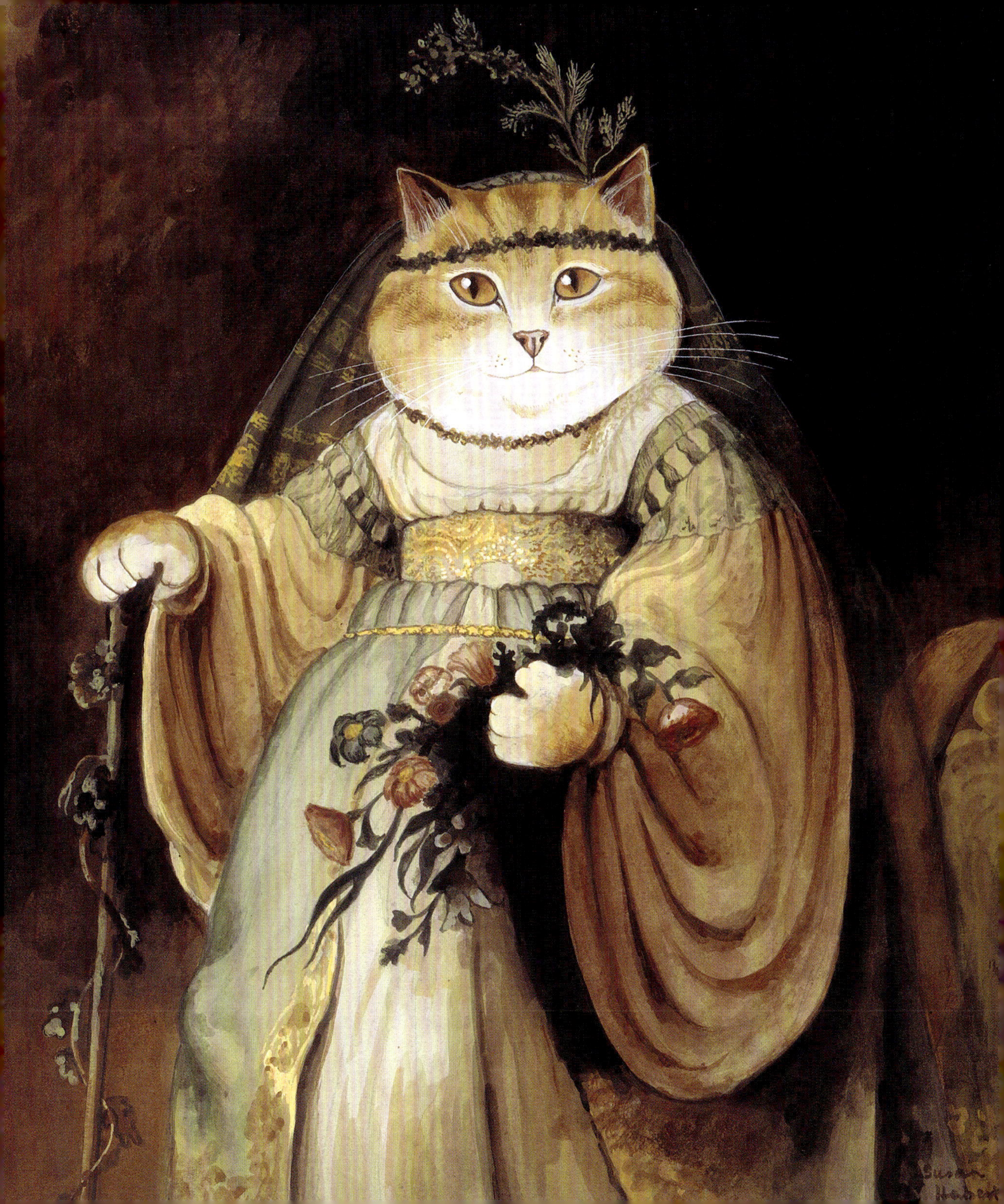
Susan
Herbert

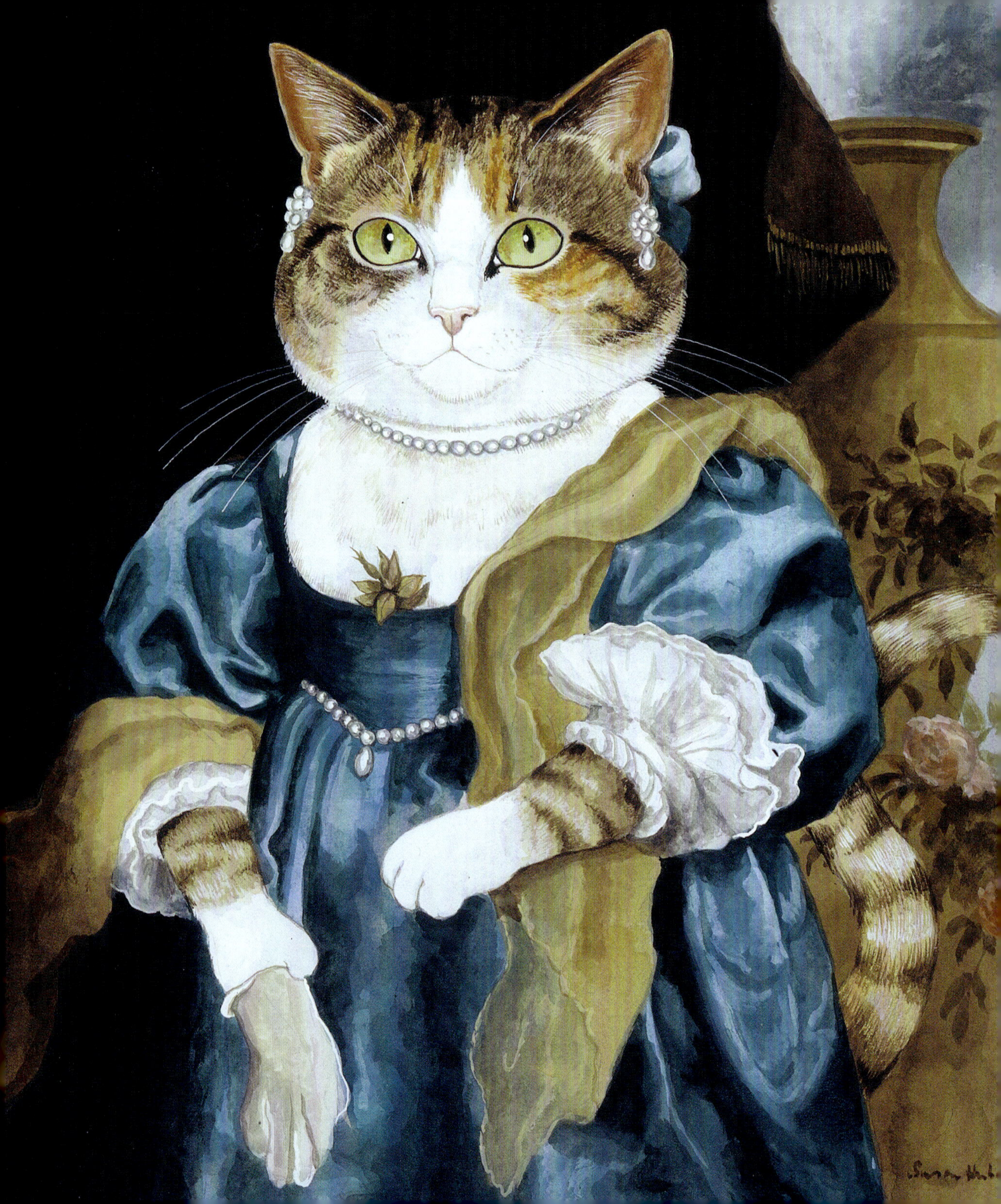

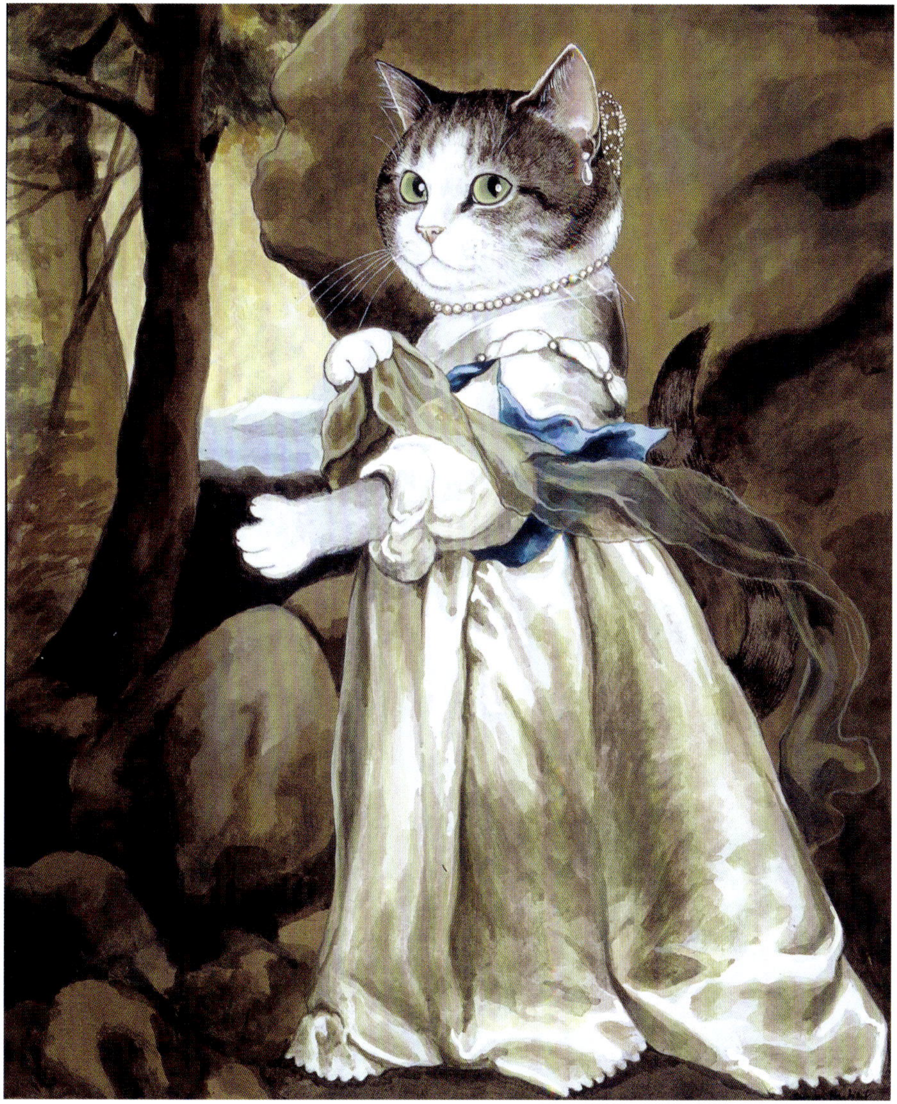

OBEN Anthonis van Dyck, *Lady Frances Cranfield*, ca. 1637

GEGENÜBER Anthonis van Dyck, *Lady Anne Carr*, 1638

REMBRANDT VAN RIJN

Die Nachtwache

1642

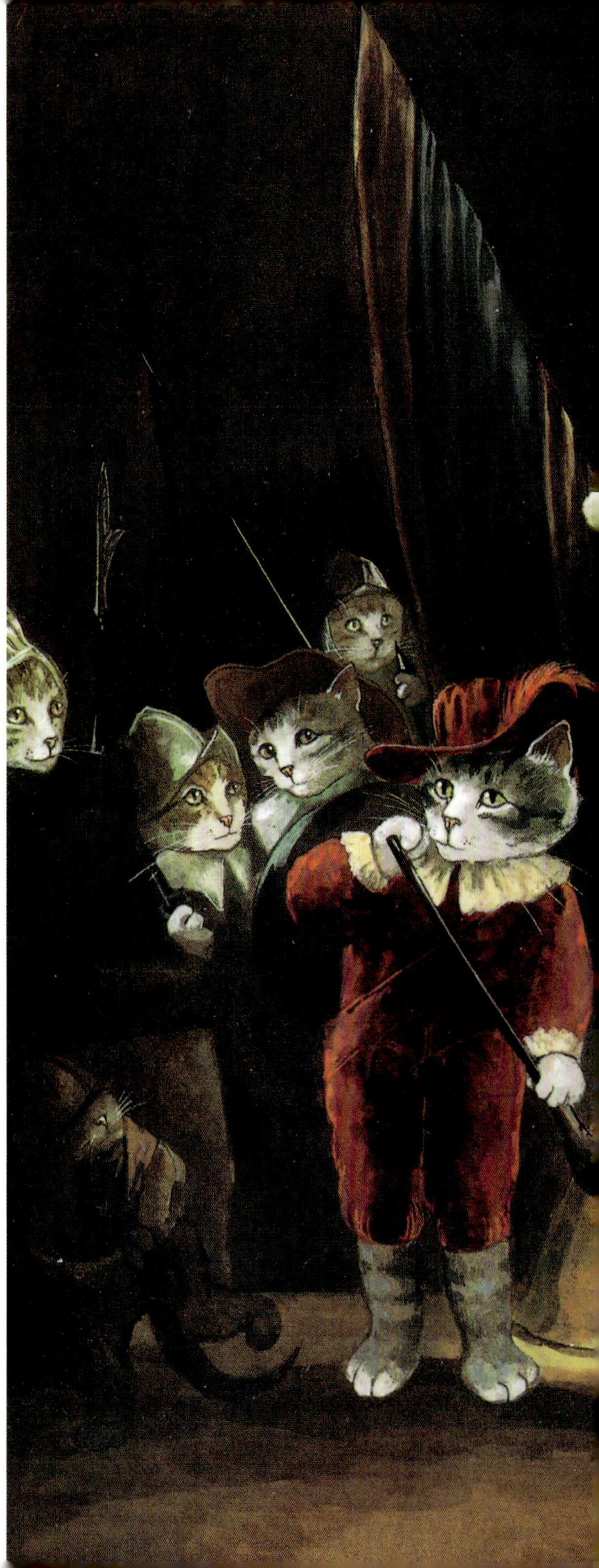

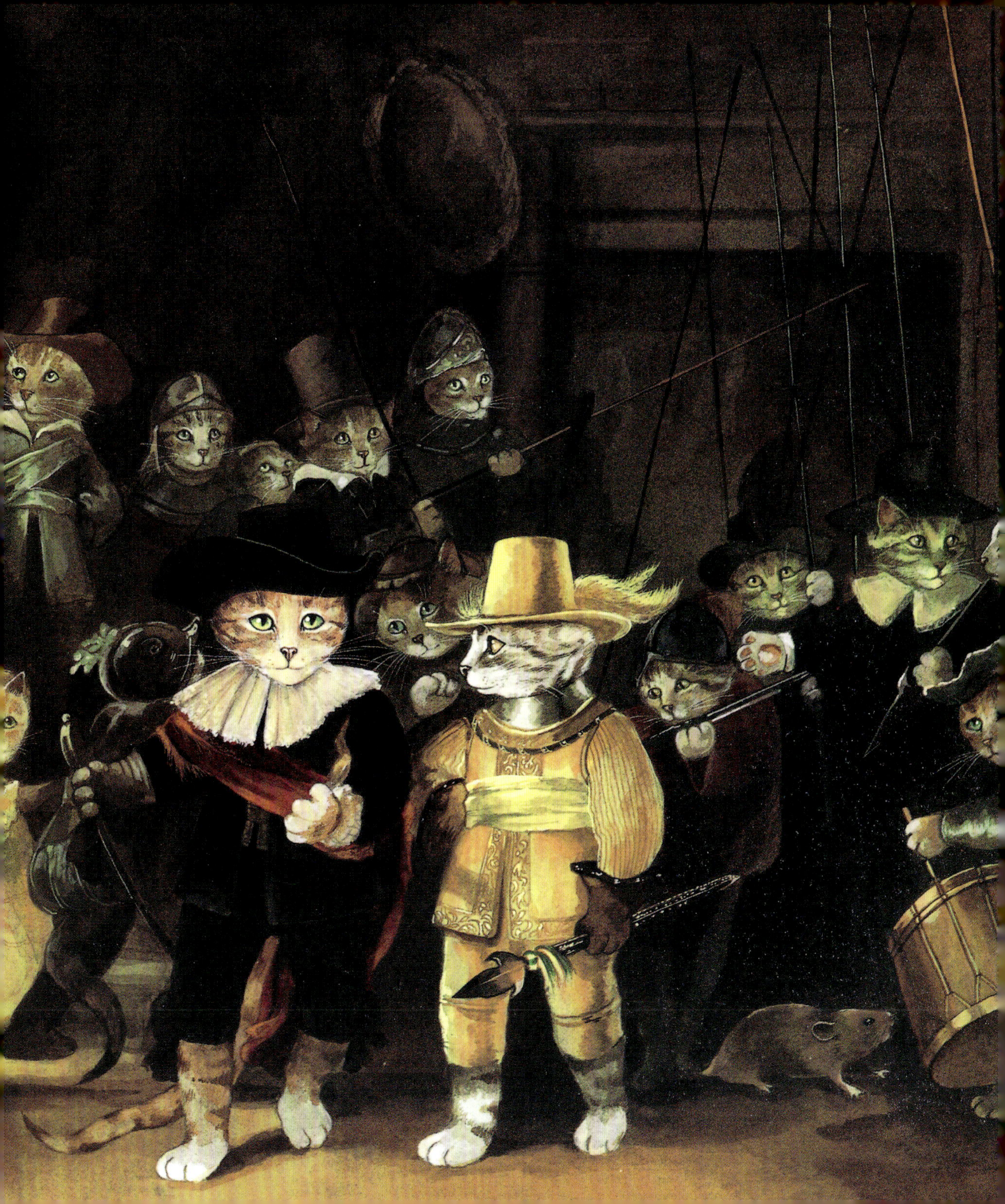

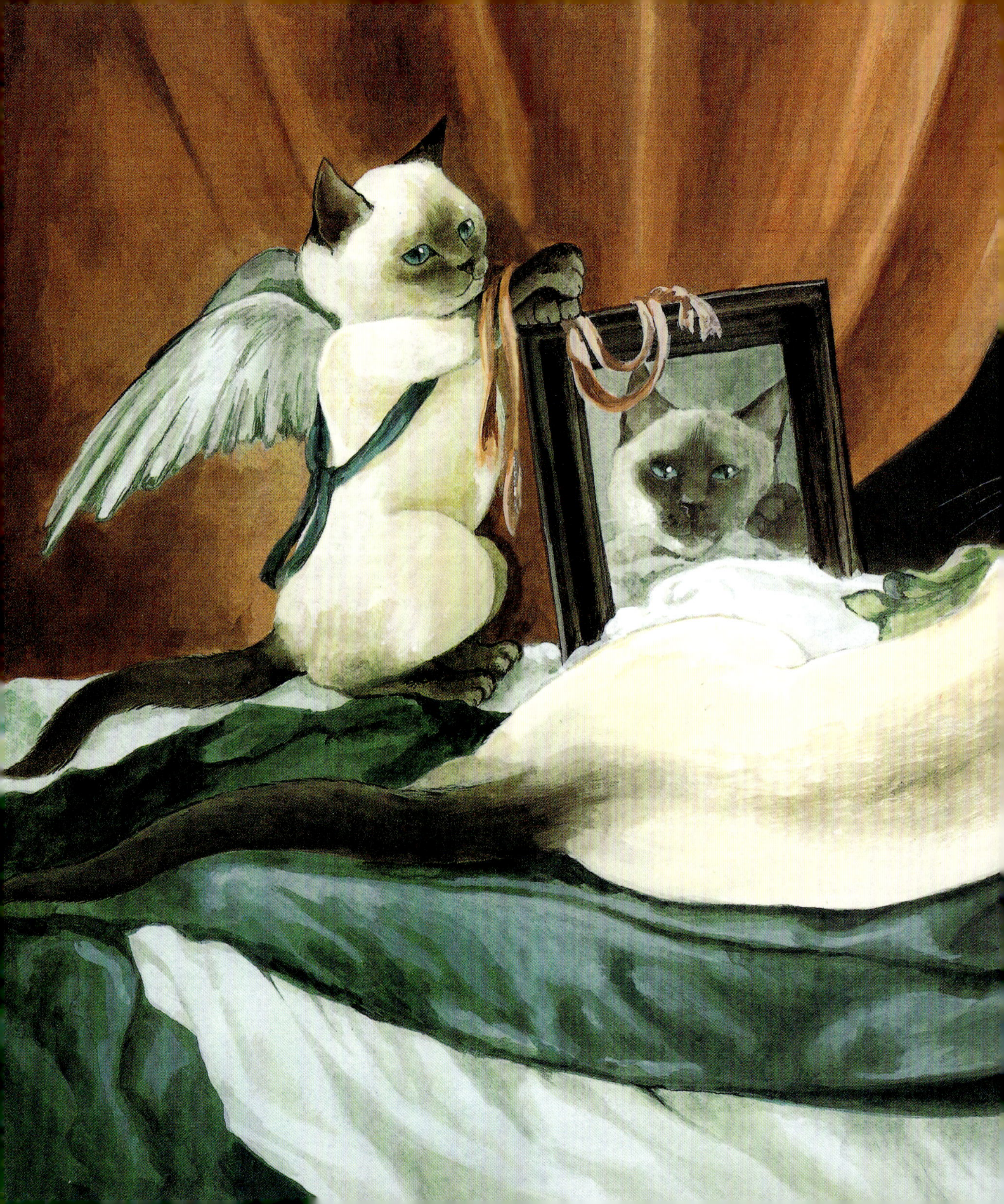

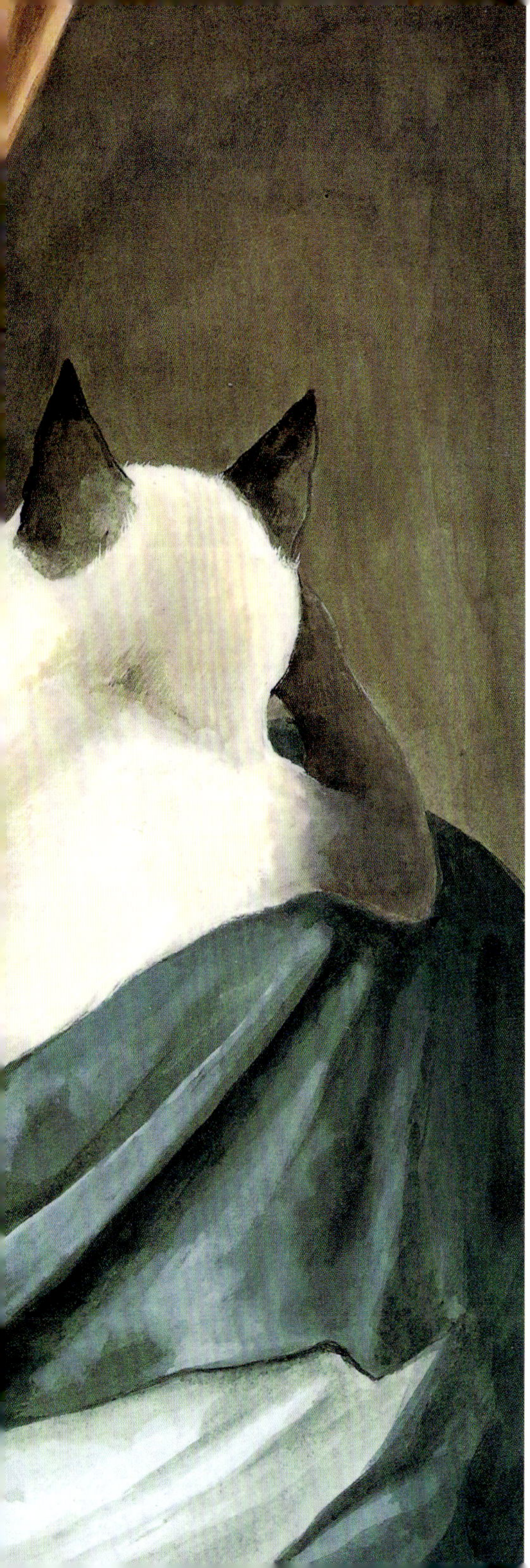

DIEGO VELÁZQUEZ

Venus vor dem Spiegel (Venus von Rokeby)

CA. 1647–1651

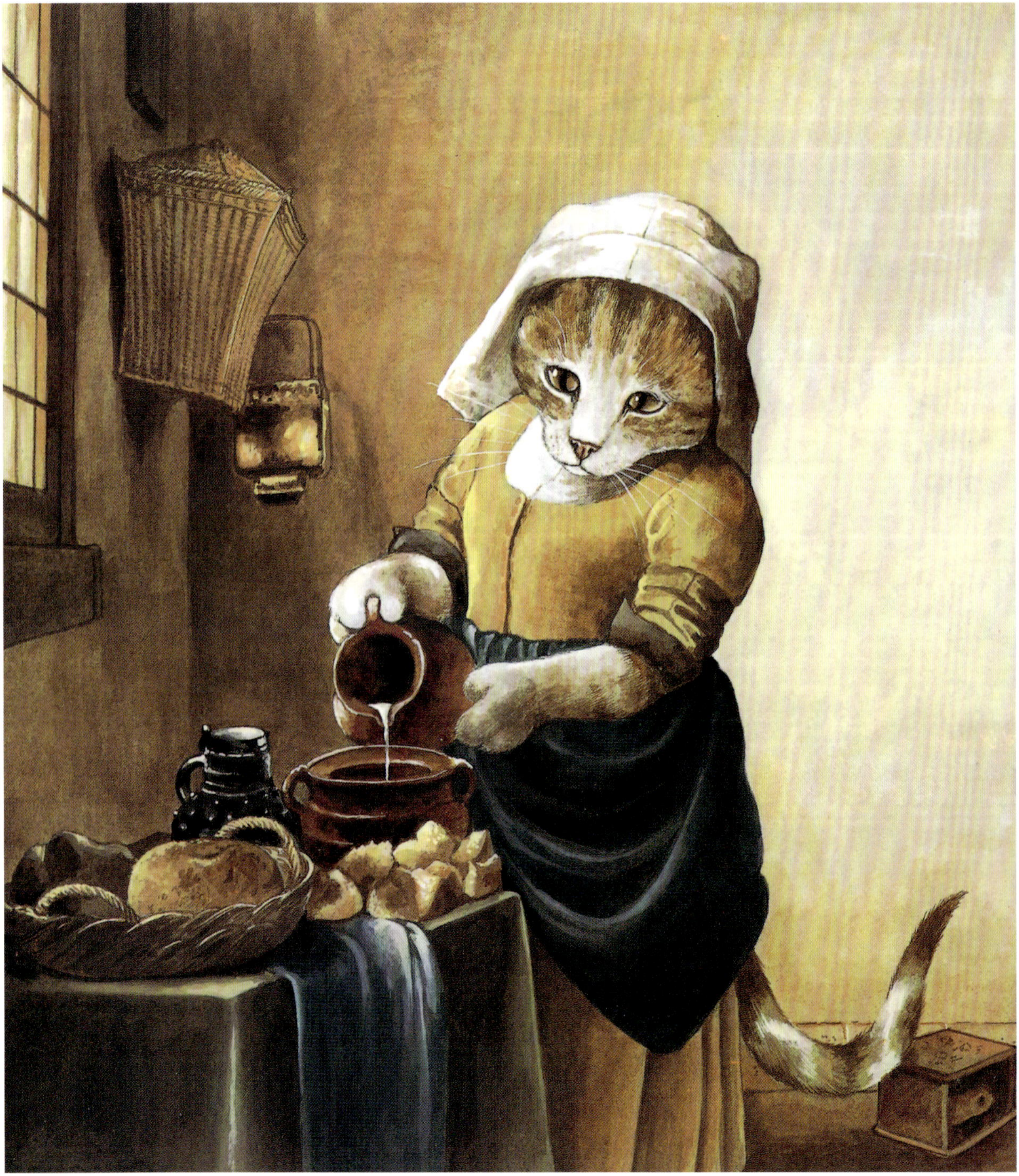

JOHANNES VERMEER

Dienstmagd mit Milchkrug

CA. 1660

NACHFOLGENDE SEITE, LINKS Johannes Vermeer, *Briefleserin am offenen Fenster,* ca. 1659

NACHFOLGENDE SEITE, RECHTS Johannes Vermeer, *Mädchen mit rotem Hut,* ca. 1665–1666

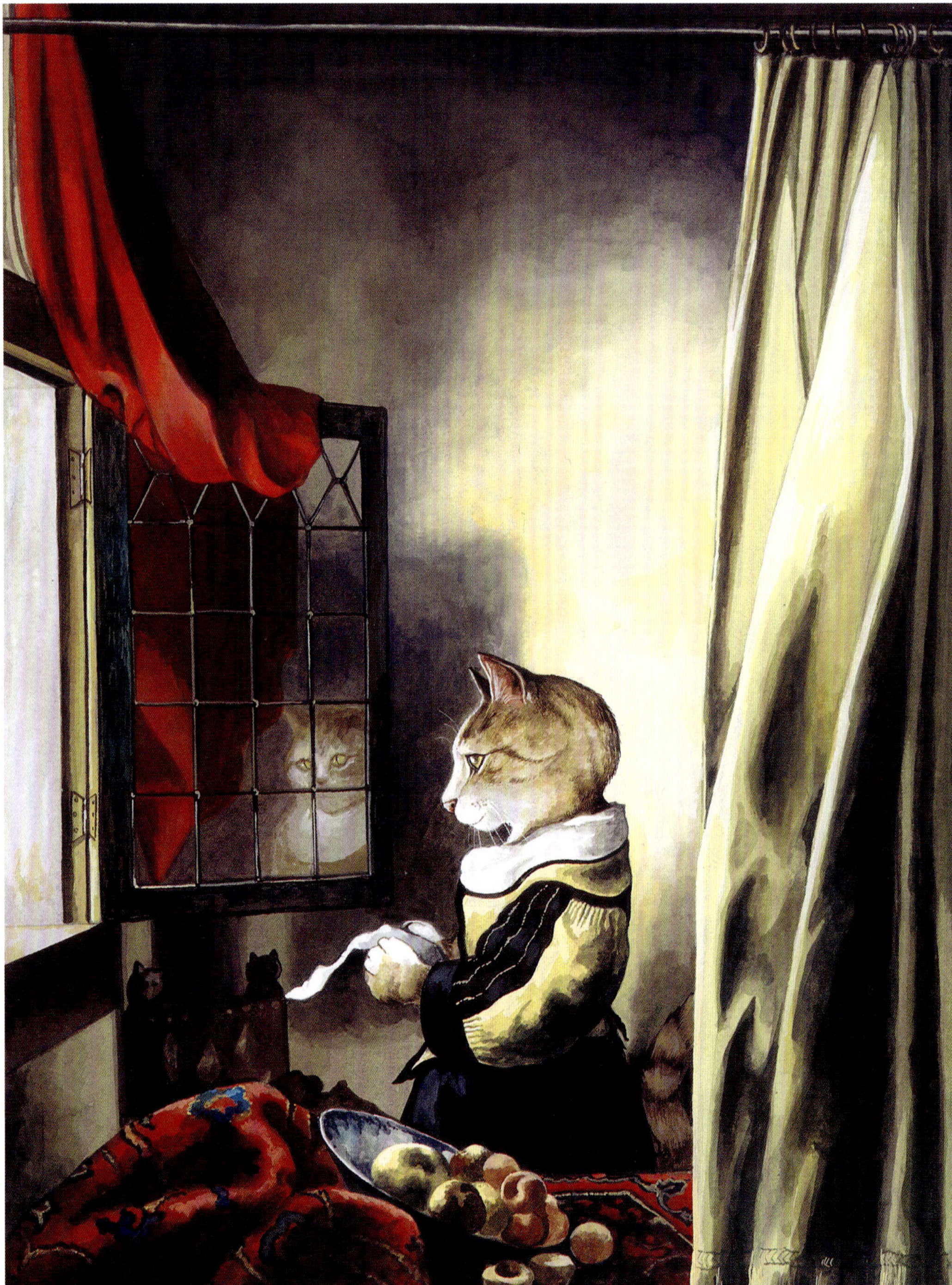

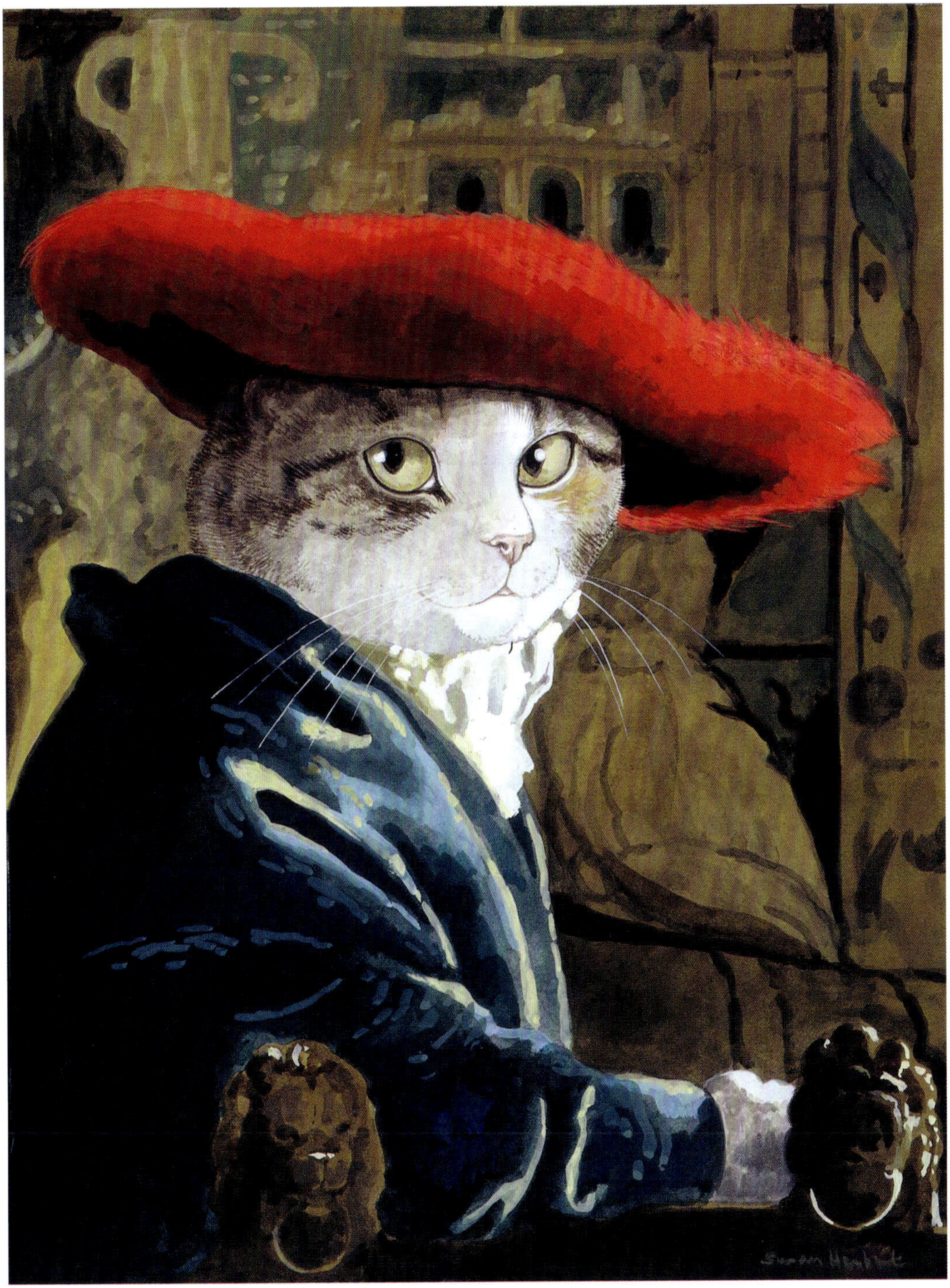
Susan Herbert

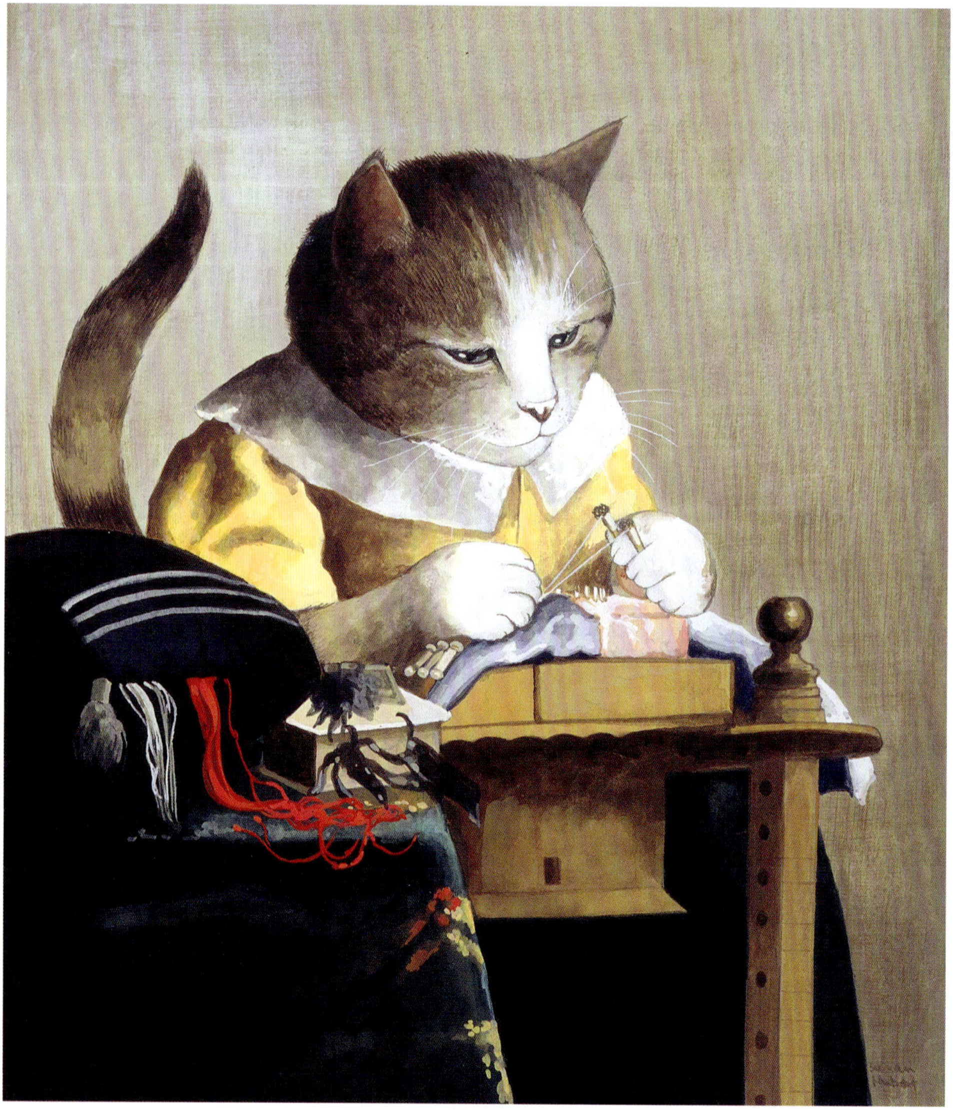

OBEN Johannes Vermeer, *Die Spitzenklöpplerin*, 1669–1670

GEGENÜBER Johannes Vermeer, *Die Gitarrenspielerin*, 1670–1672

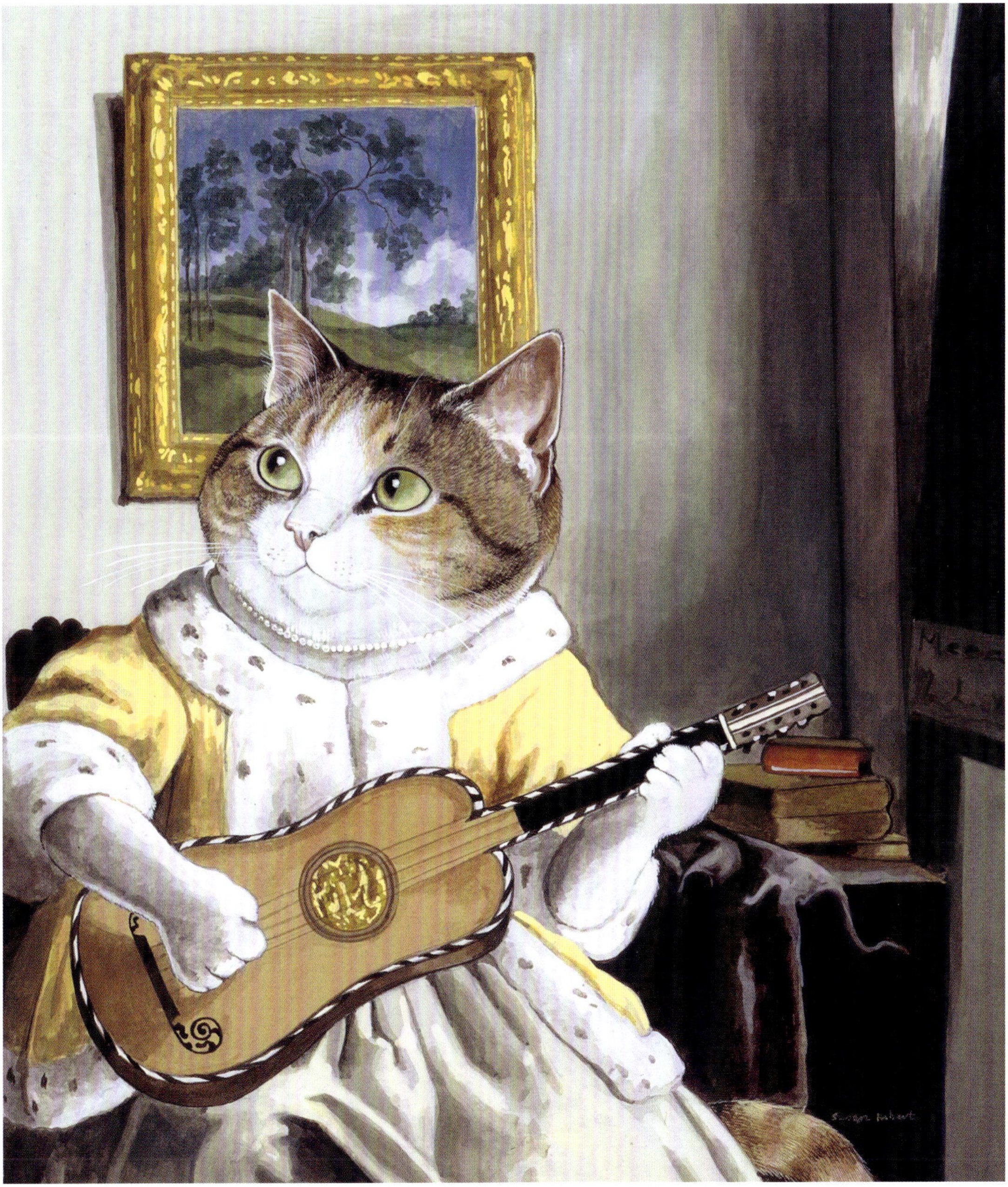

HYACINTHE RIGAUD

Porträt Ludwigs XIV.

1701

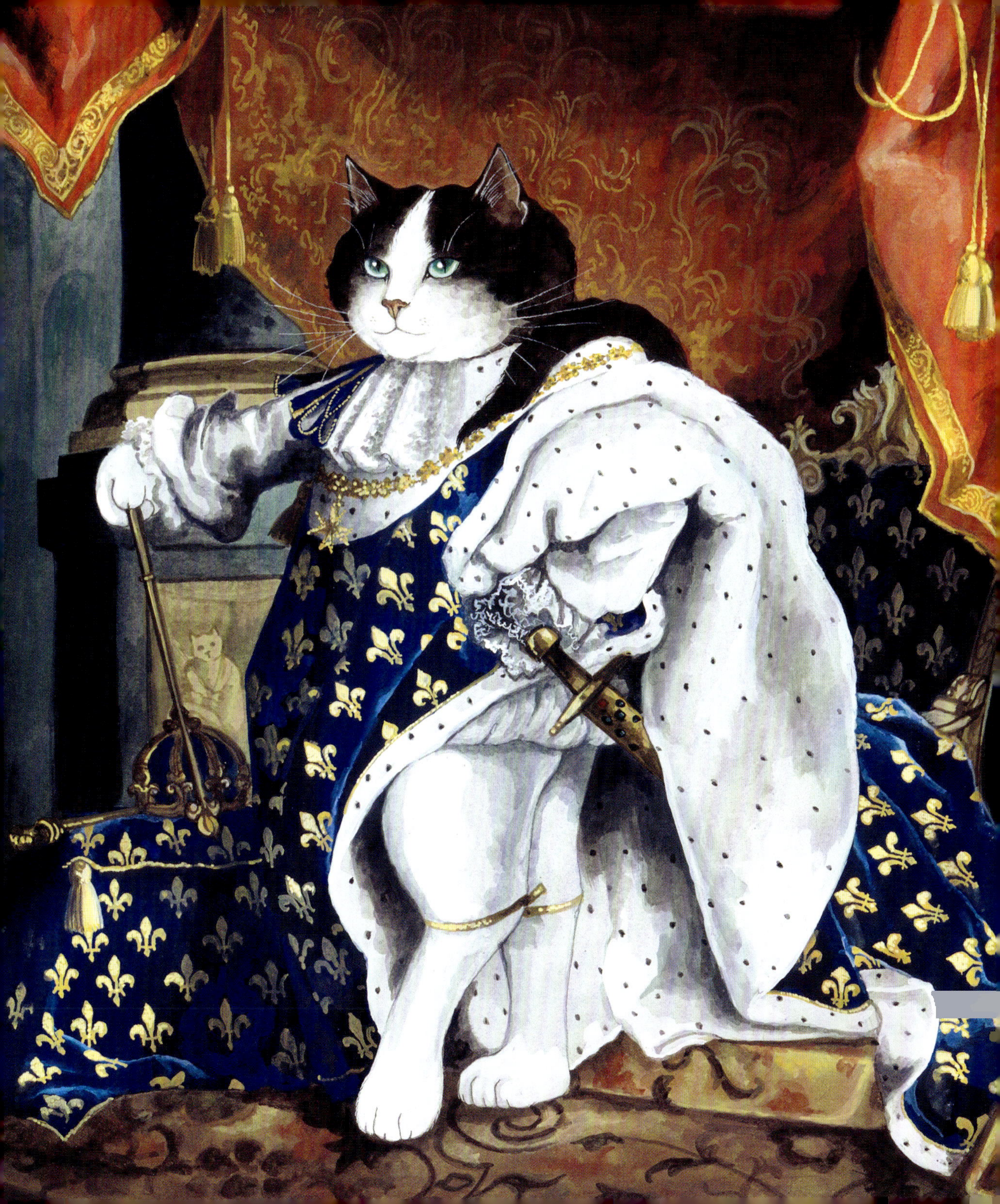

JEAN-ANTOINE WATTEAU

Venezianische Feste

1718–1719

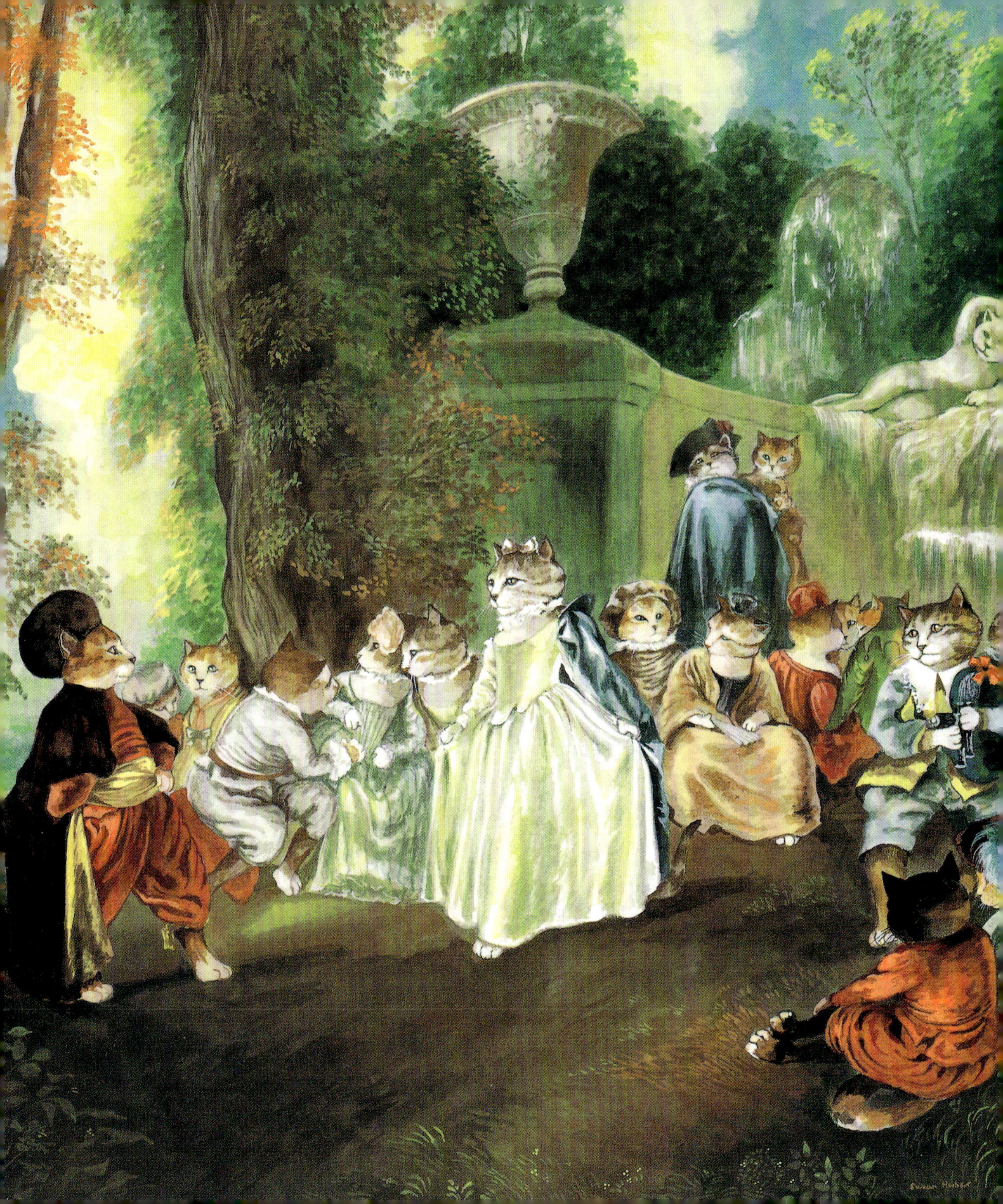

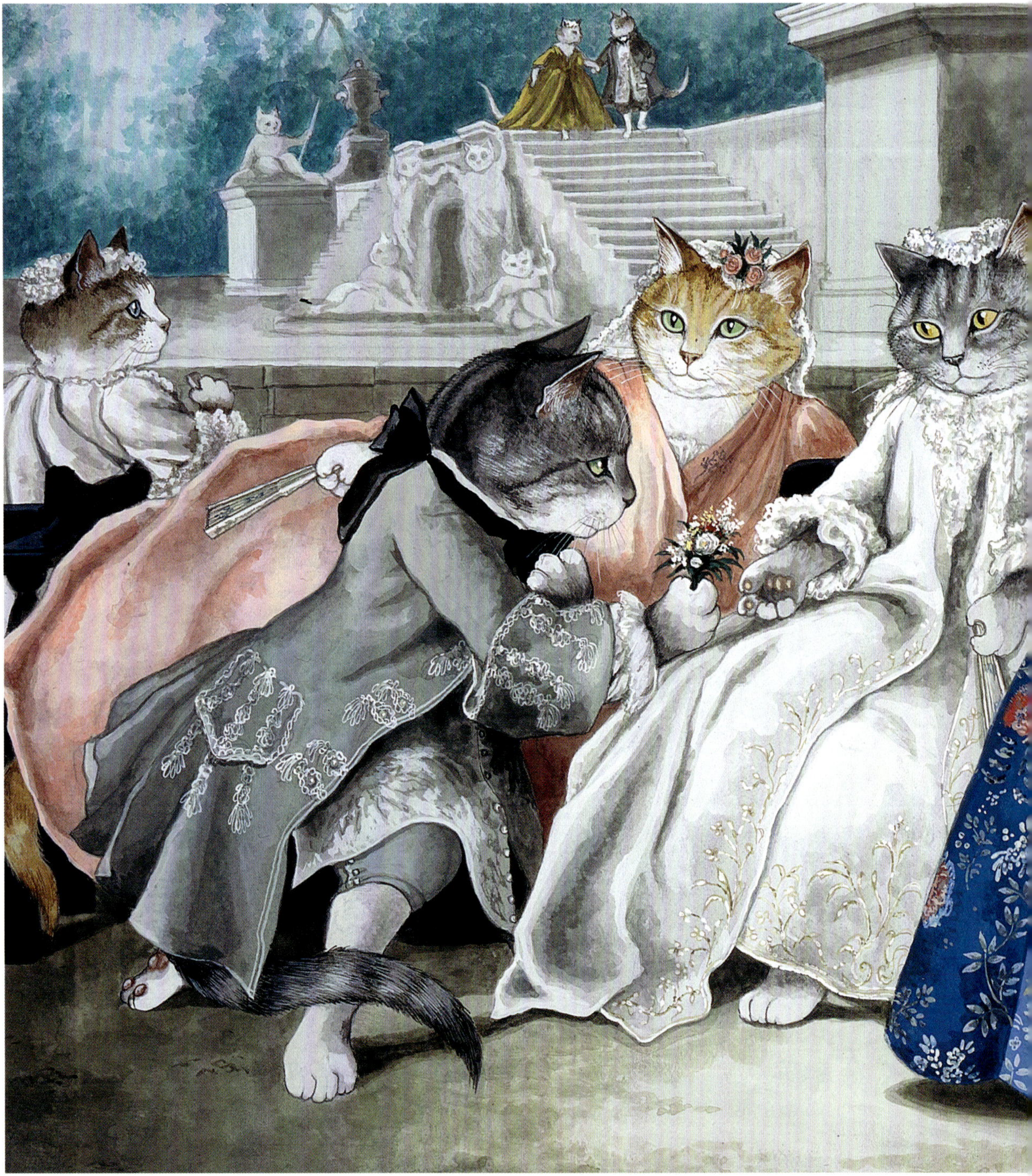

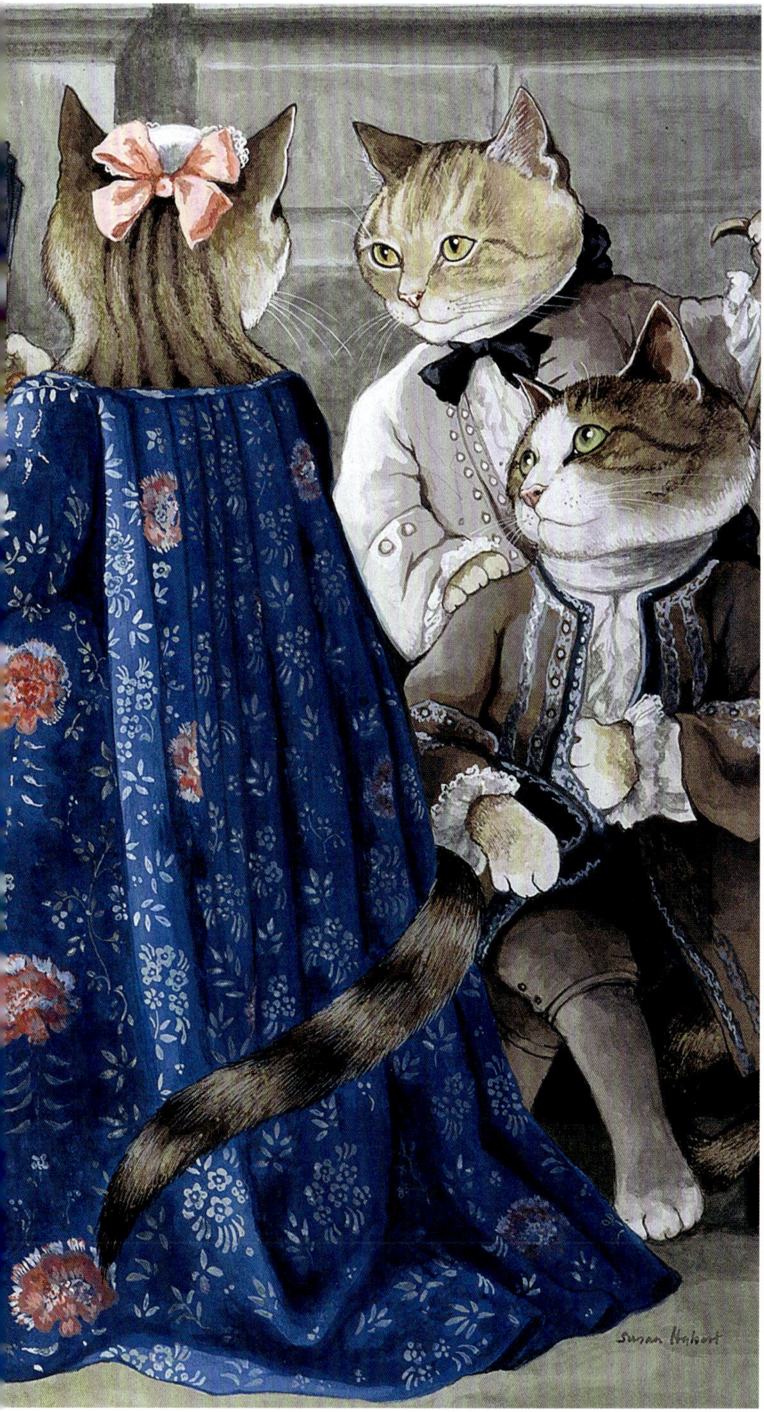

JEAN FRANÇOIS DE TROY

Die Liebeserklärung

1731

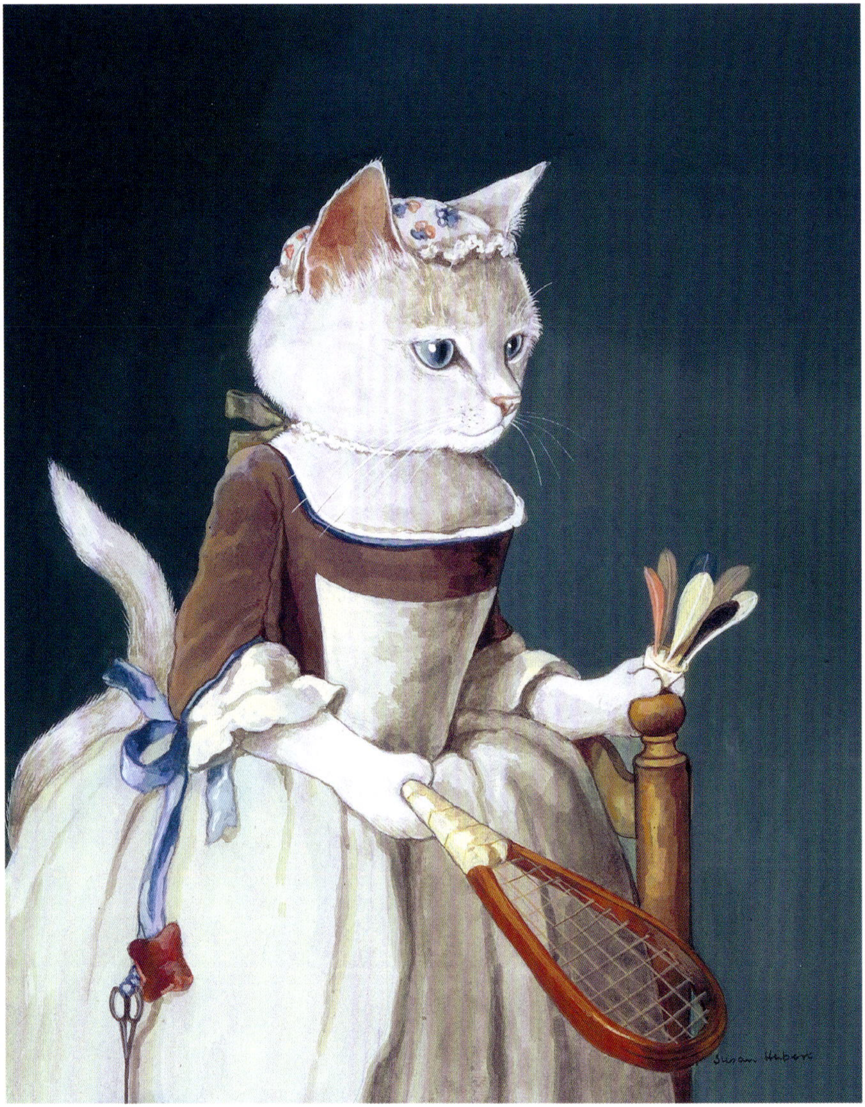

Jean-Baptiste-Siméon Chardin, *Das Mädchen mit dem Federball*, 1741

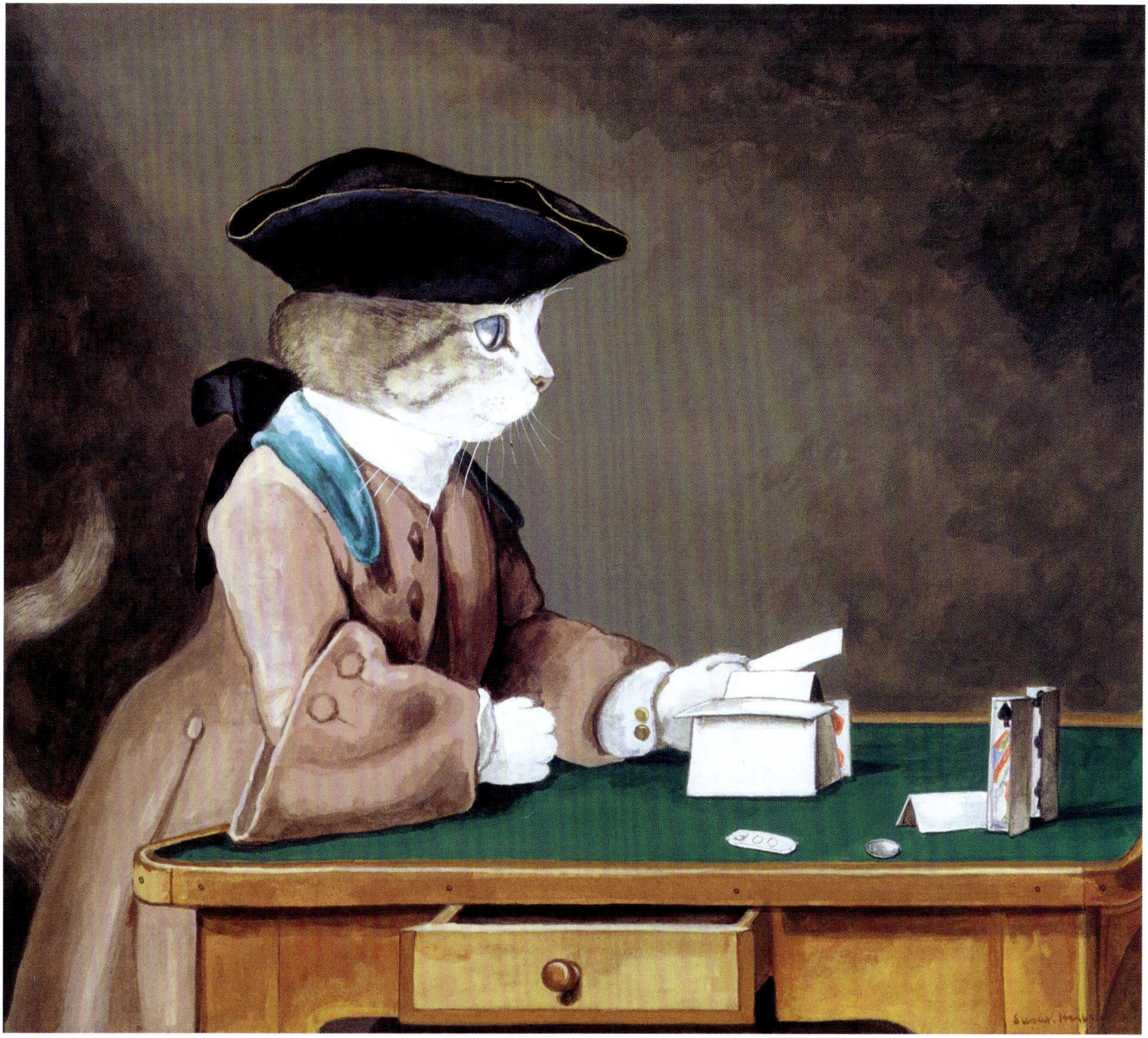

Jean-Baptiste-Siméon Chardin, *Das Kartenhaus*, ca. 1740–1741

WILLIAM HOGARTH

A Rake's Progress (Szene in der Taverne)

1732–1733

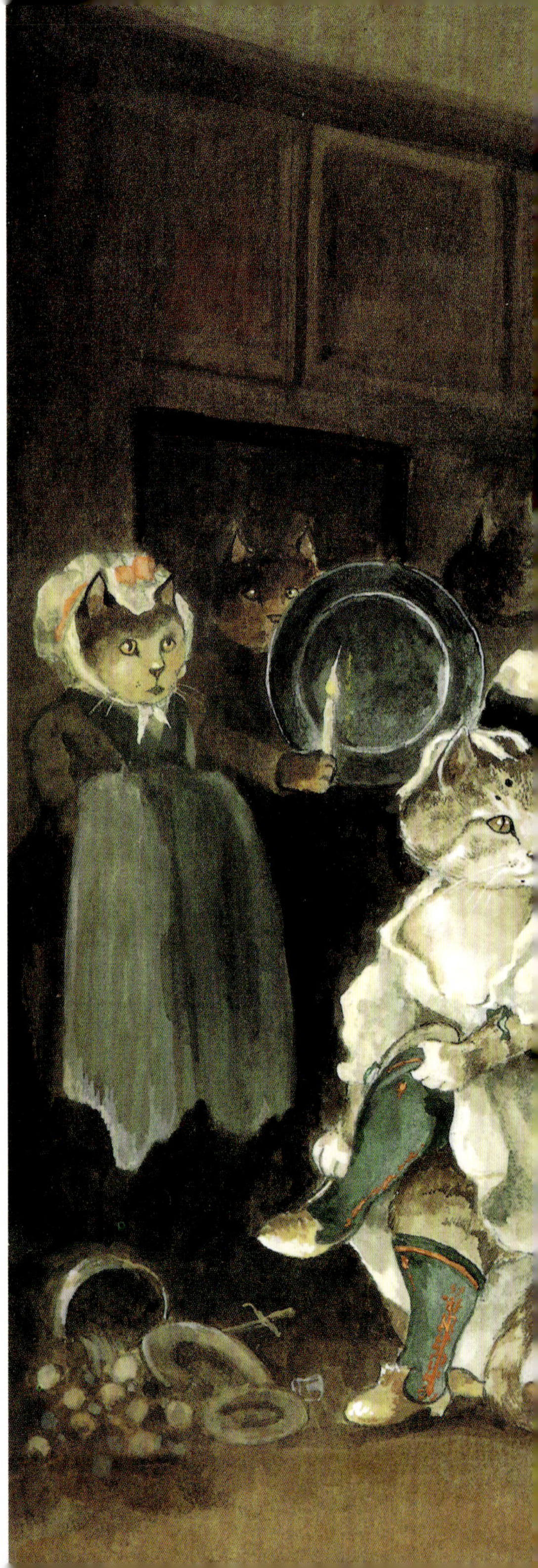

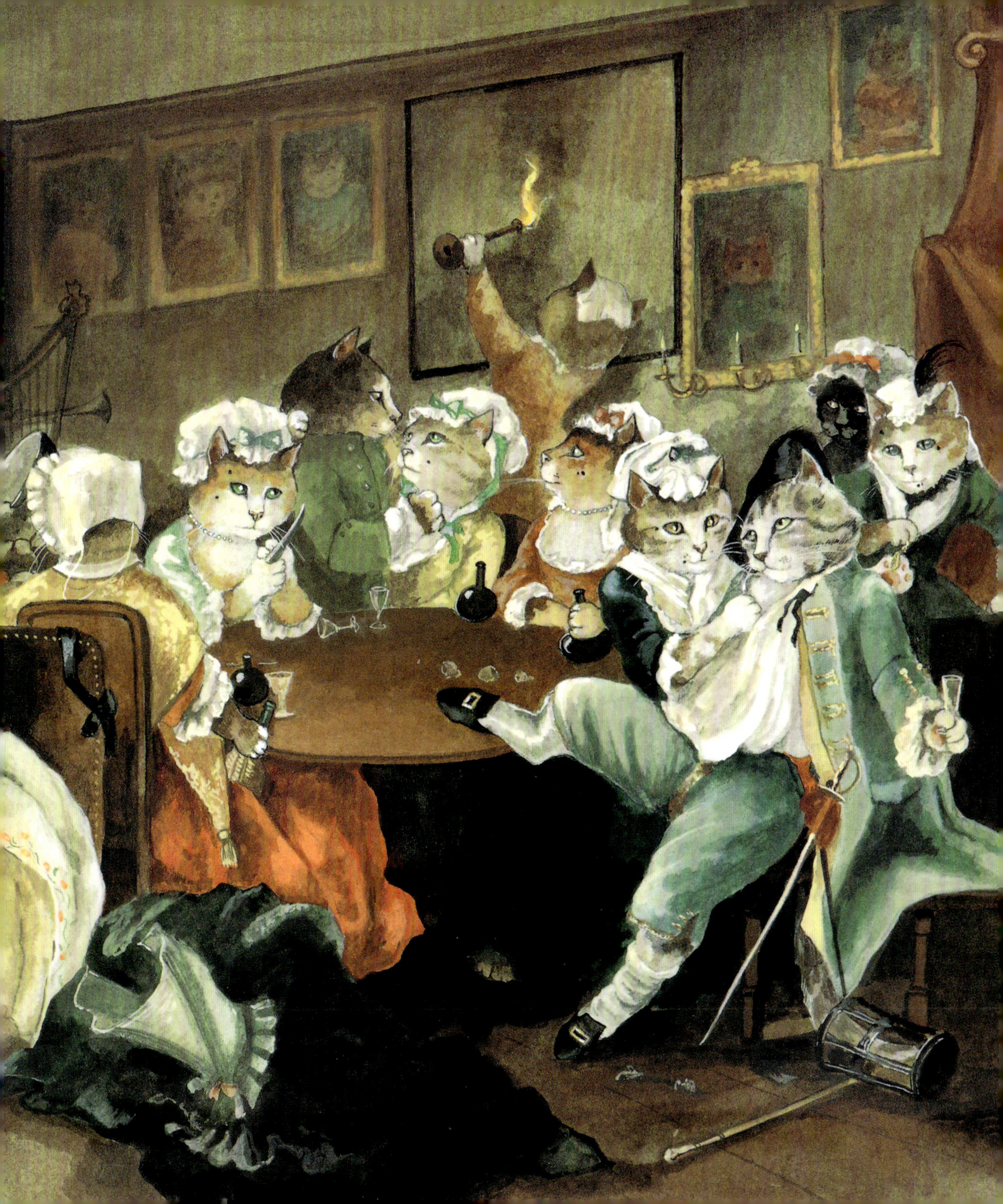

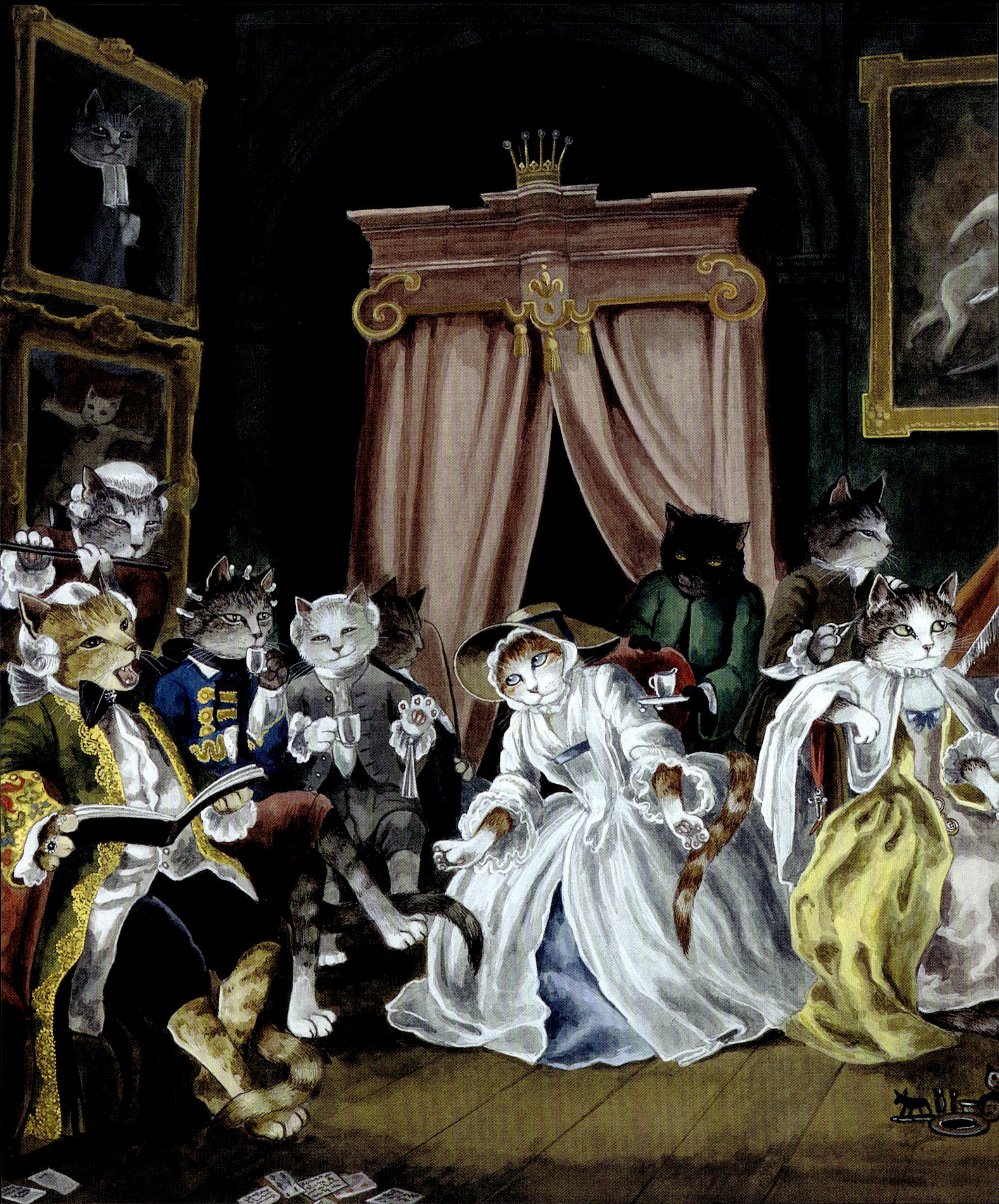

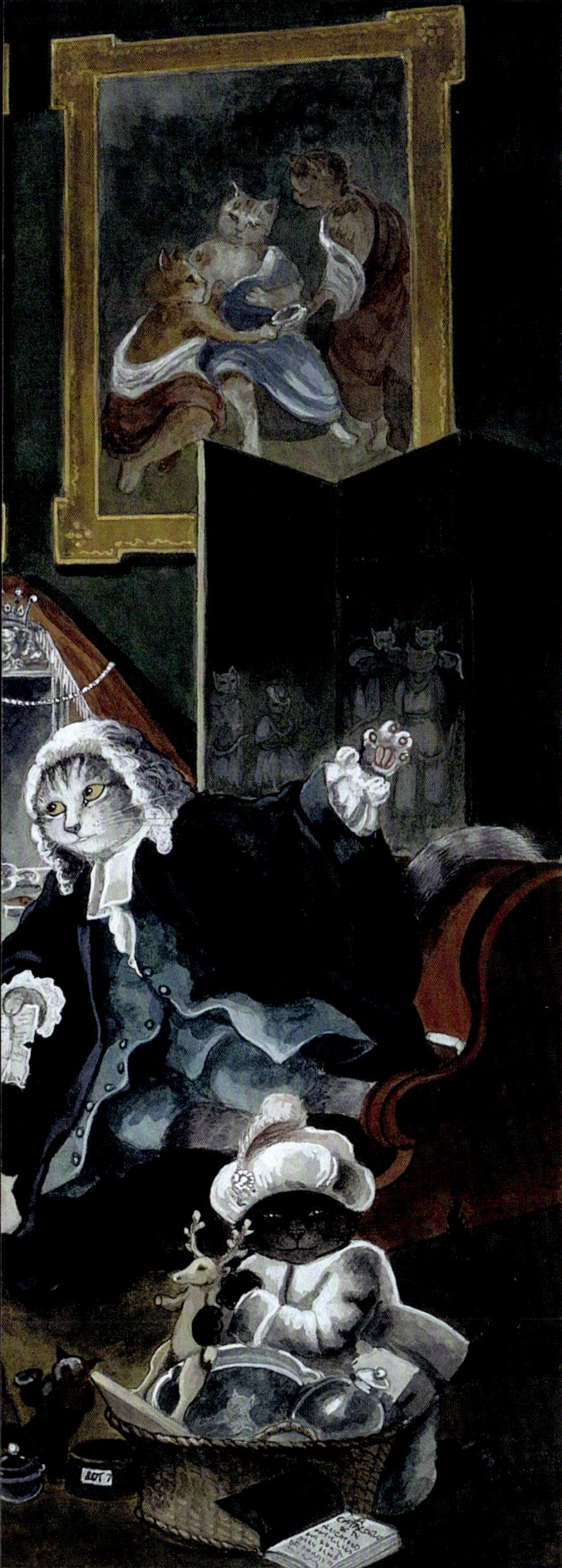

WILLIAM HOGARTH

Marriage A-la-Mode (The Toilette)

CA. 1743

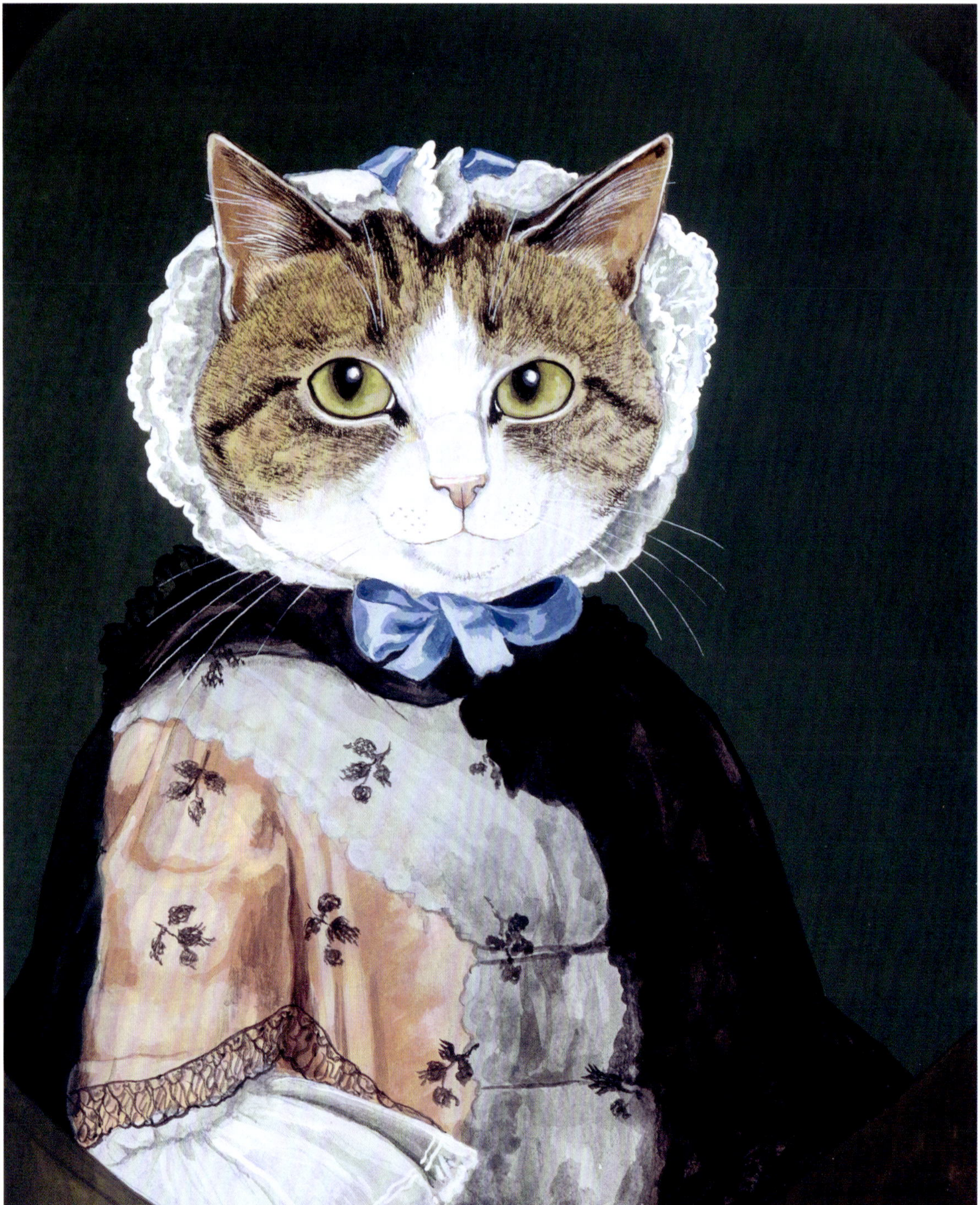

ALLAN RAMSAY

Rosamund Sargent, geborene Chambers

1749

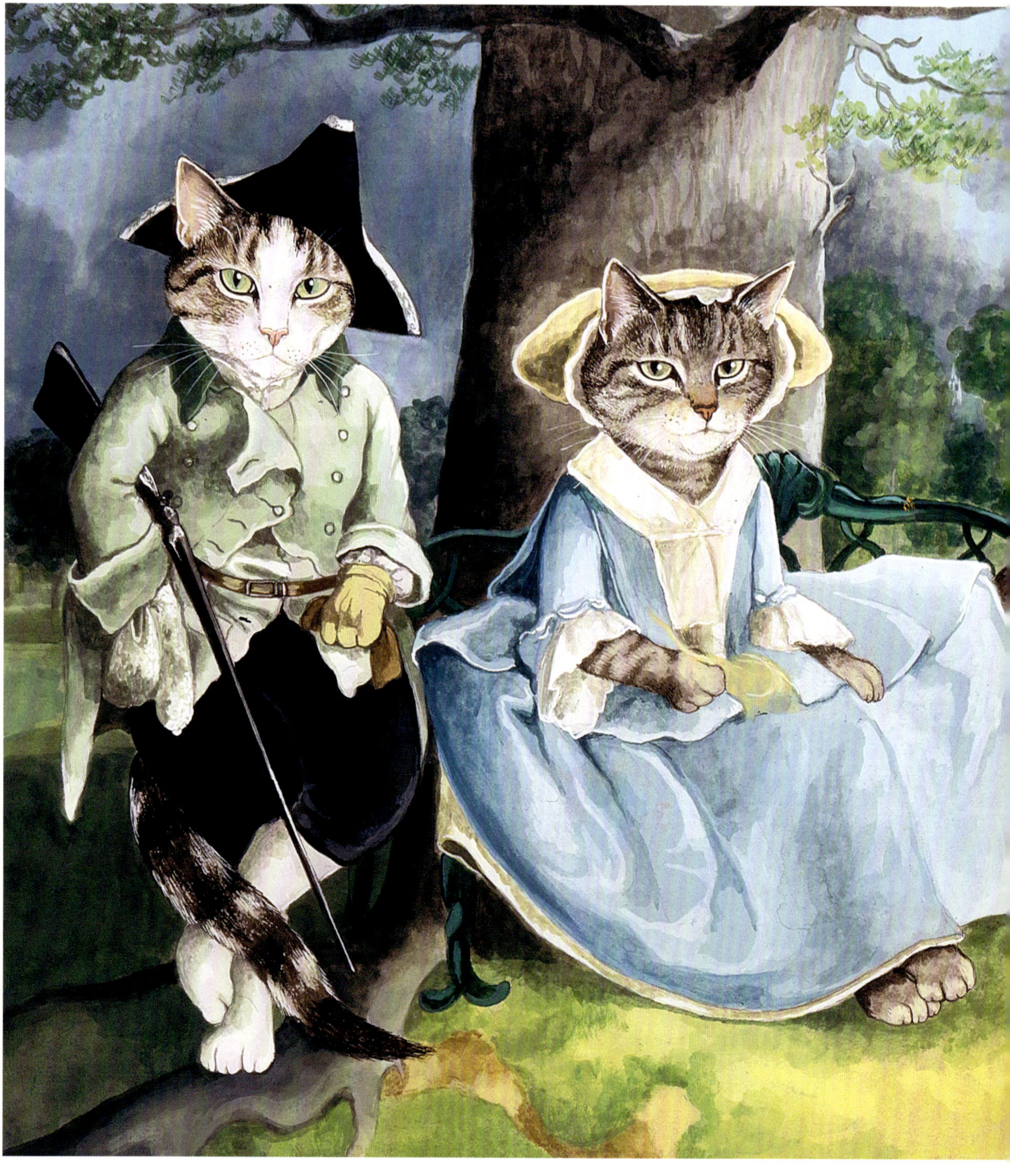

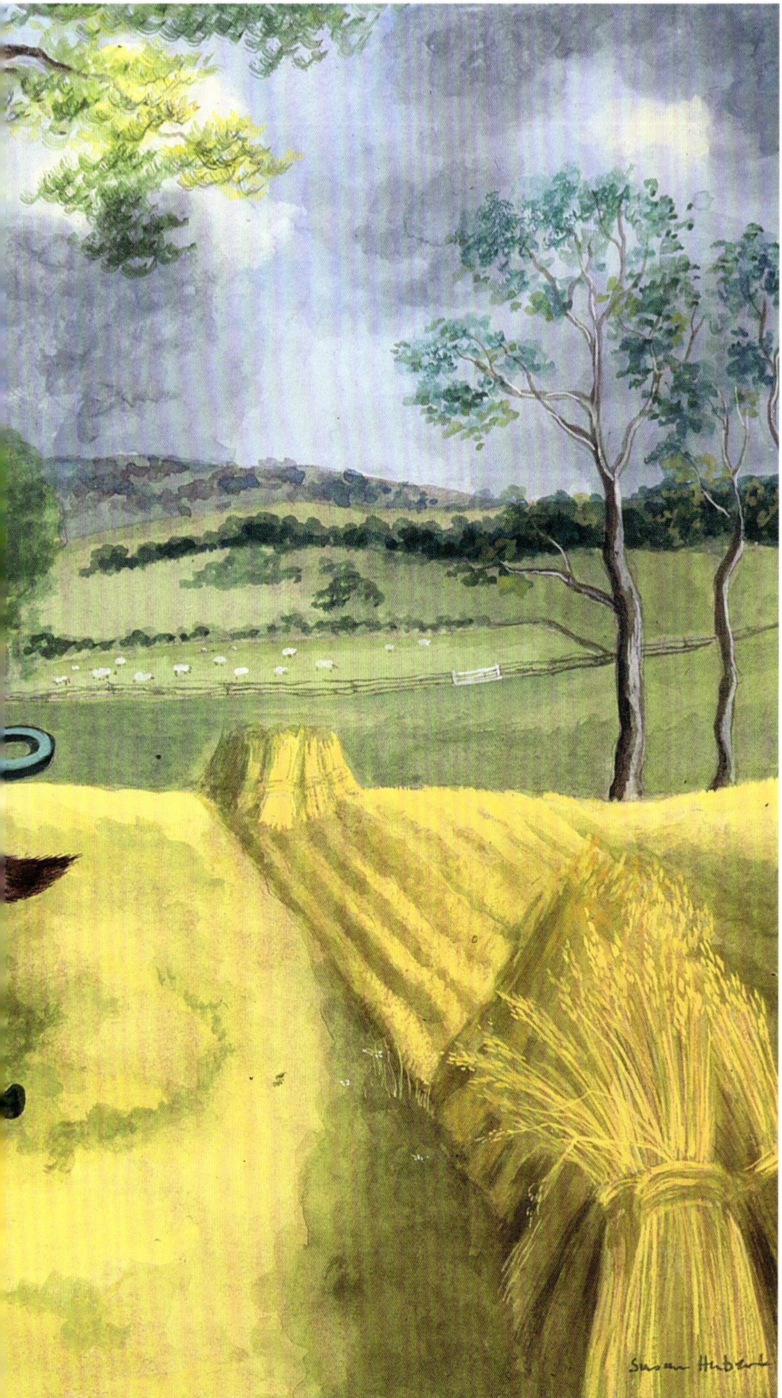

THOMAS GAINSBOROUGH

Mr. and Mrs. Andrews

CA. 1750

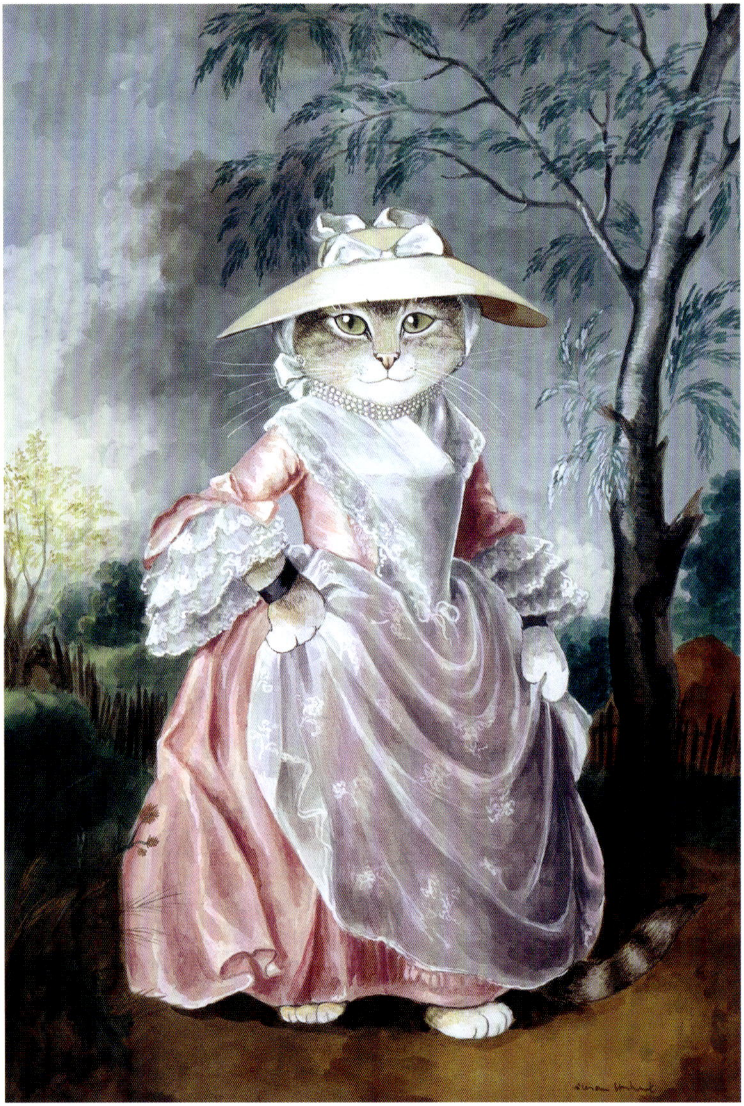

OBEN Thomas Gainsborough, *Mary, Countess Howe*, 1760

GEGENÜBER Thomas Gainsborough, *Mr. and Mrs. William Hallett*, 1785

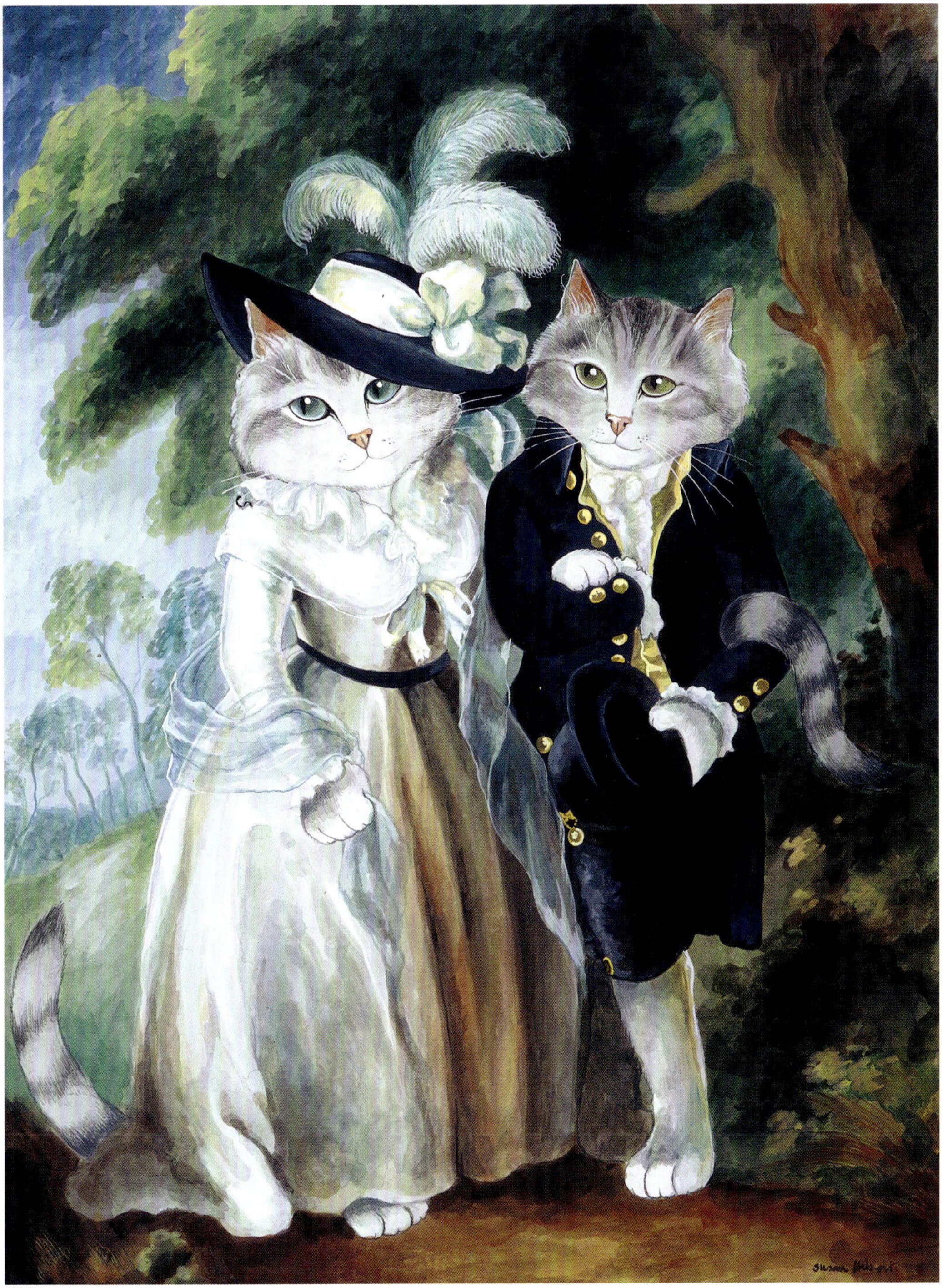

THOMAS GAINSBOROUGH

Mrs. Sarah Siddons

1785

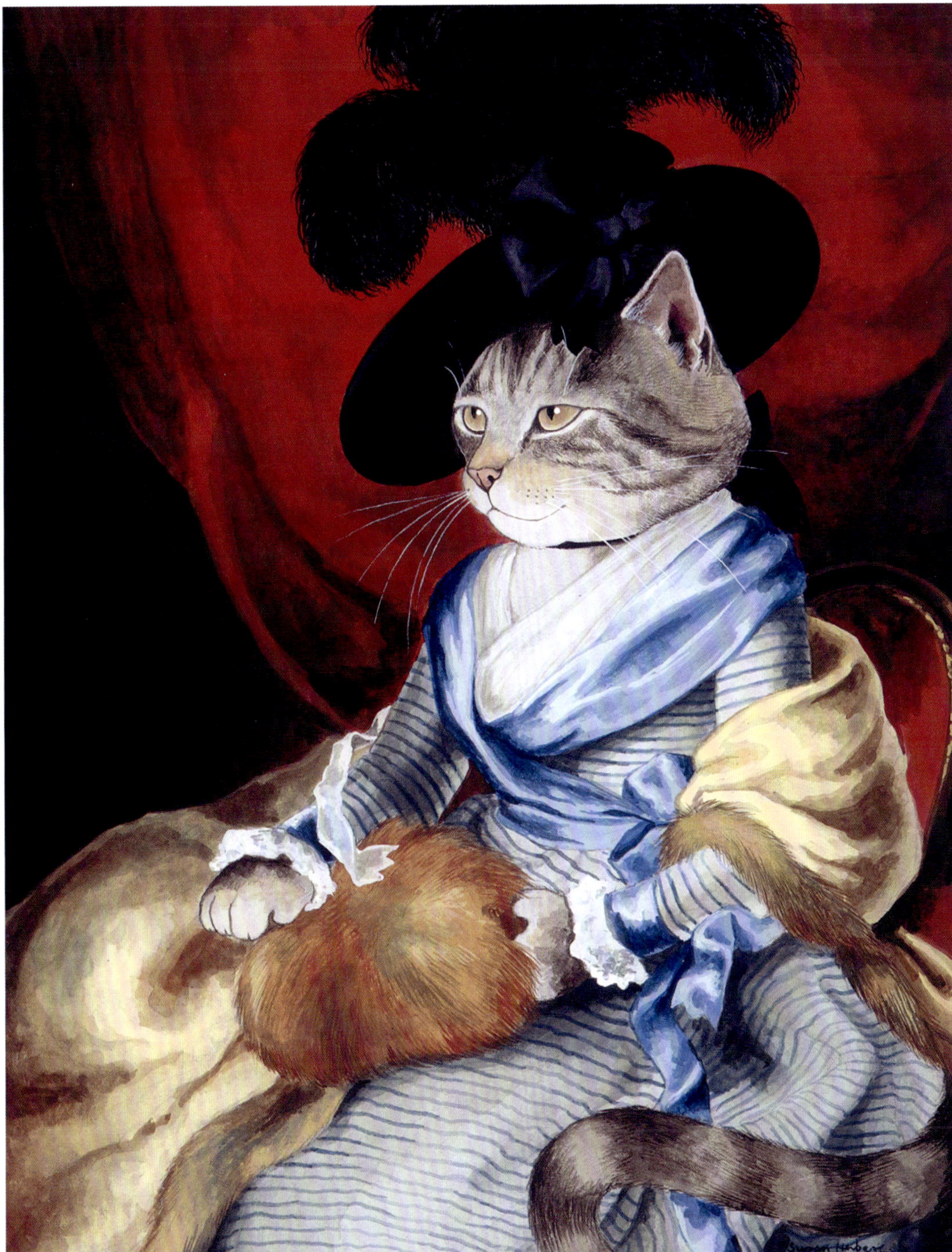
Susan Herbert

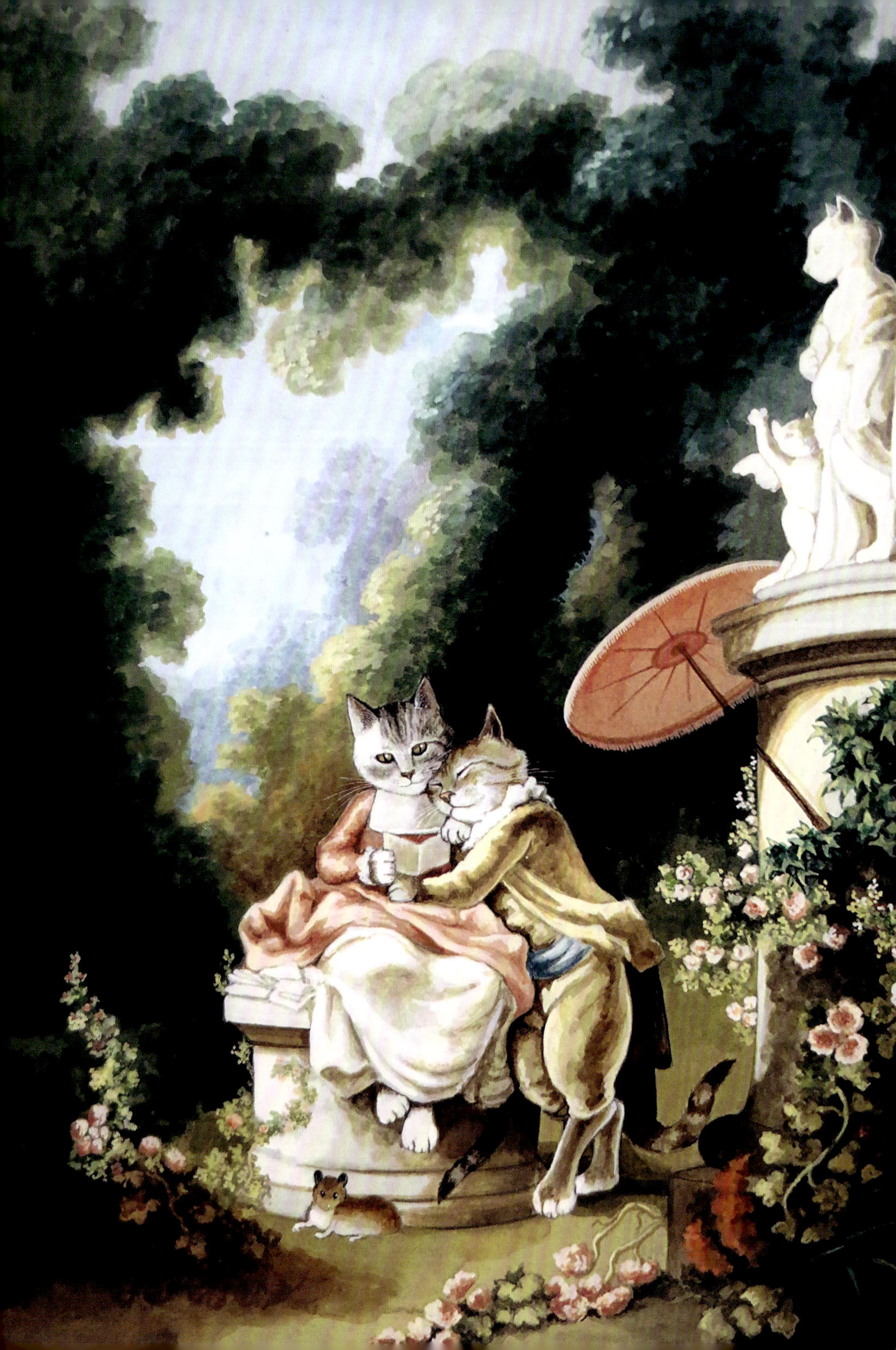

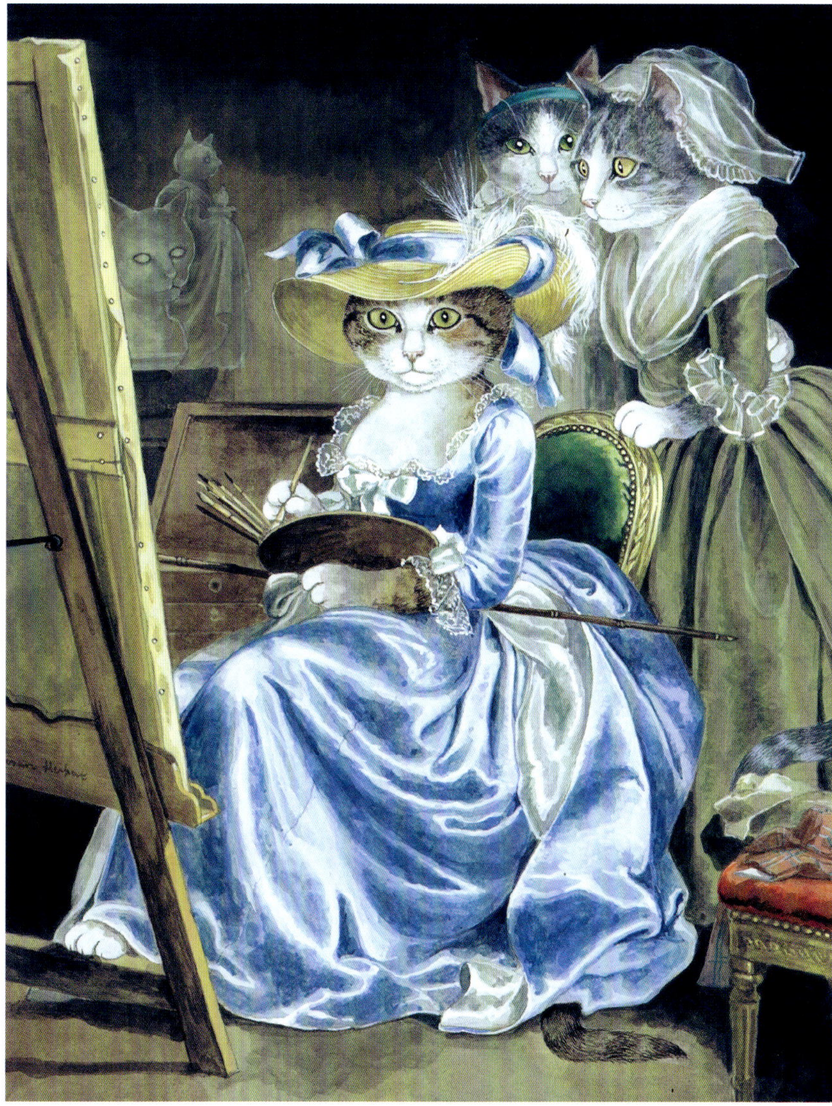

OBEN Adélaïde Labille-Guiard, *Selbstporträt mit zwei Schülerinnen*, 1785

GEGENÜBER Jean-Honoré Fragonard, *Liebesgeständnis*, 1771–1772

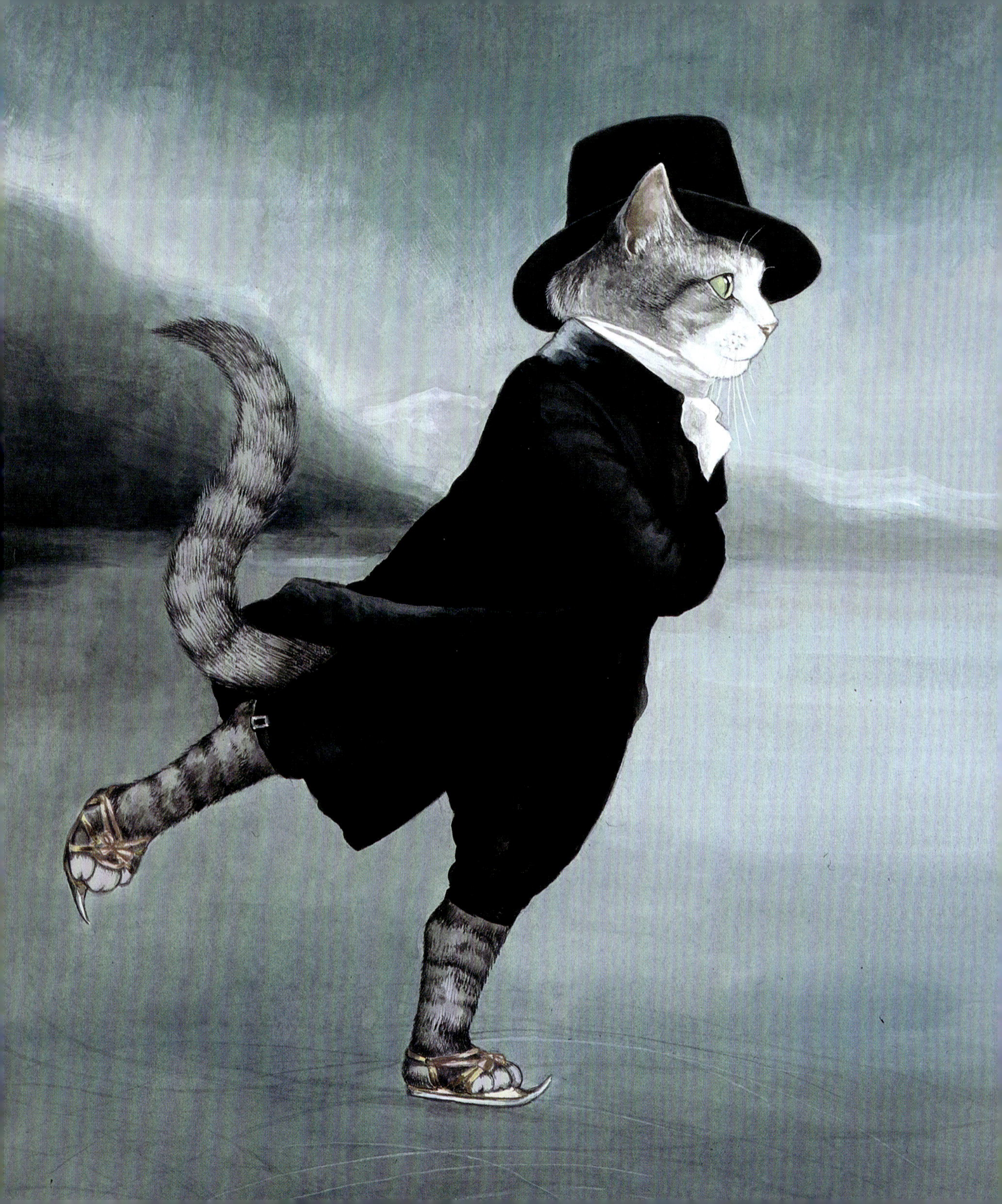

HENRY RAEBURN

Reverend Robert Walker
beim Schlittschuhlaufen

CA. 1795

JACQUES-LOUIS DAVID

Tod des Sokrates

1787

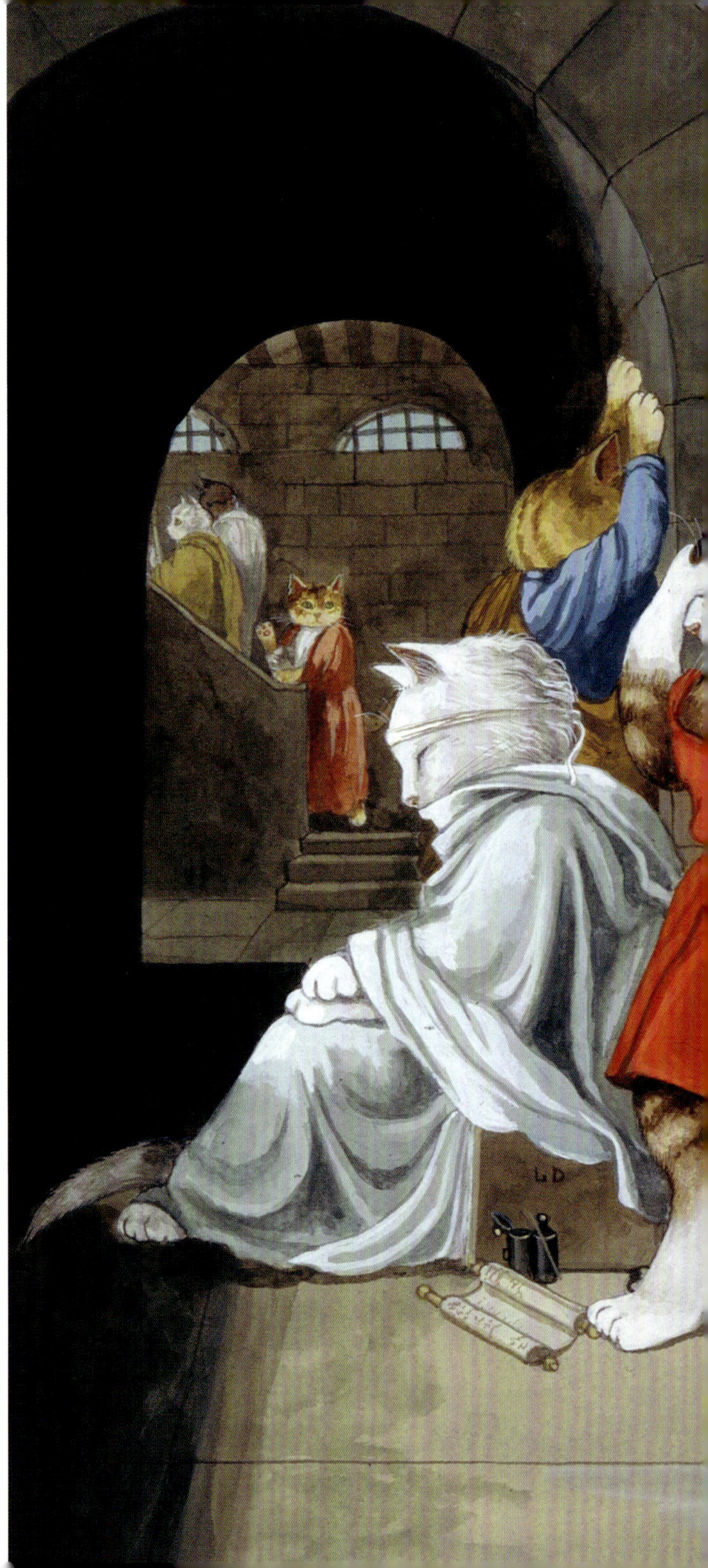

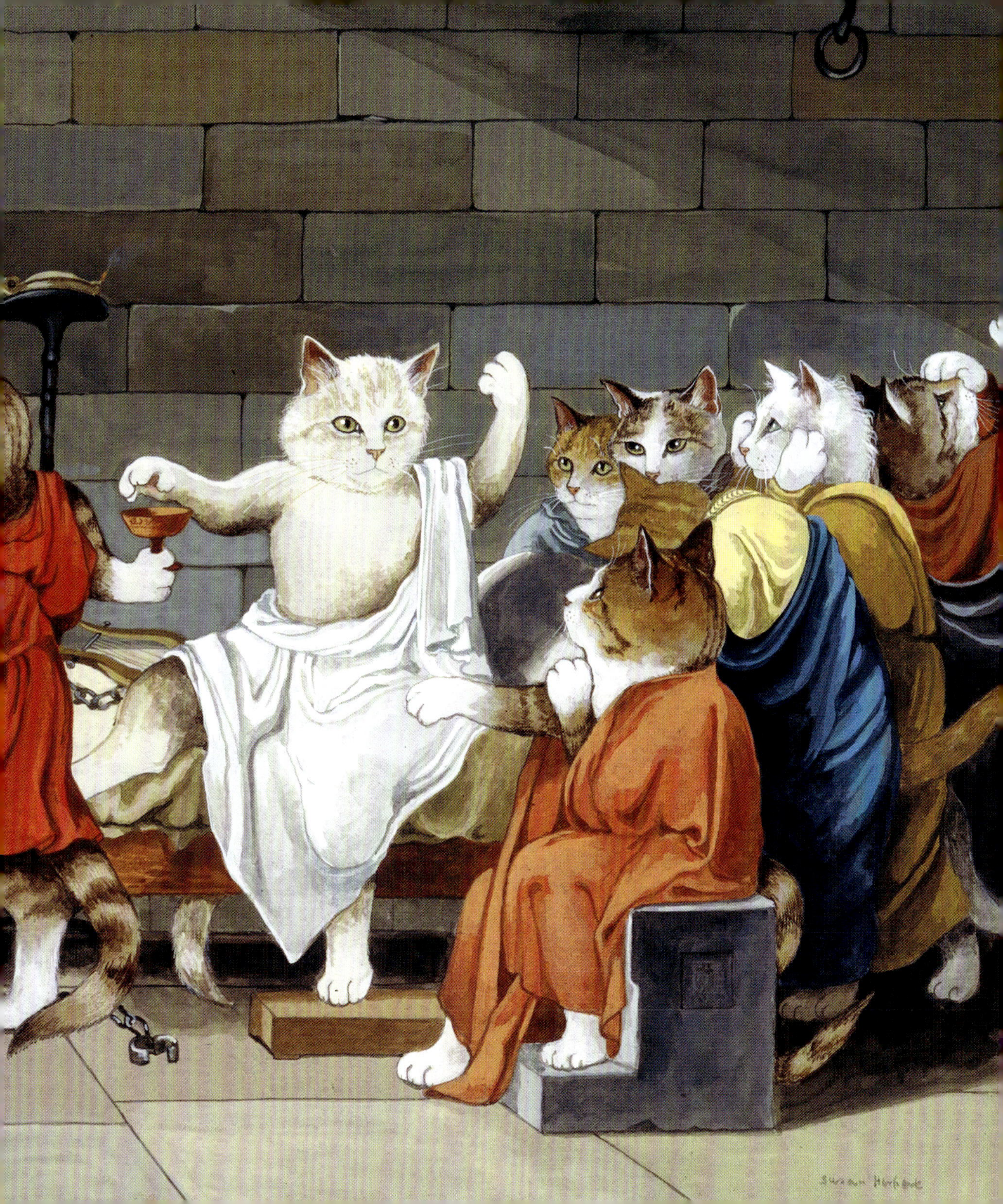
Susan Herbert

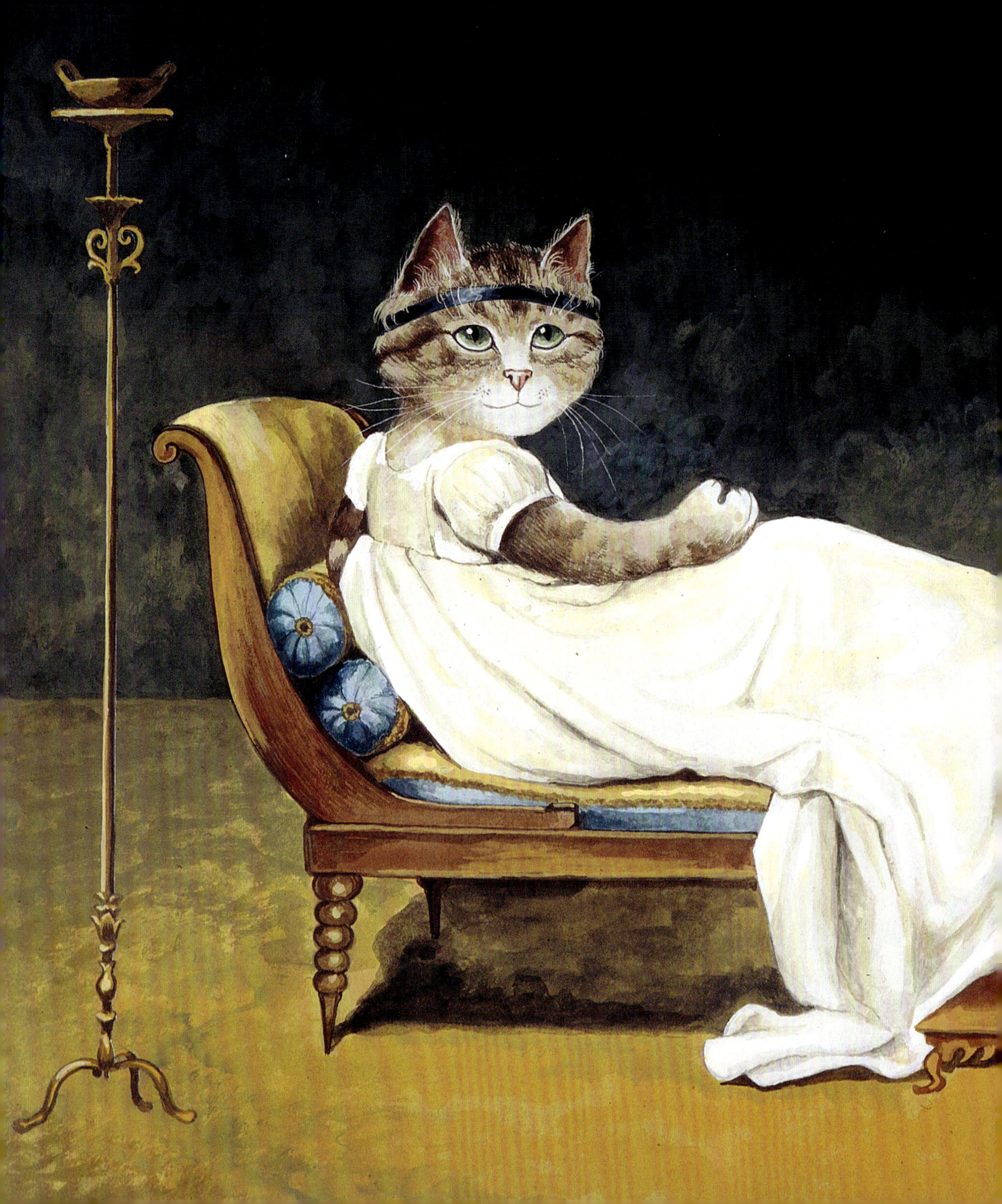

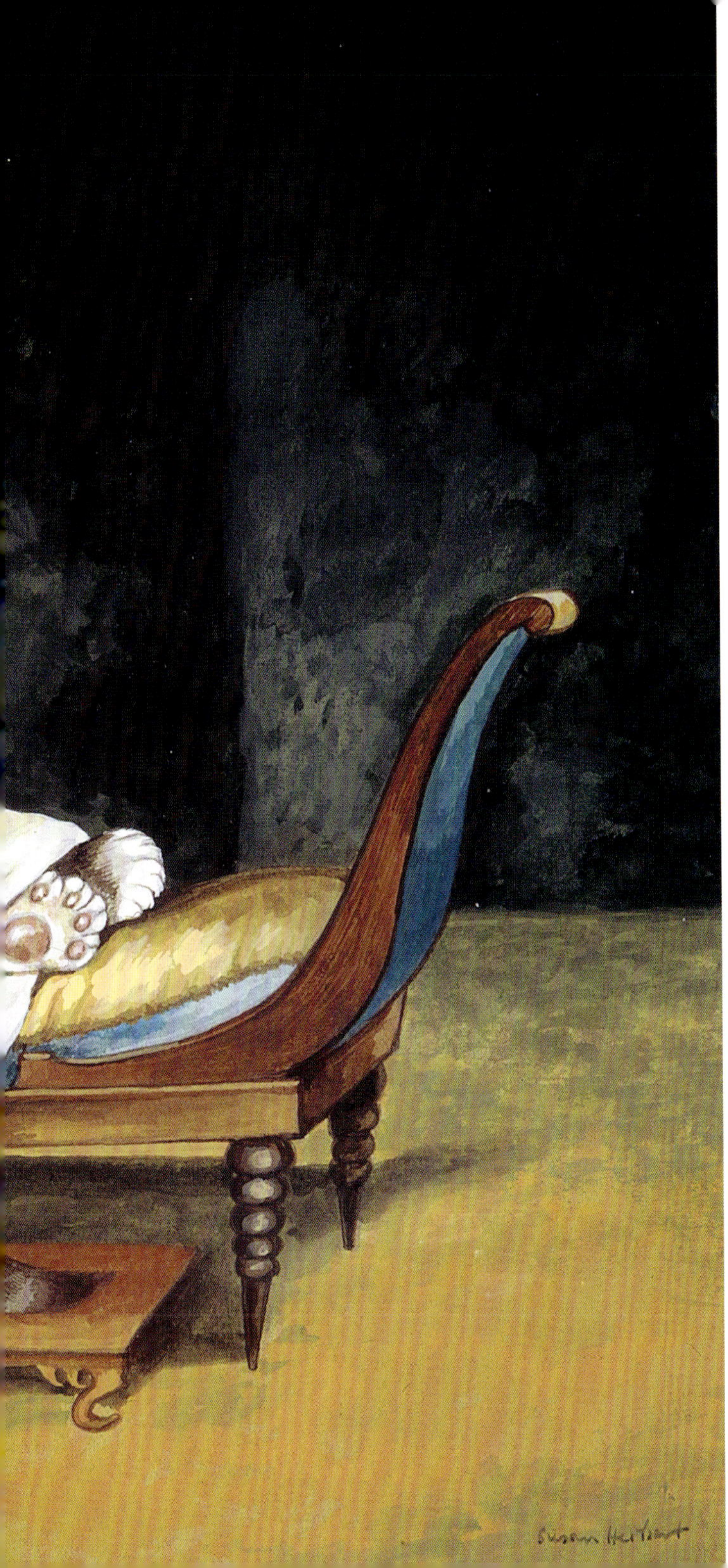

JACQUES-LOUIS DAVID

Madame Récamier

1800

FRANCISCO GOYA

Die Familie Karls IV.

1800

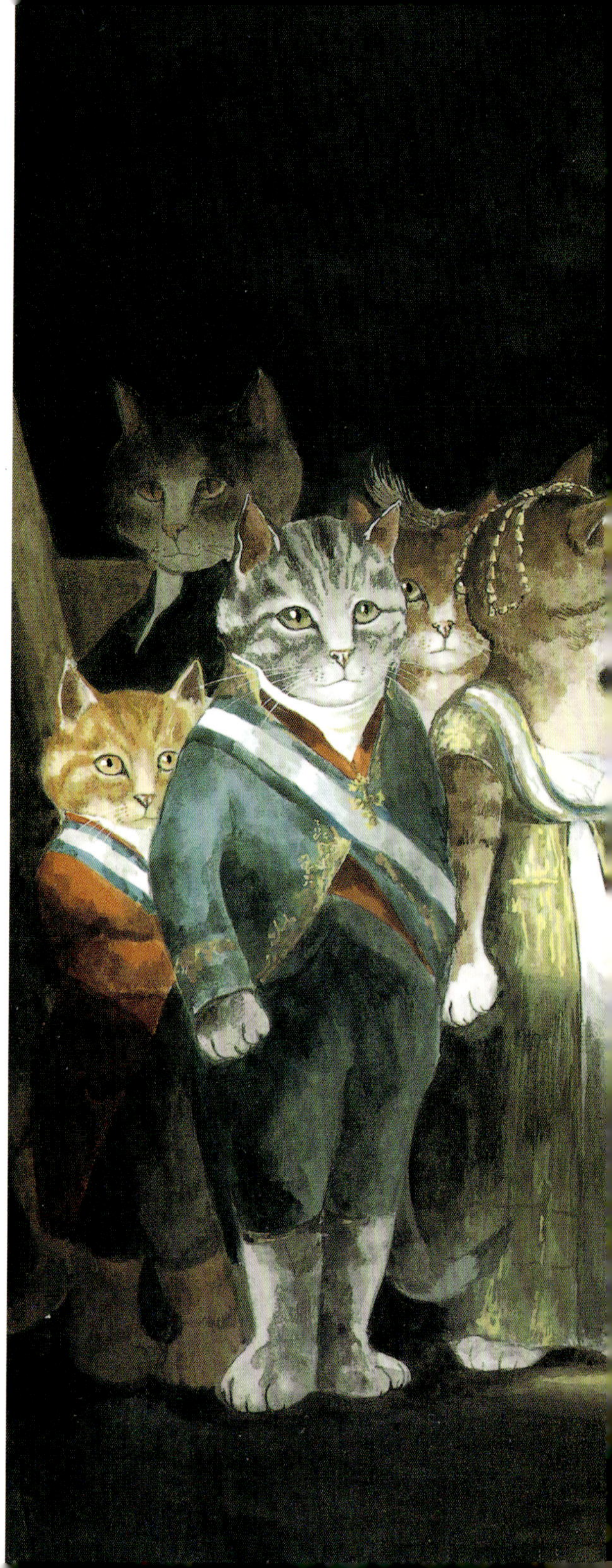

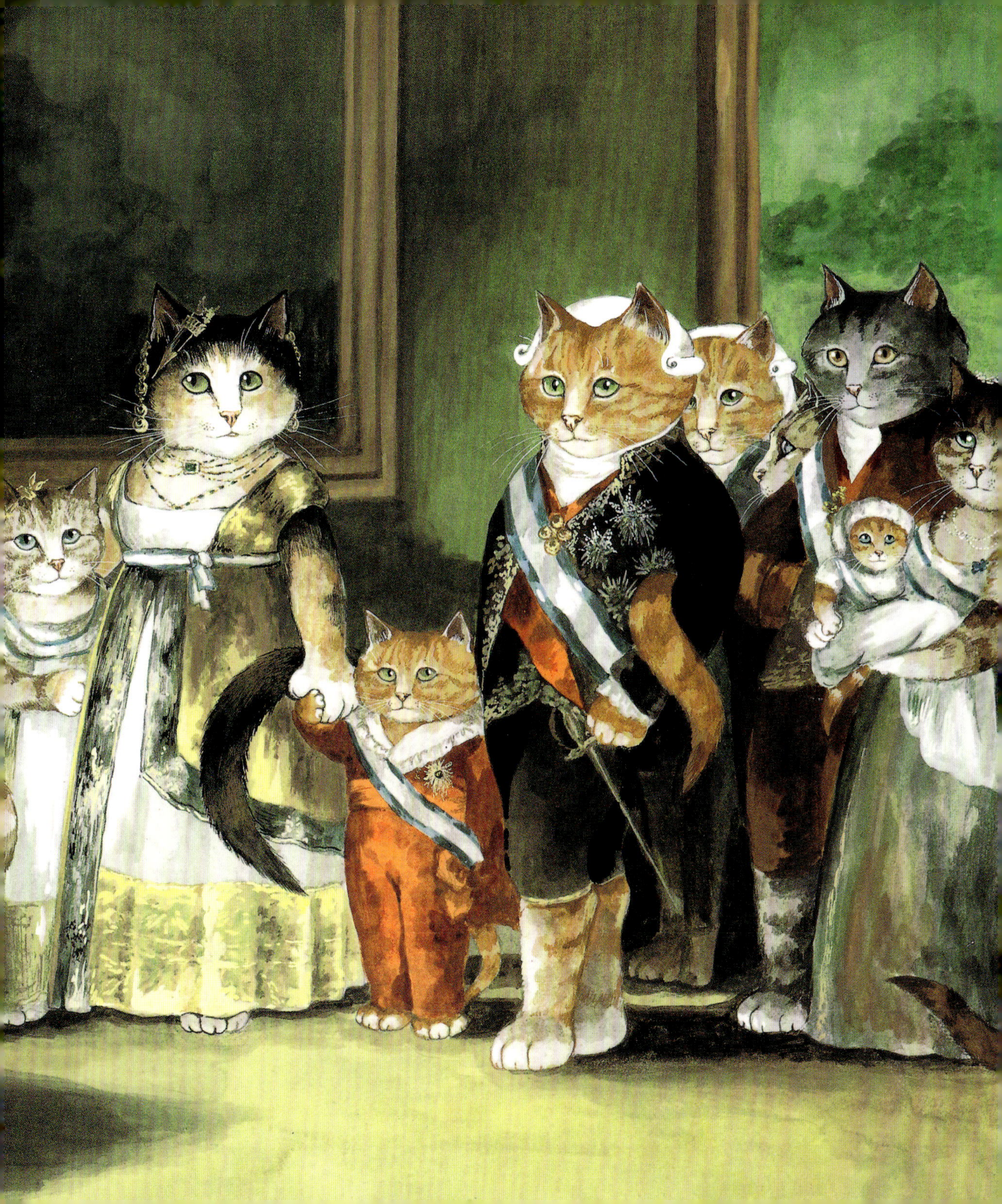

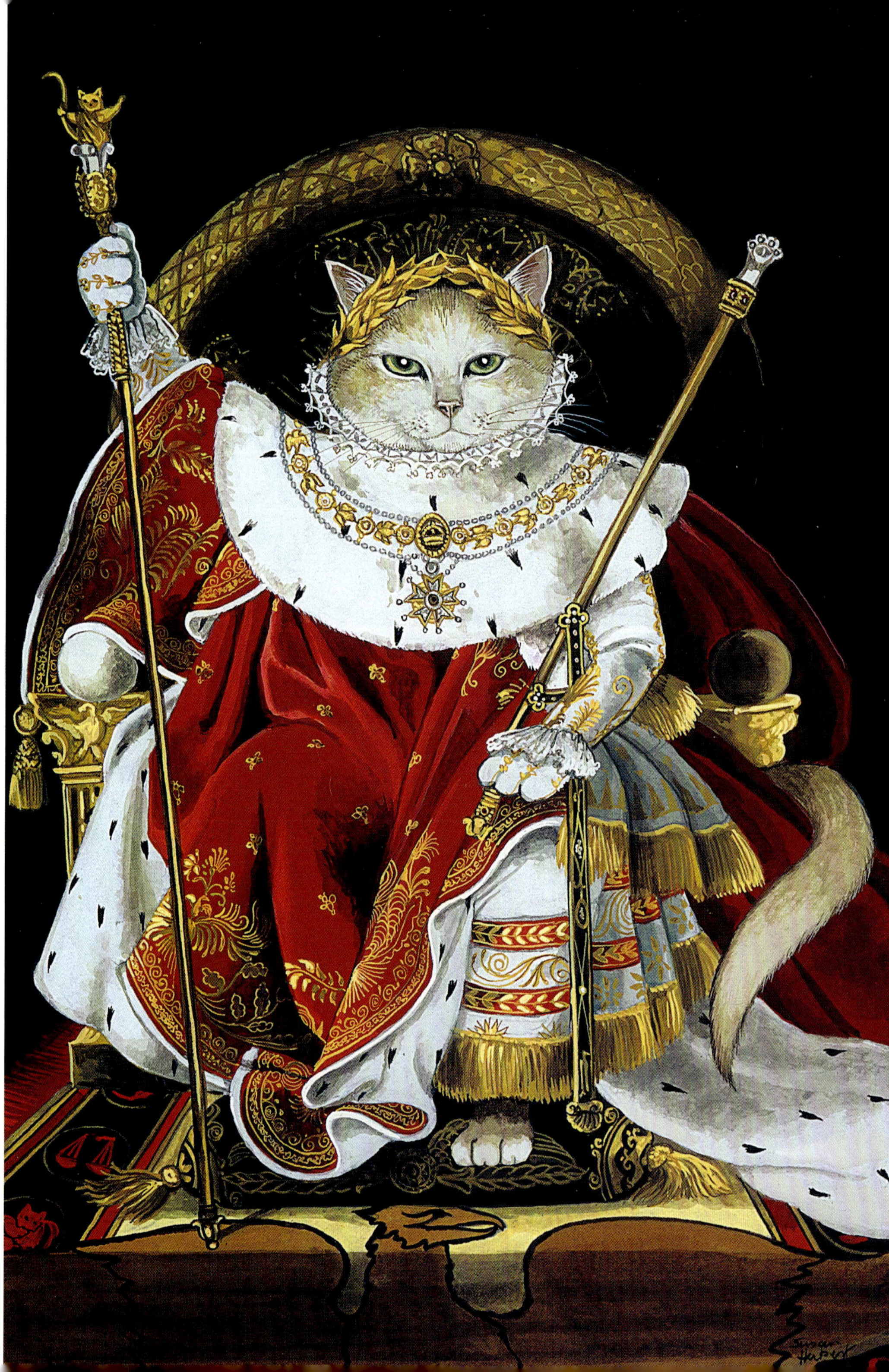
Susan Herbert

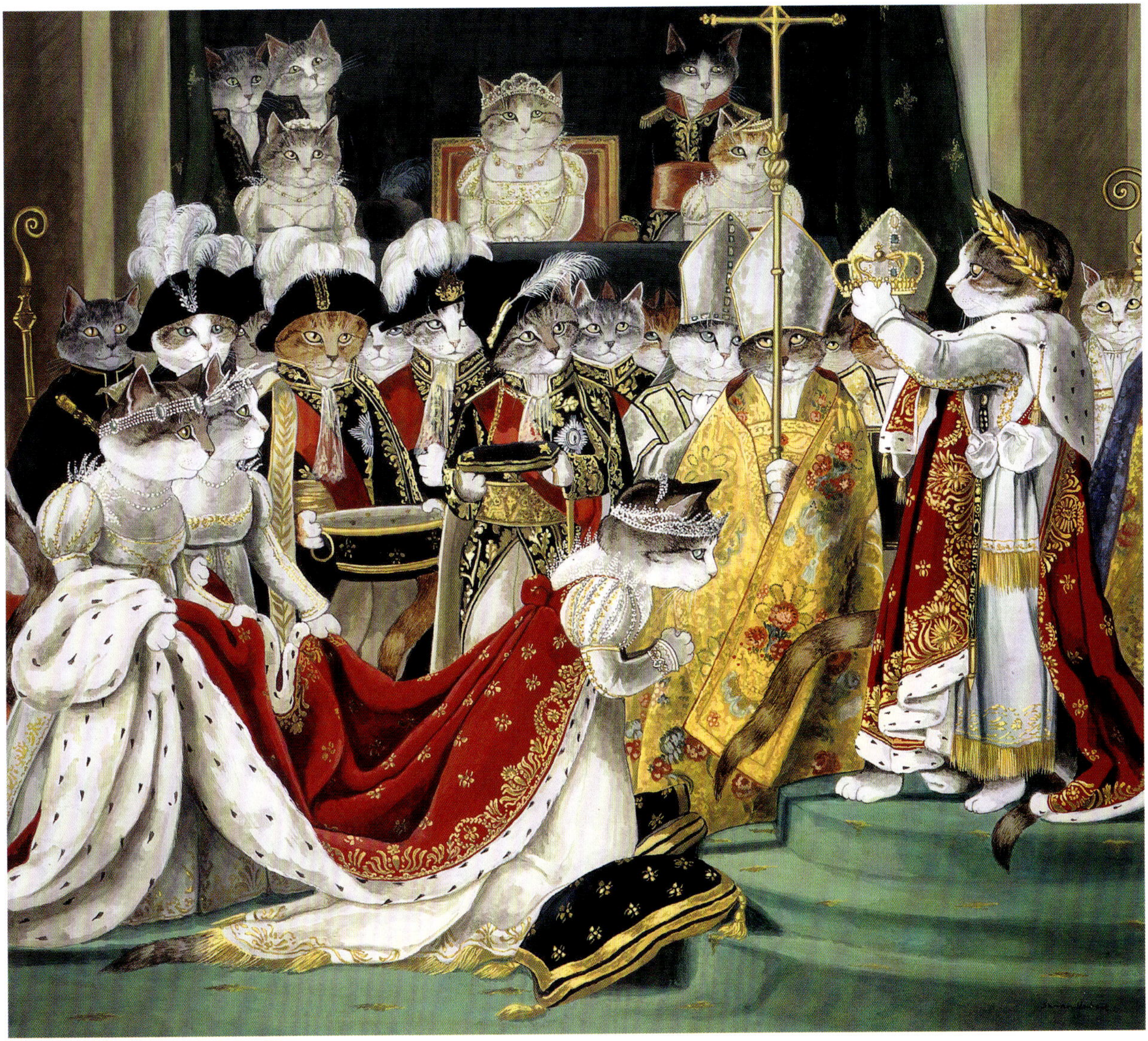

OBEN Jacques-Louis David, *Kaiserkrönung Napoleons I.*, 1805–1807

GEGENÜBER Jean-Auguste-Dominique Ingres, *Napoleon I. auf seinem kaiserlichen Thron*, 1806

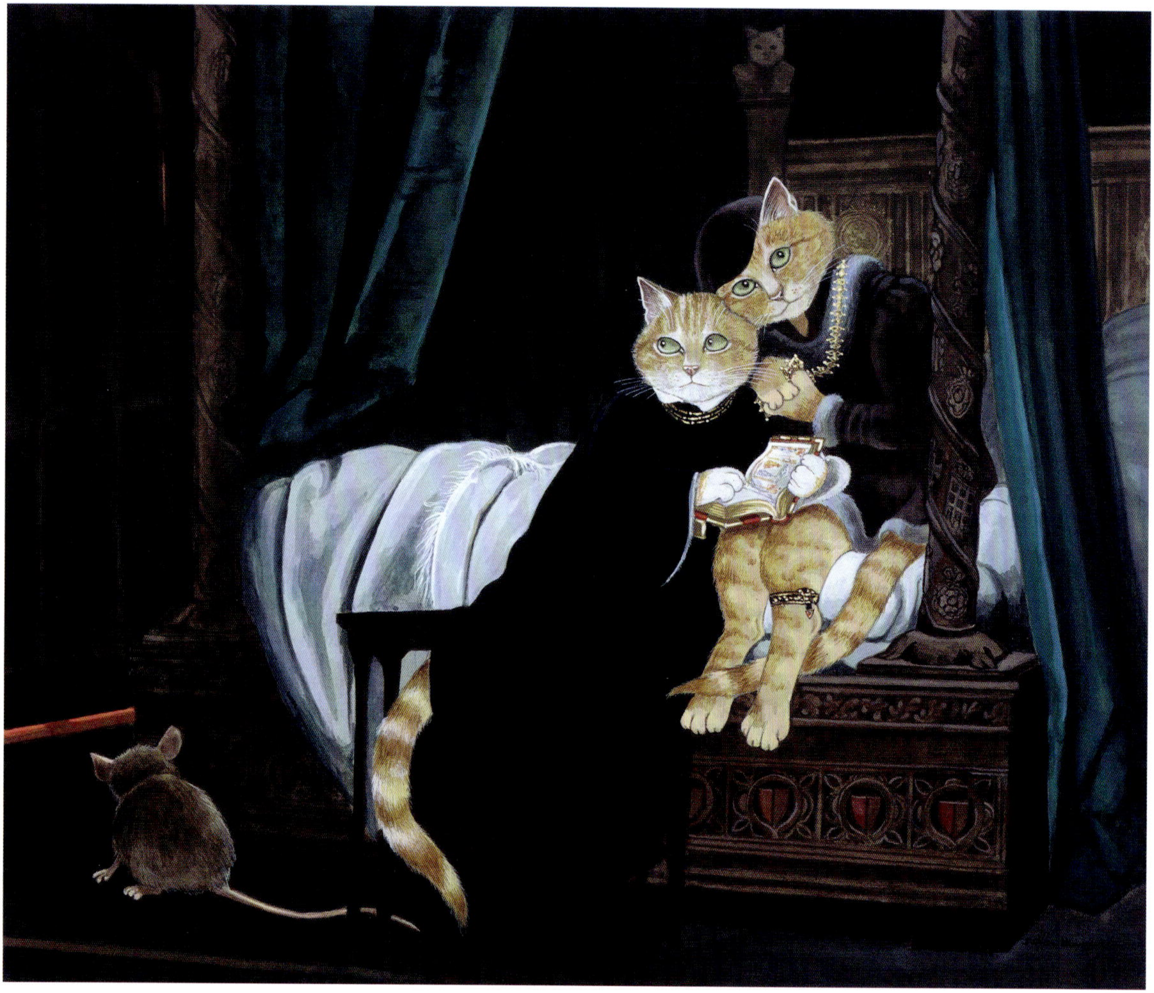

OBEN Paul Delaroche, *Die Söhne Eduards IV.*, 1831

GEGENÜBER Eugène Delacroix, *Griechenland auf den Ruinen von Mesolongi*, 1826

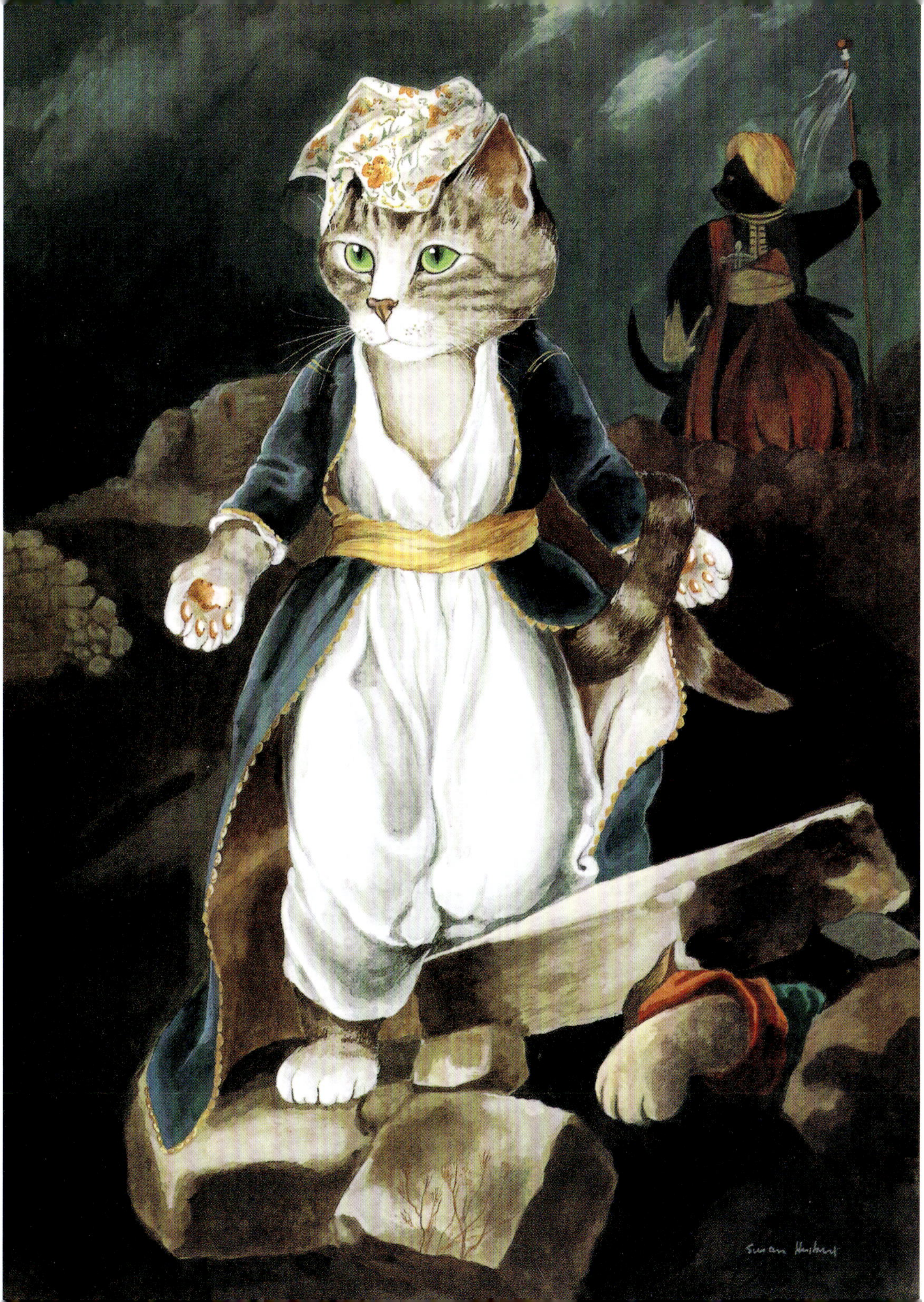
Susan Herbert

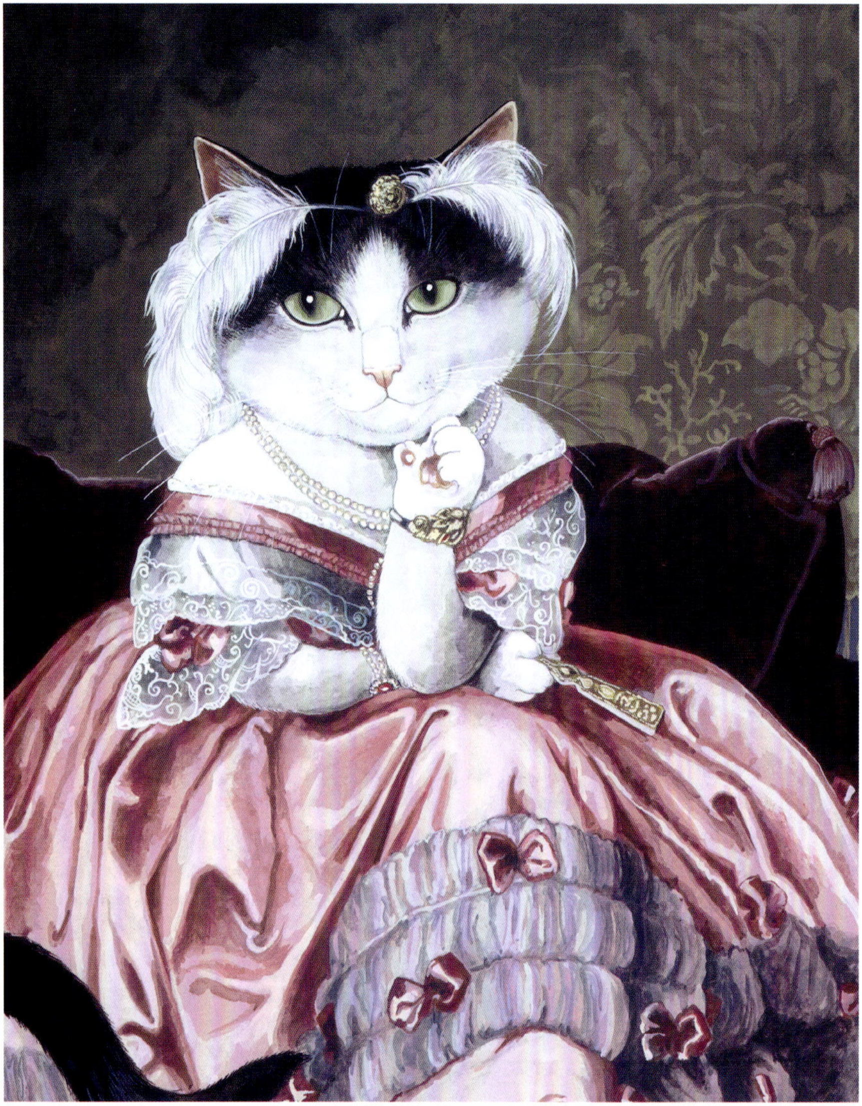

OBEN Jean-Auguste-Dominique Ingres, *Baronne de Rothschild*, 1848

GEGENÜBER Jean-Auguste-Dominique Ingres, *Louis-François Bertin*, 1832

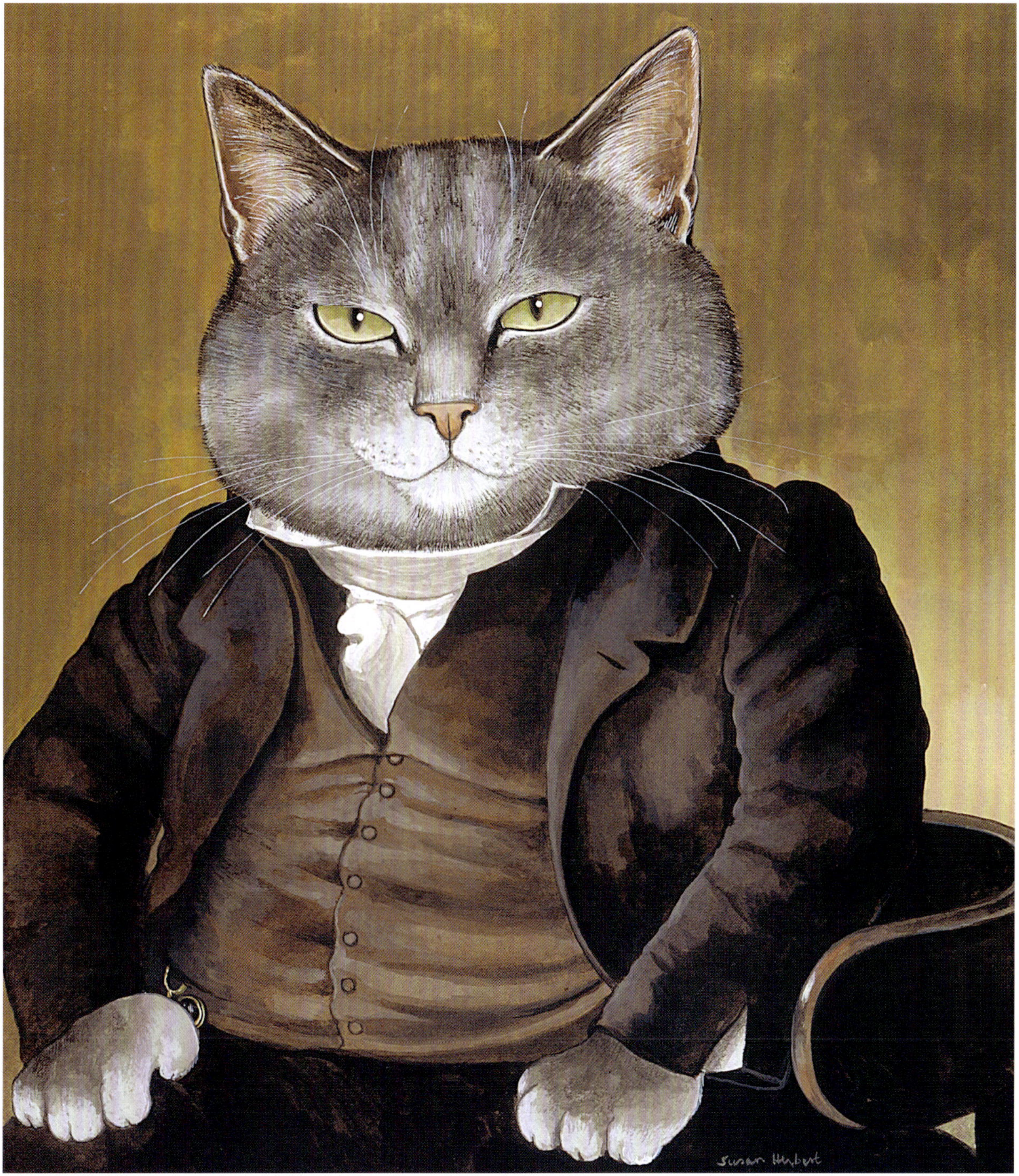
Susan Herbert

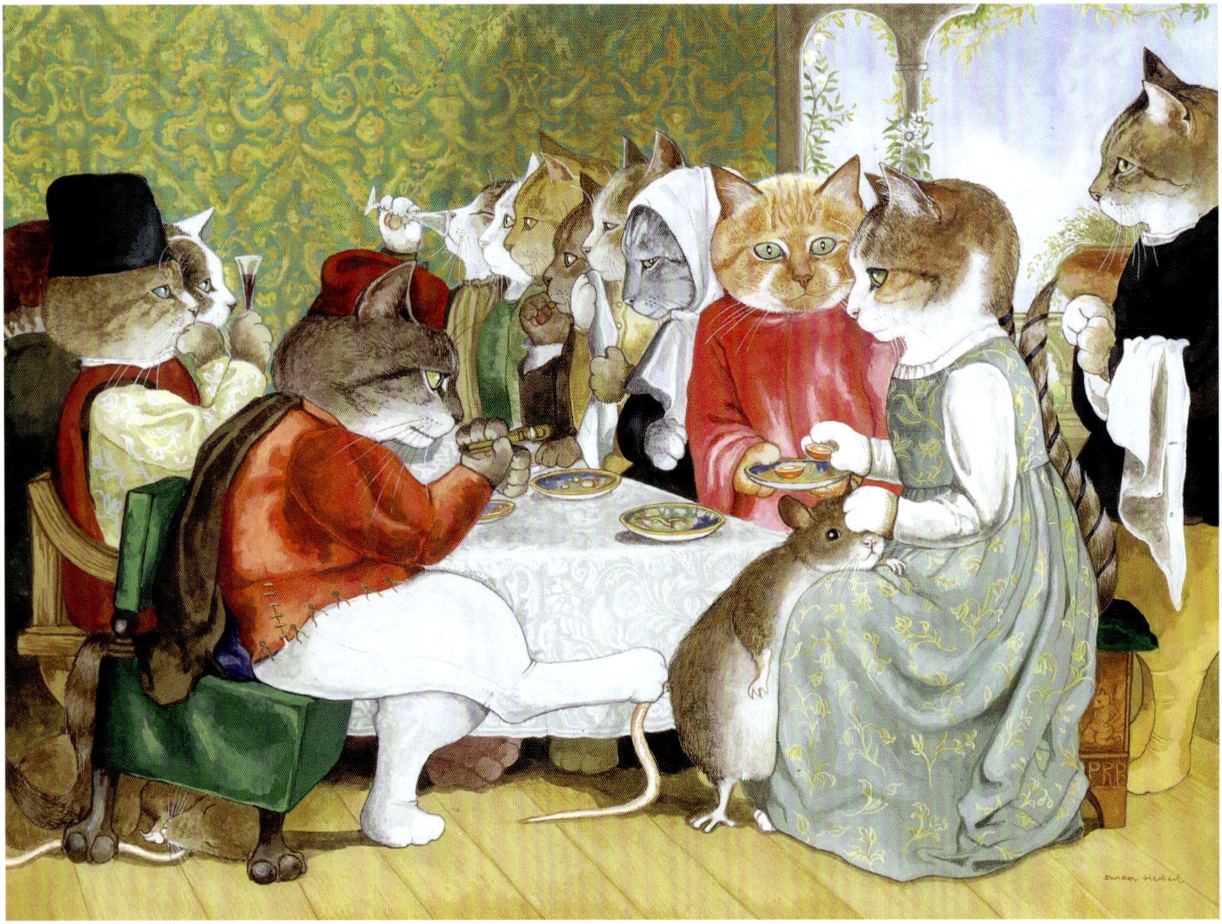

OBEN John Everett Millais, *Isabella*, 1849

GEGENÜBER William Holman Hunt, *Claudio und Isabella*, 1850

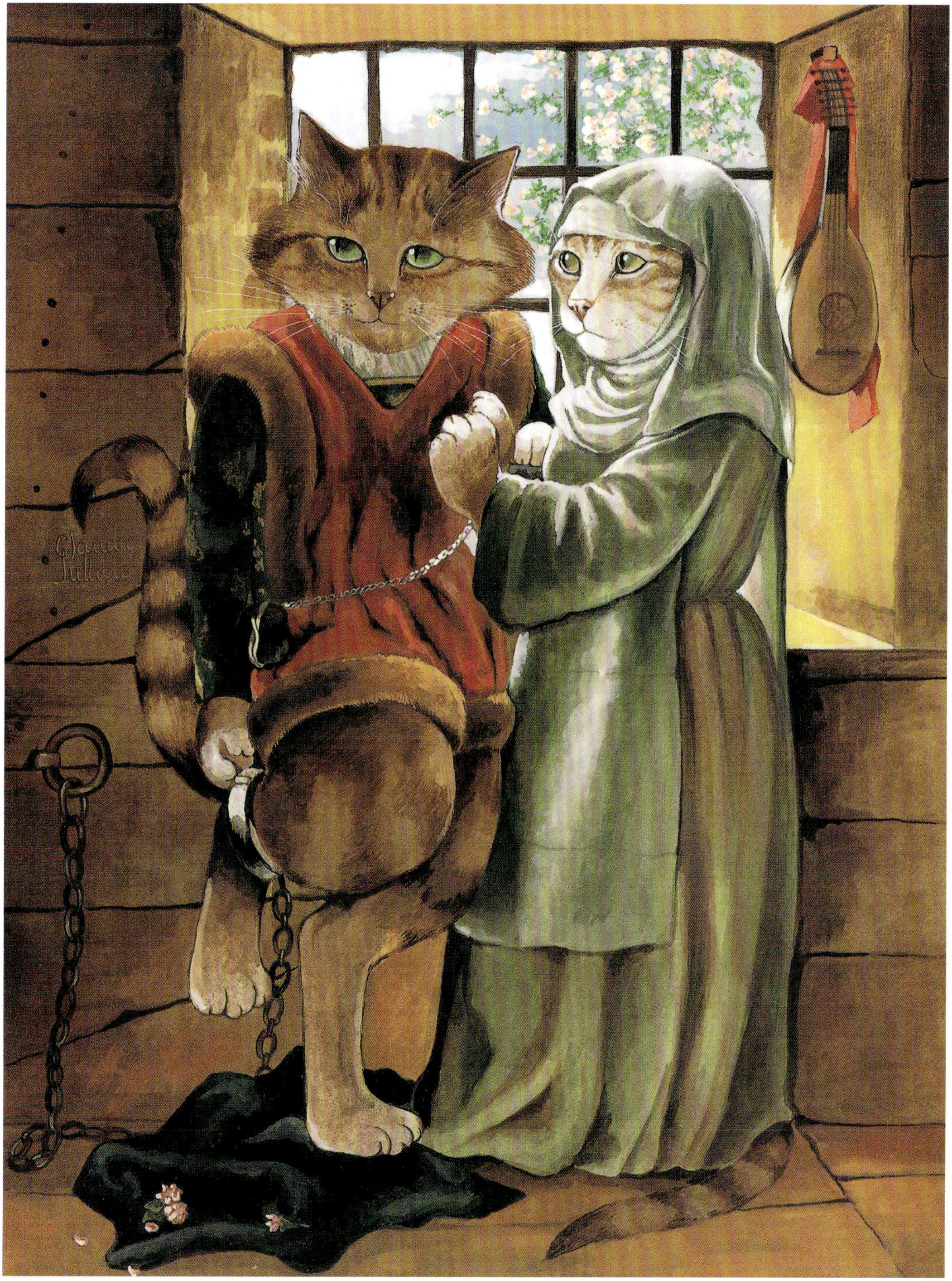

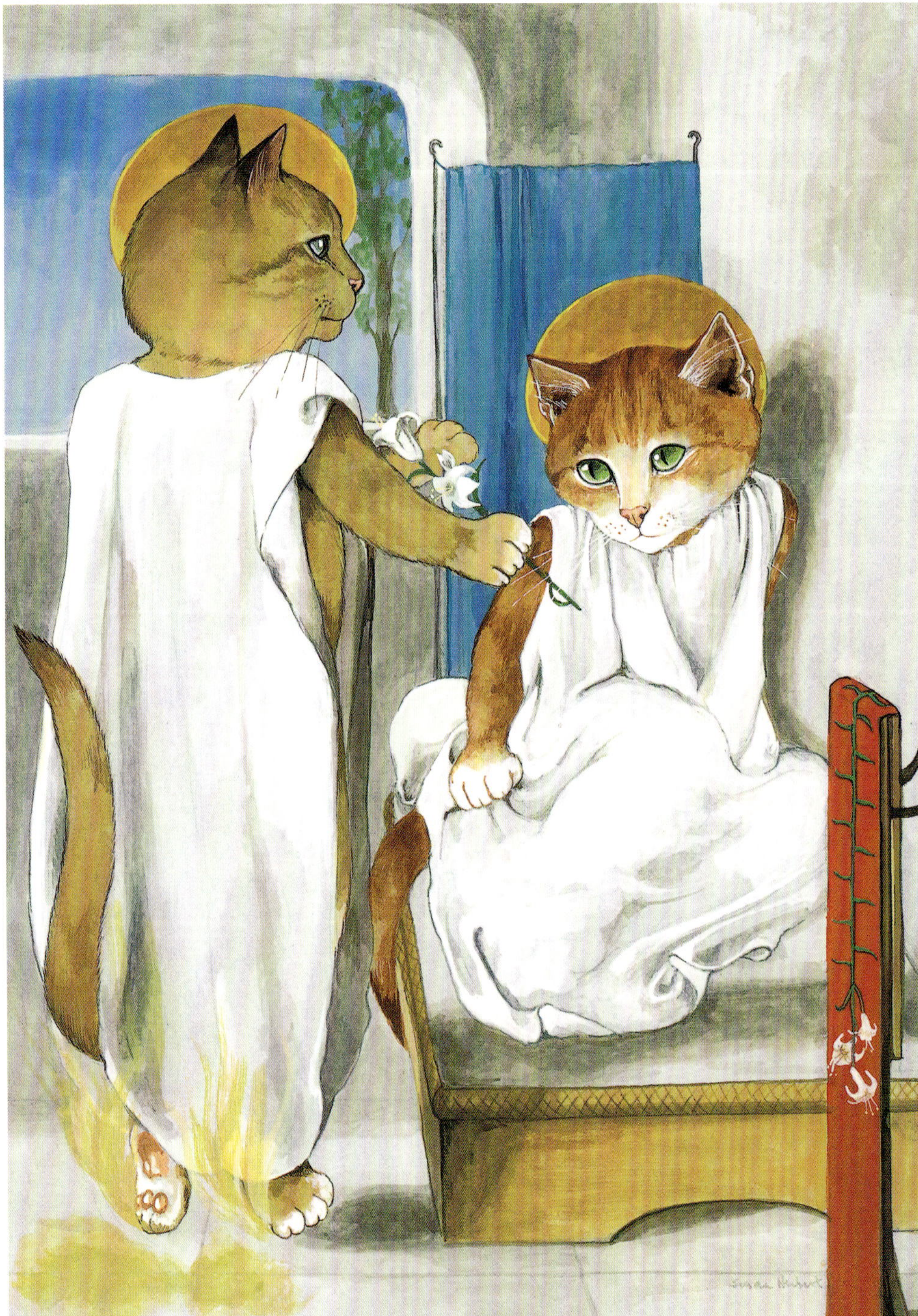

DANTE GABRIEL ROSSETTI

Ecce Ancilla Domini! (Die Verkündigung)

1849–1850

JOHN EVERETT MILLAIS

Mariana

1851

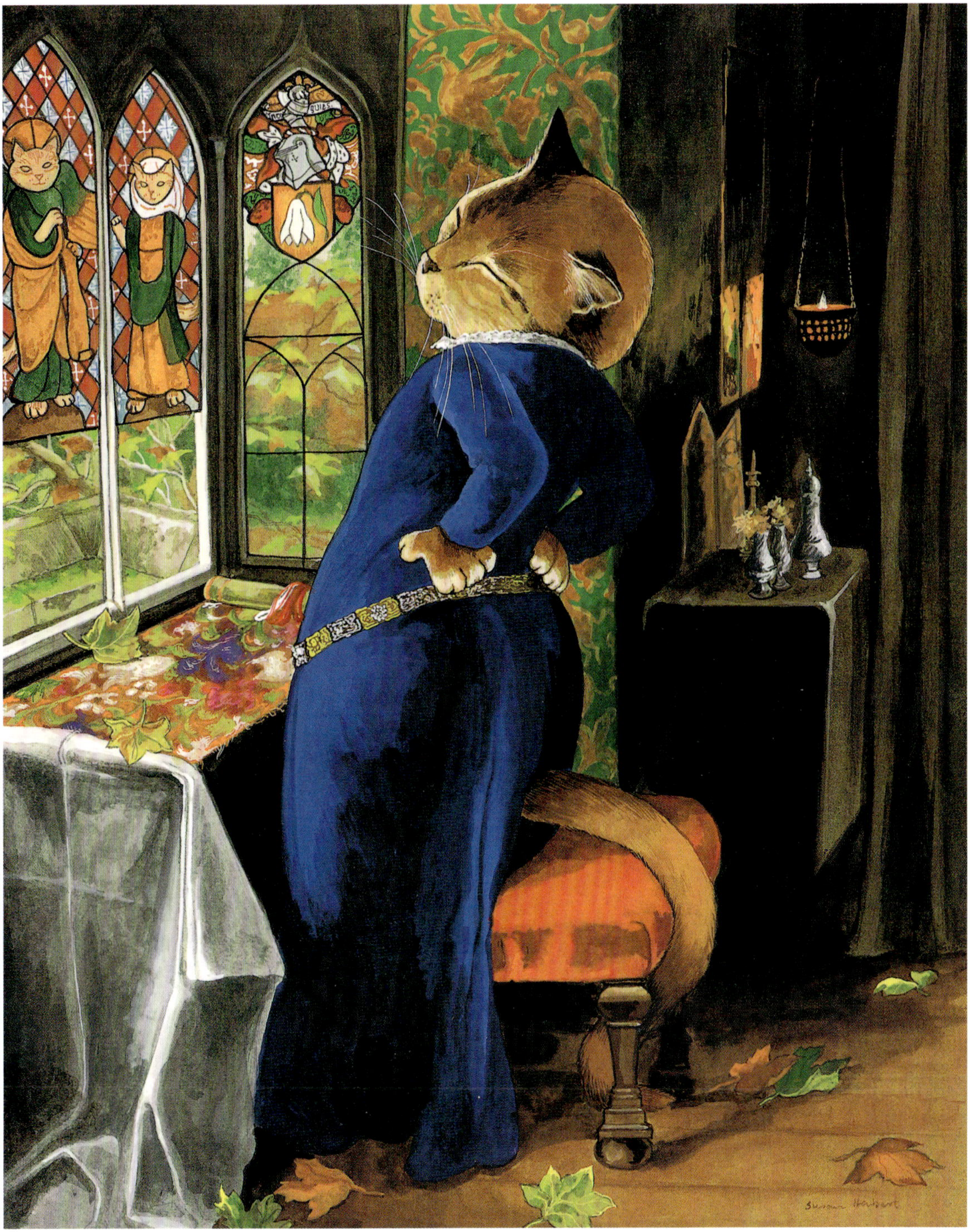
Susan Herbert

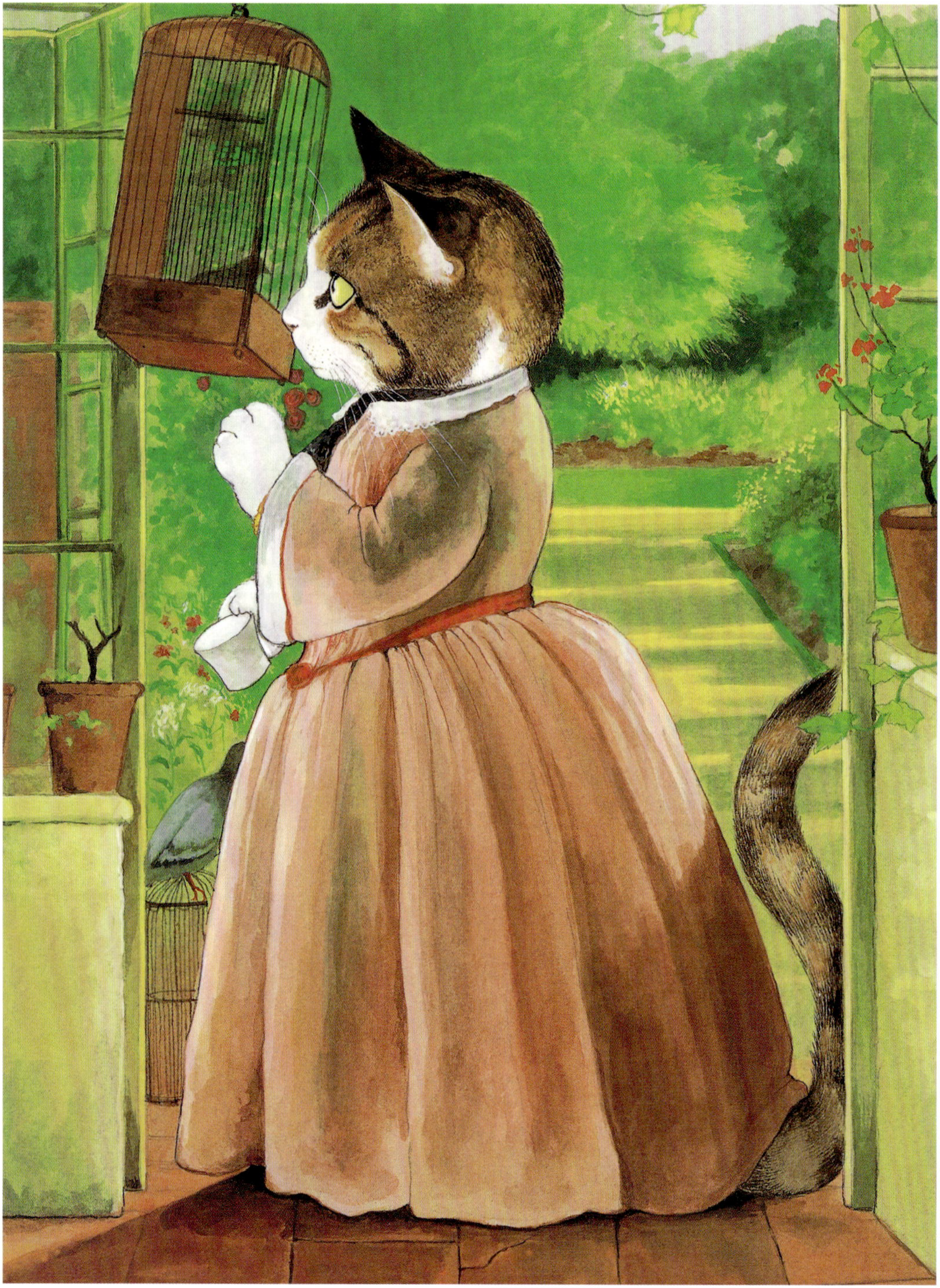

WALTER HOWELL DEVERELL

Ein Haustier

1853

NACHFOLGENDE SEITE, LINKS William Holman Hunt, *Erwachendes Gewissen*, 1853

NACHFOLGENDE SEITE, RECHTS William Holman Hunt, *Das Licht der Welt*, 1853

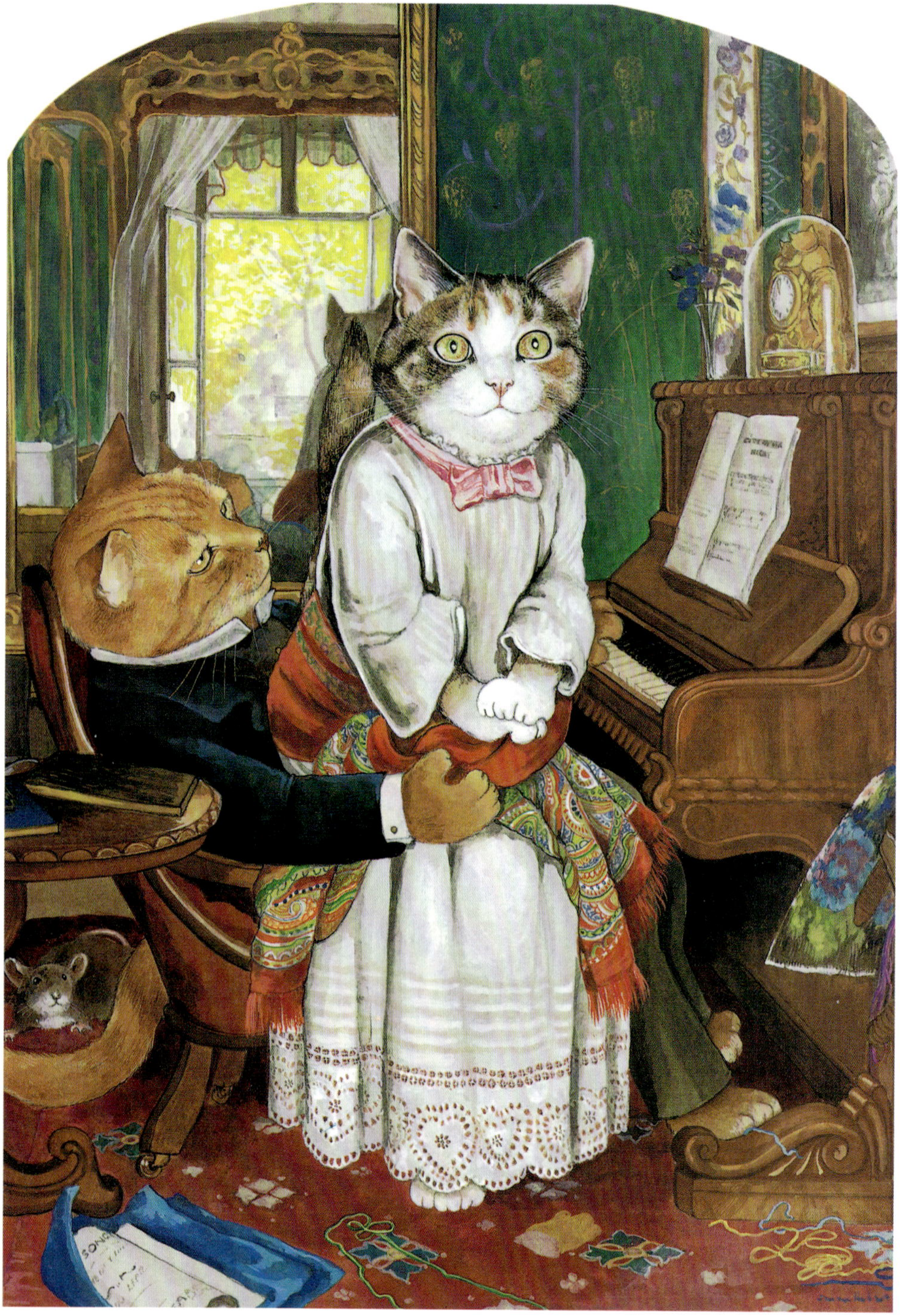

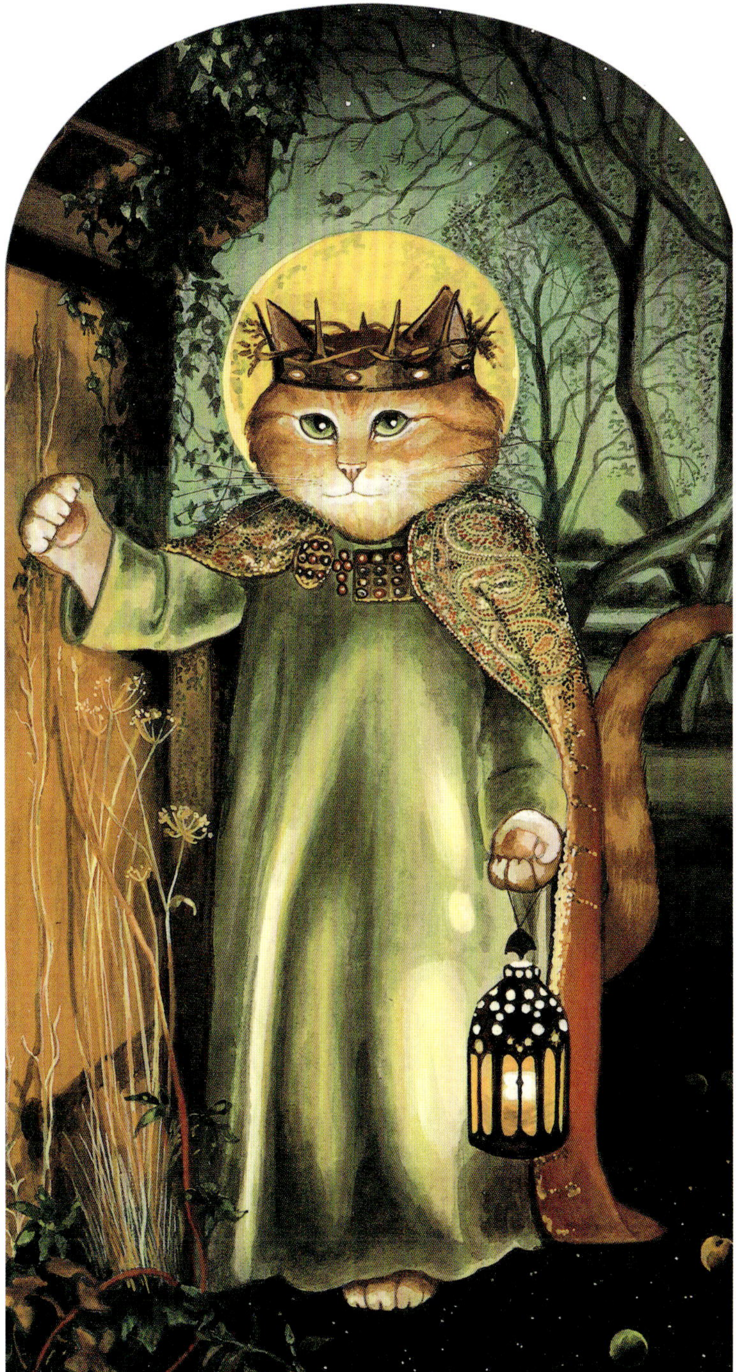

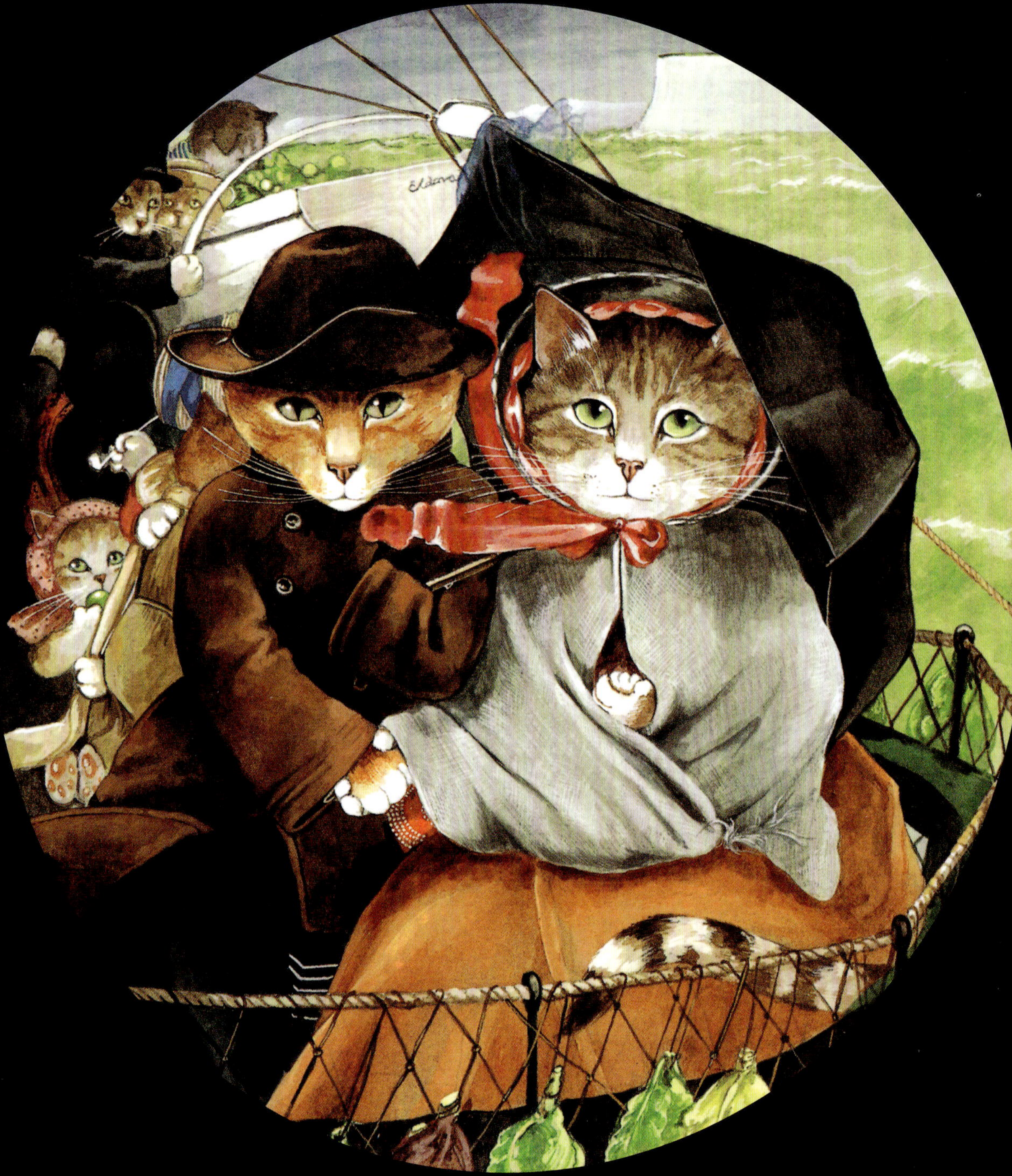

FORD MADOX BROWN

The Last of England

1855

FRANZ XAVER WINTERHALTER

Königin Victoria und ihre Cousine, die Herzogin von Nemours

1852

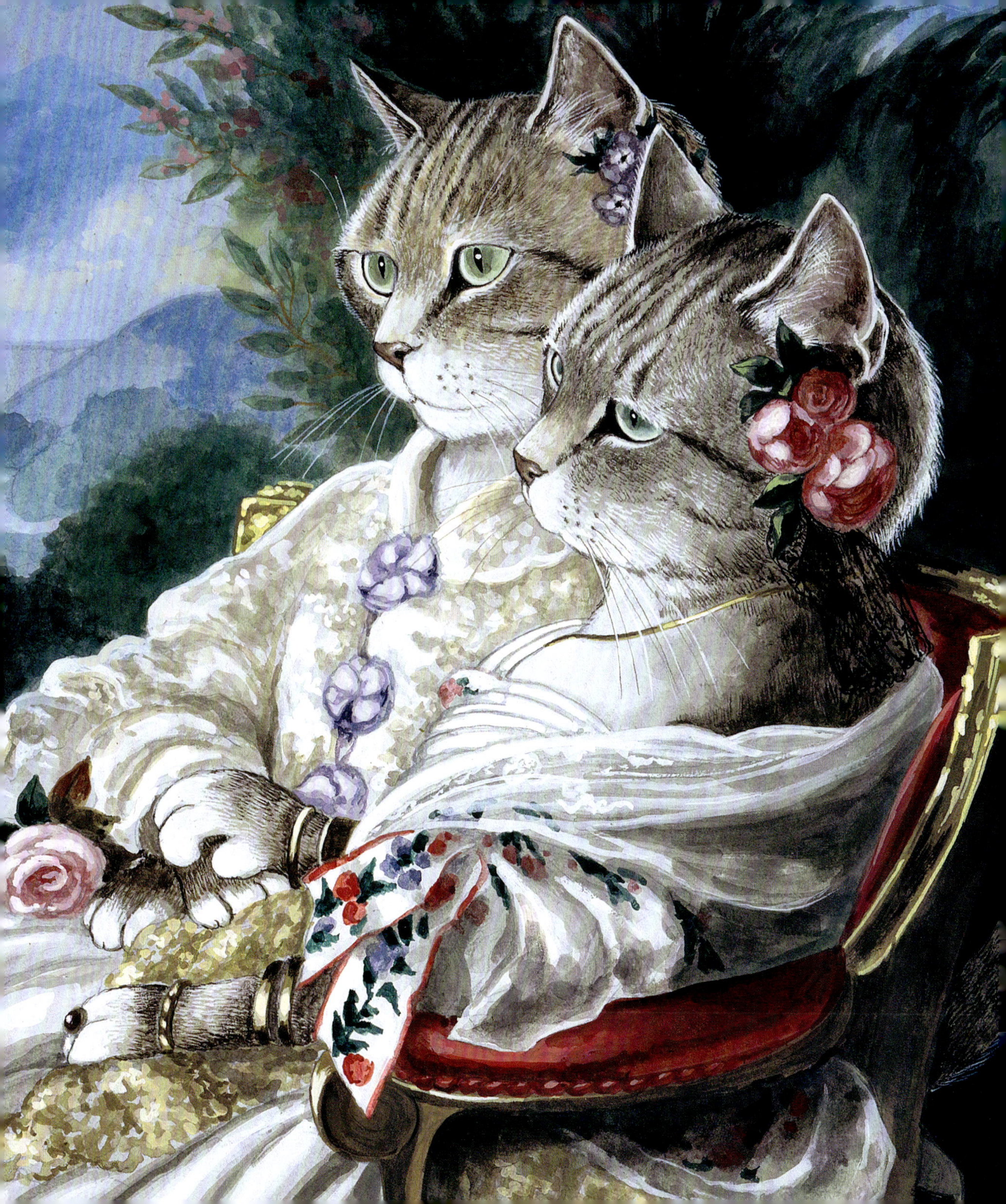

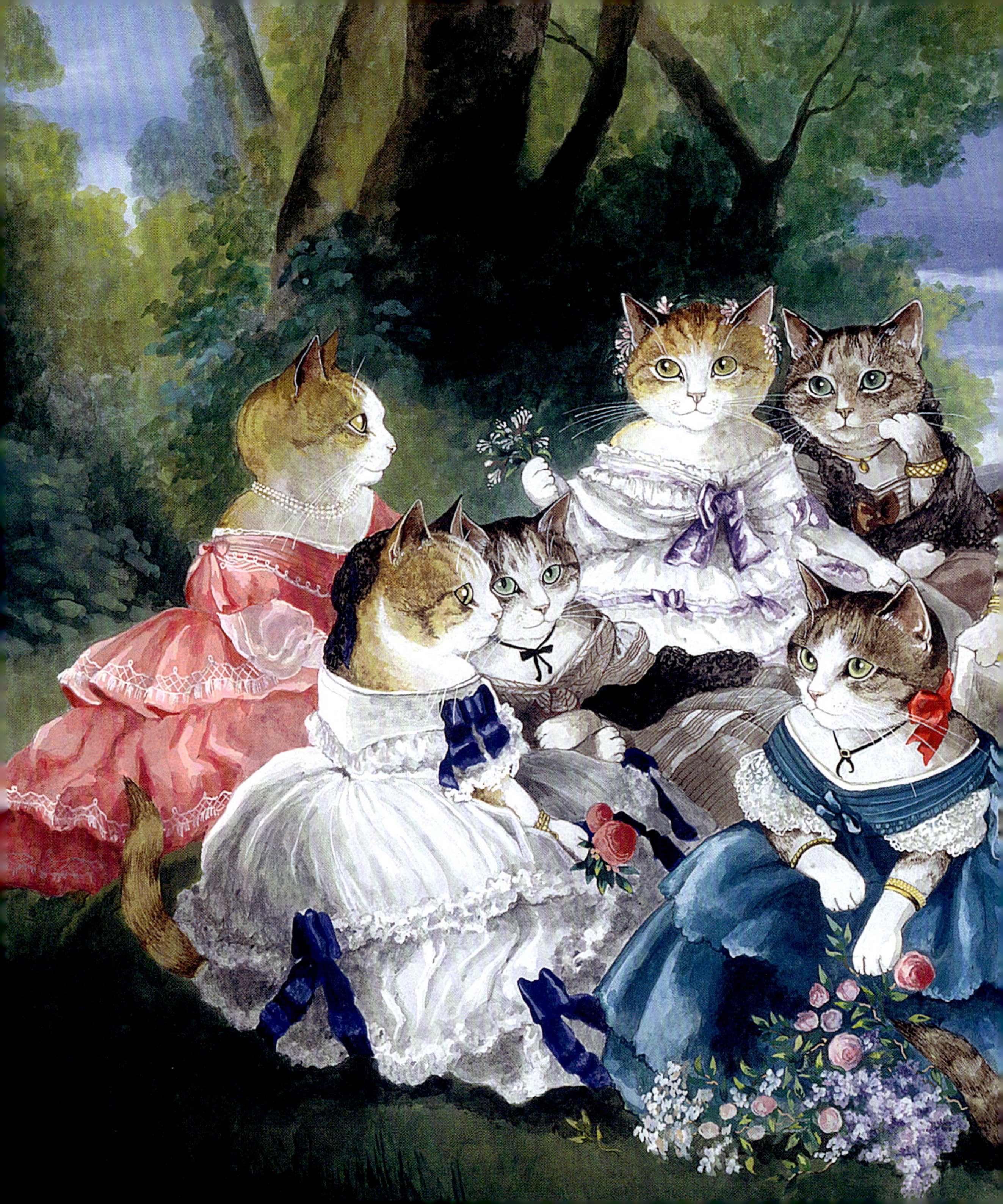

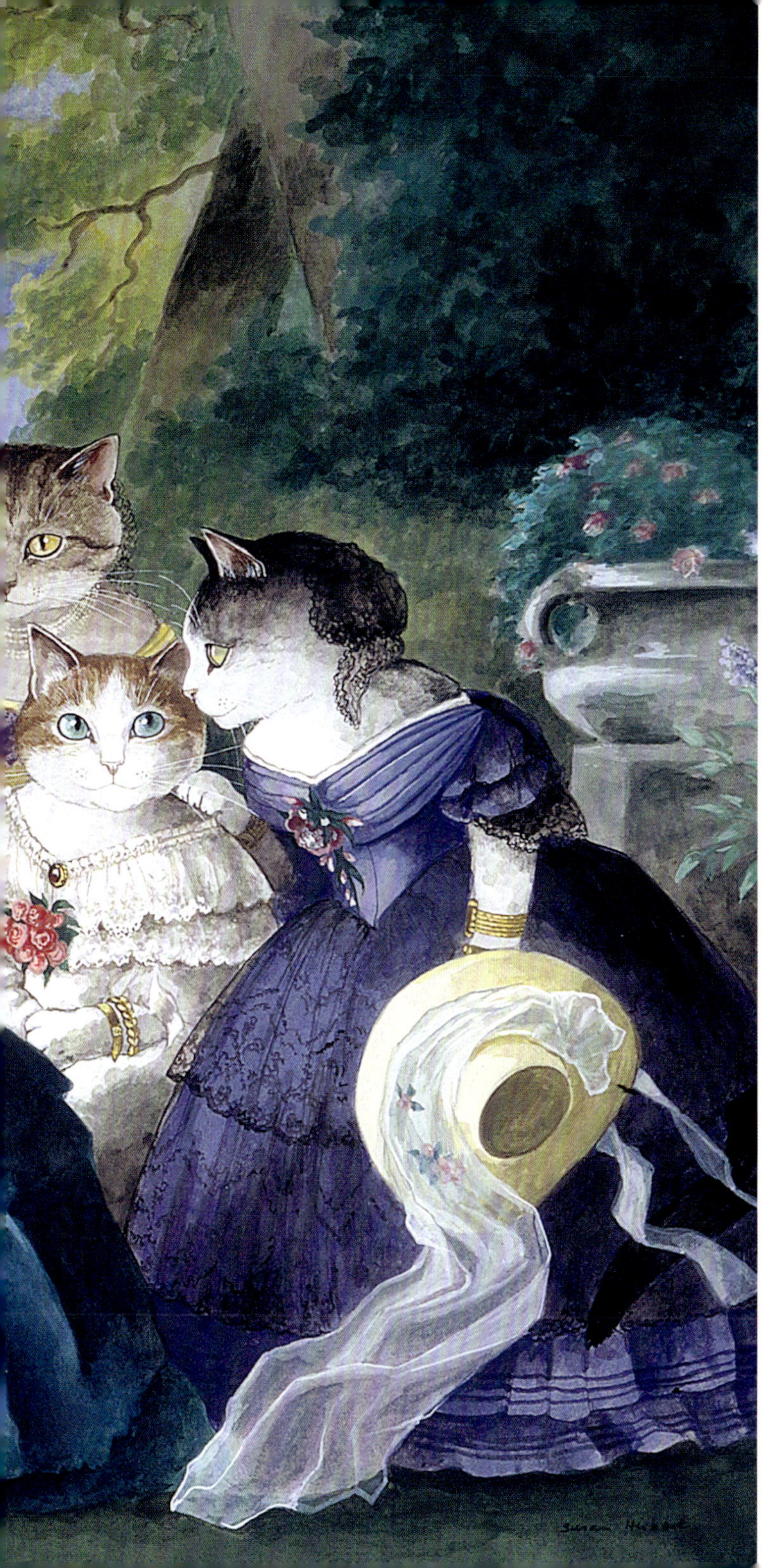

FRANZ XAVER WINTERHALTER

Kaiserin Eugénie mit ihren Hofdamen

1855

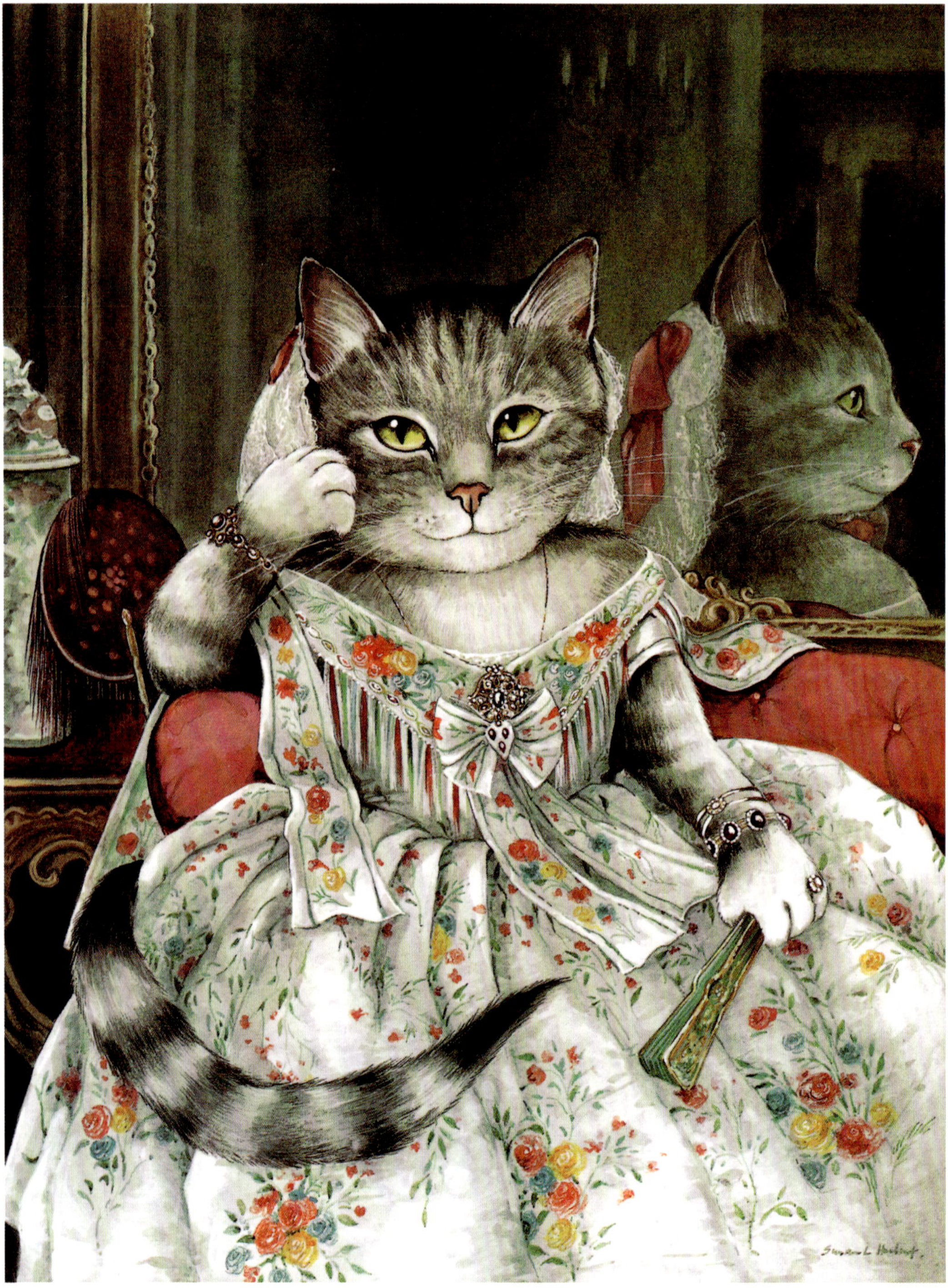

JEAN-AUGUSTE-DOMINIQUE INGRES

Madame Moitessier

1856

NACHFOLGENDE SEITE, LINKS Arthur Hughes, *Die lange Verlobung*, 1854–1859

NACHFOLGENDE SEITE, RECHTS Arthur Hughes, *Aprilliebe*, 1855–1856

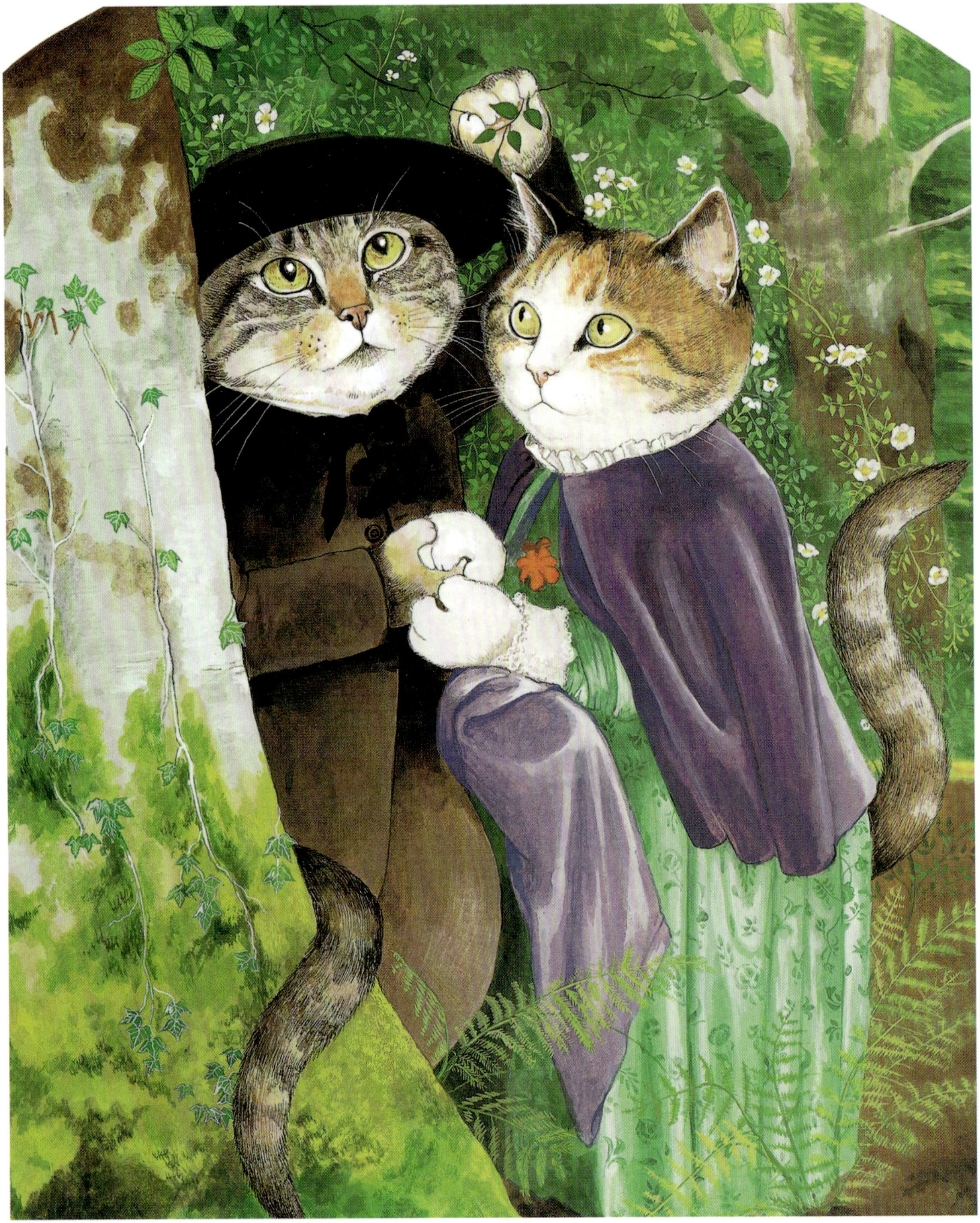

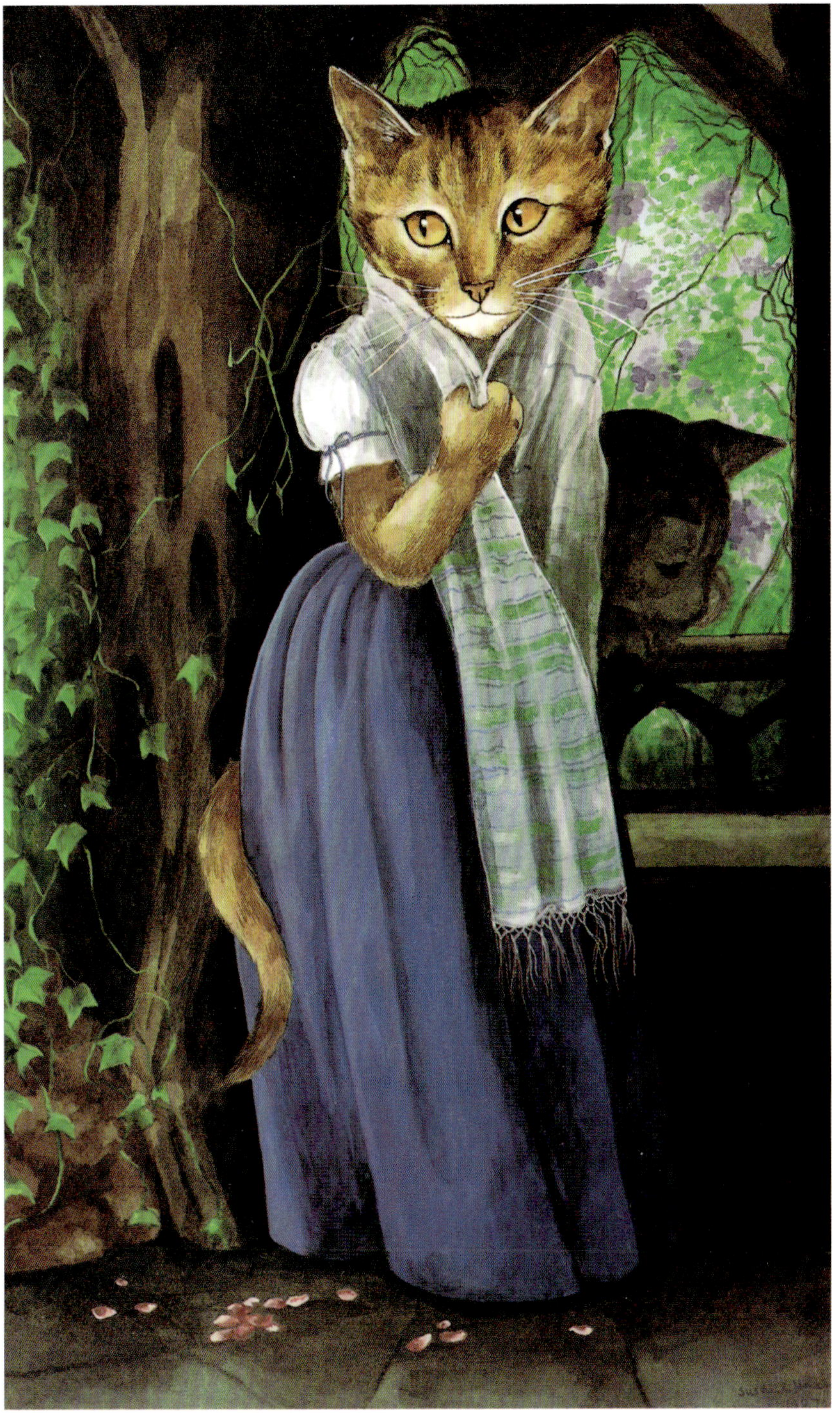

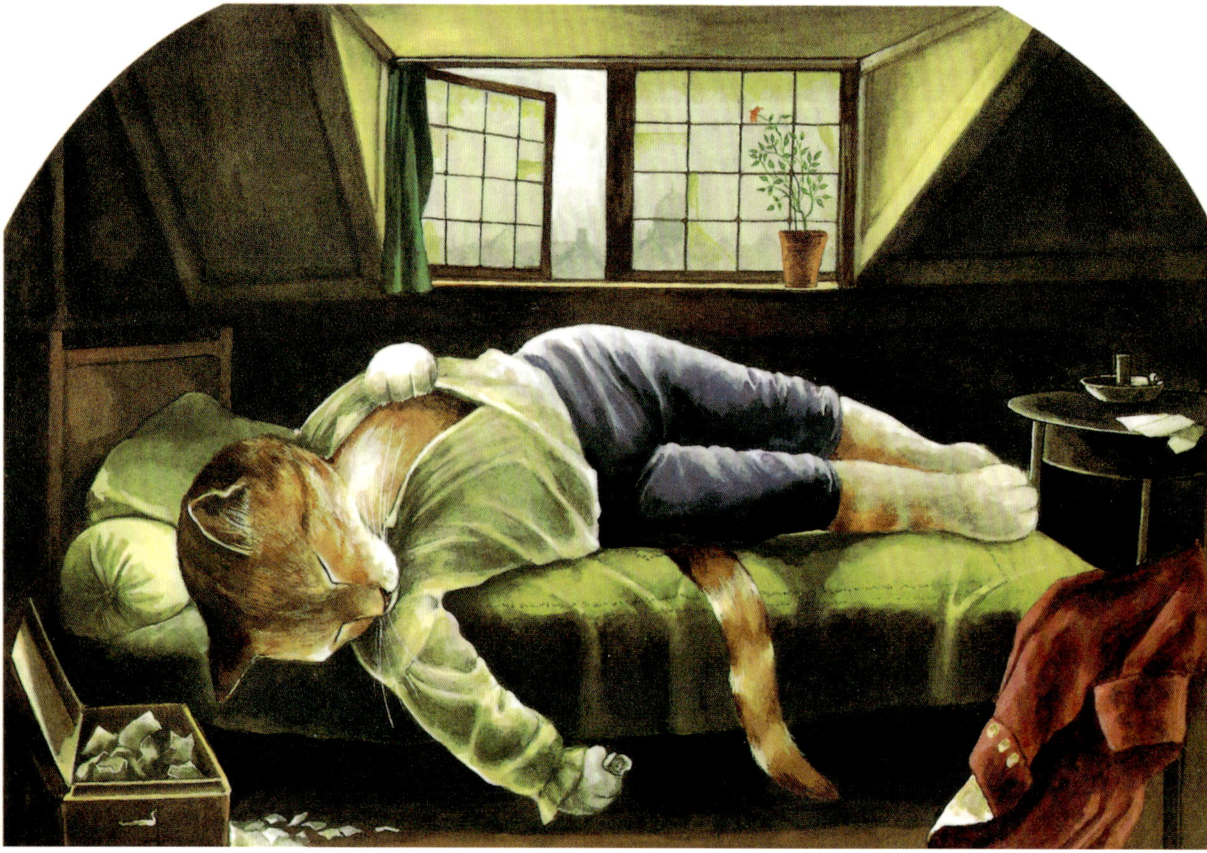

OBEN Henry Wallis, *Chattertons Tod*, 1856

GEGENÜBER George Frederic Watts, *Mrs. Nassau John Senior*, 1857–1858

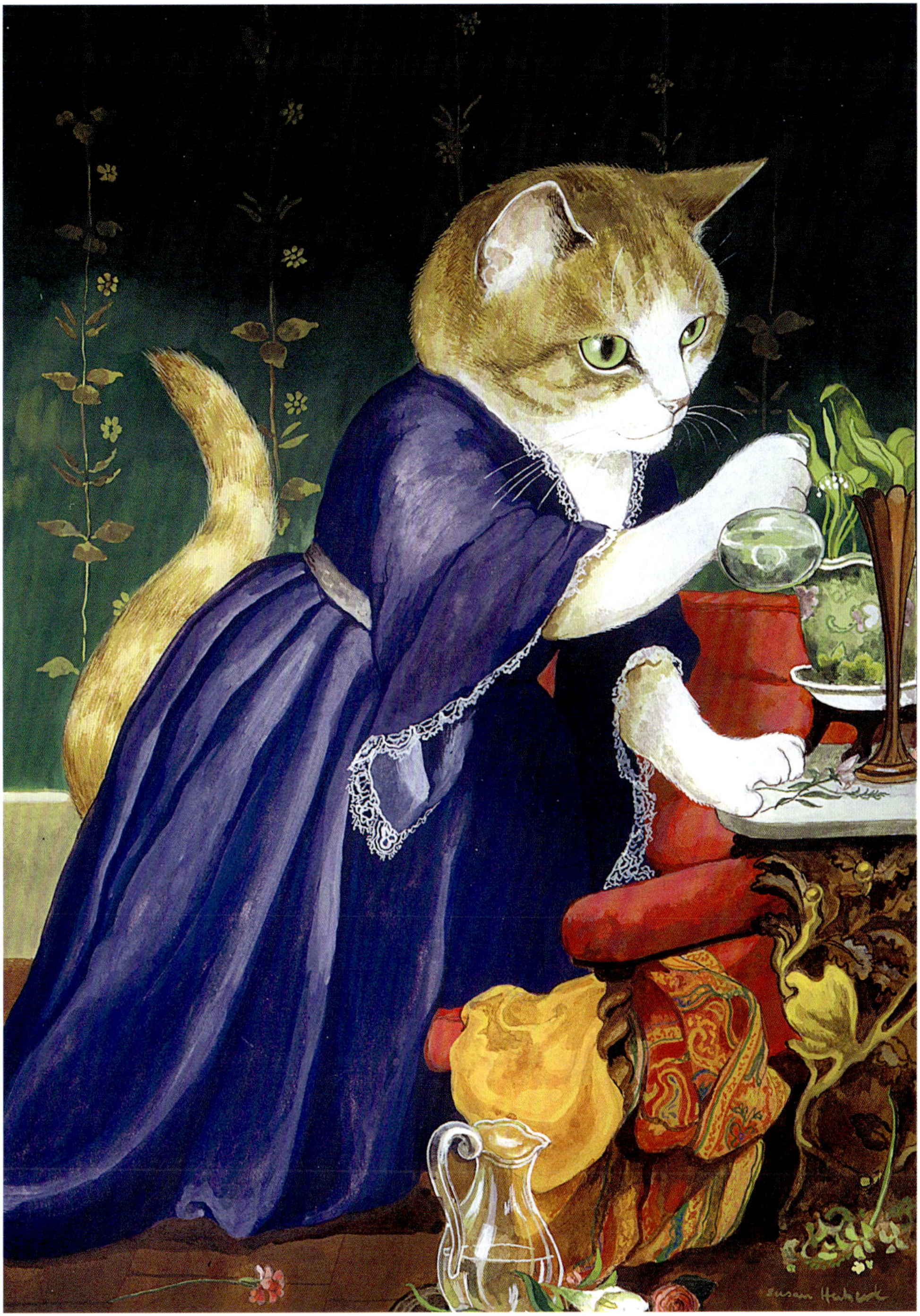

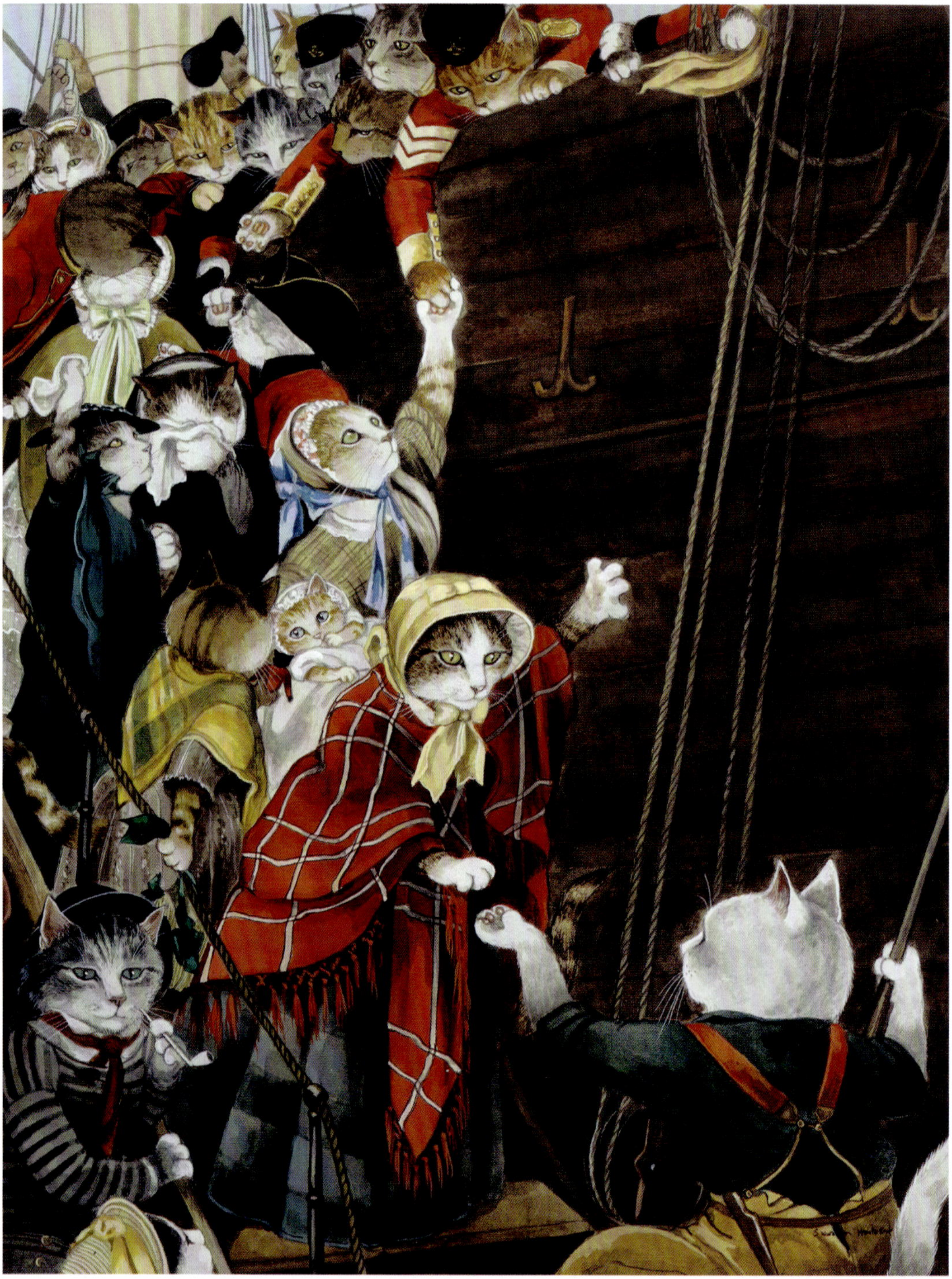

HENRY NELSON O'NEIL

Eastward Ho!

1857

WILLIAM MAW EGLEY

Omnibus Life in London

1859

NACHFOLGENDE SEITE

Daniel Maclise, *Der Tod Lord Nelsons*, 1859–1864

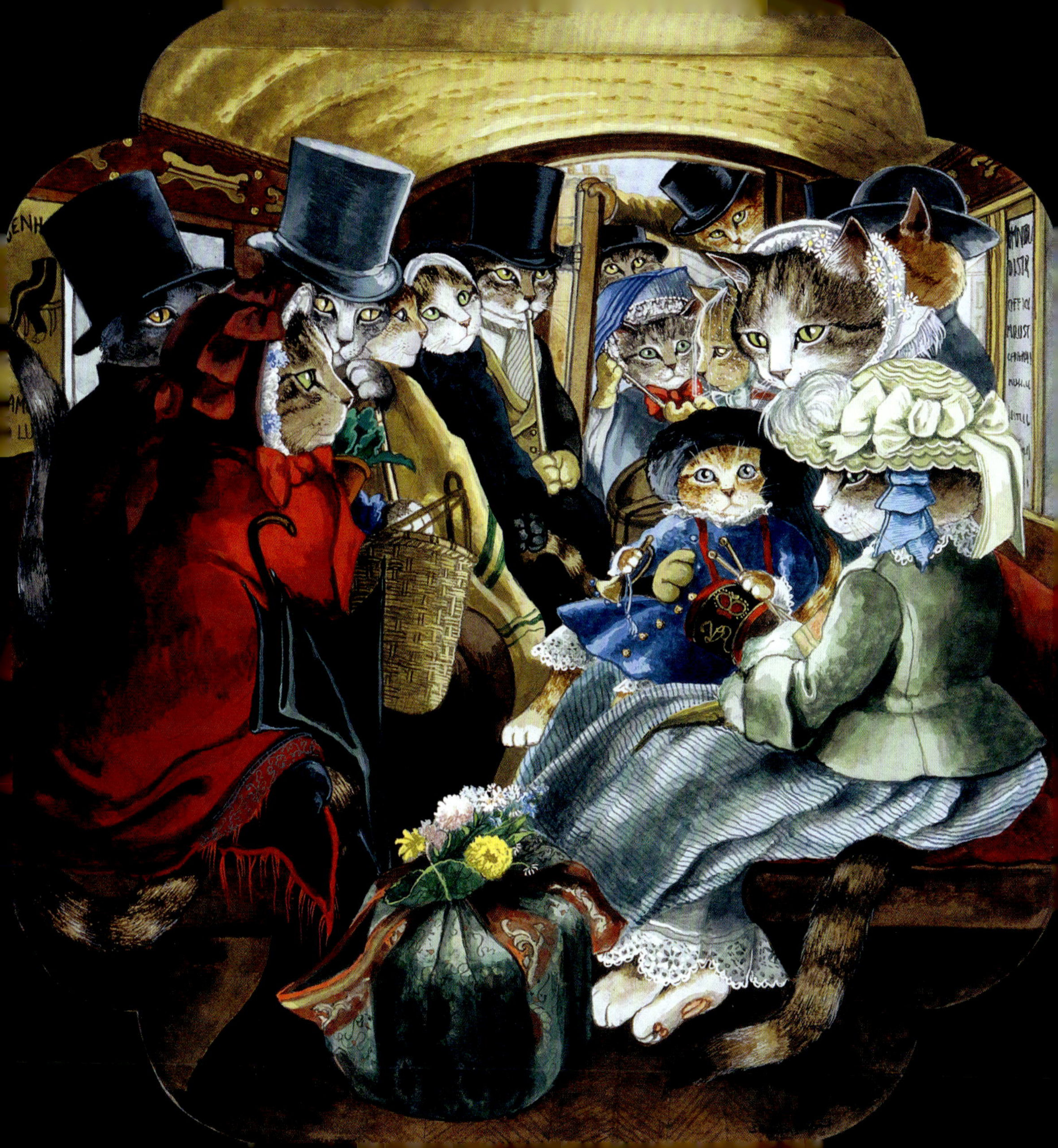

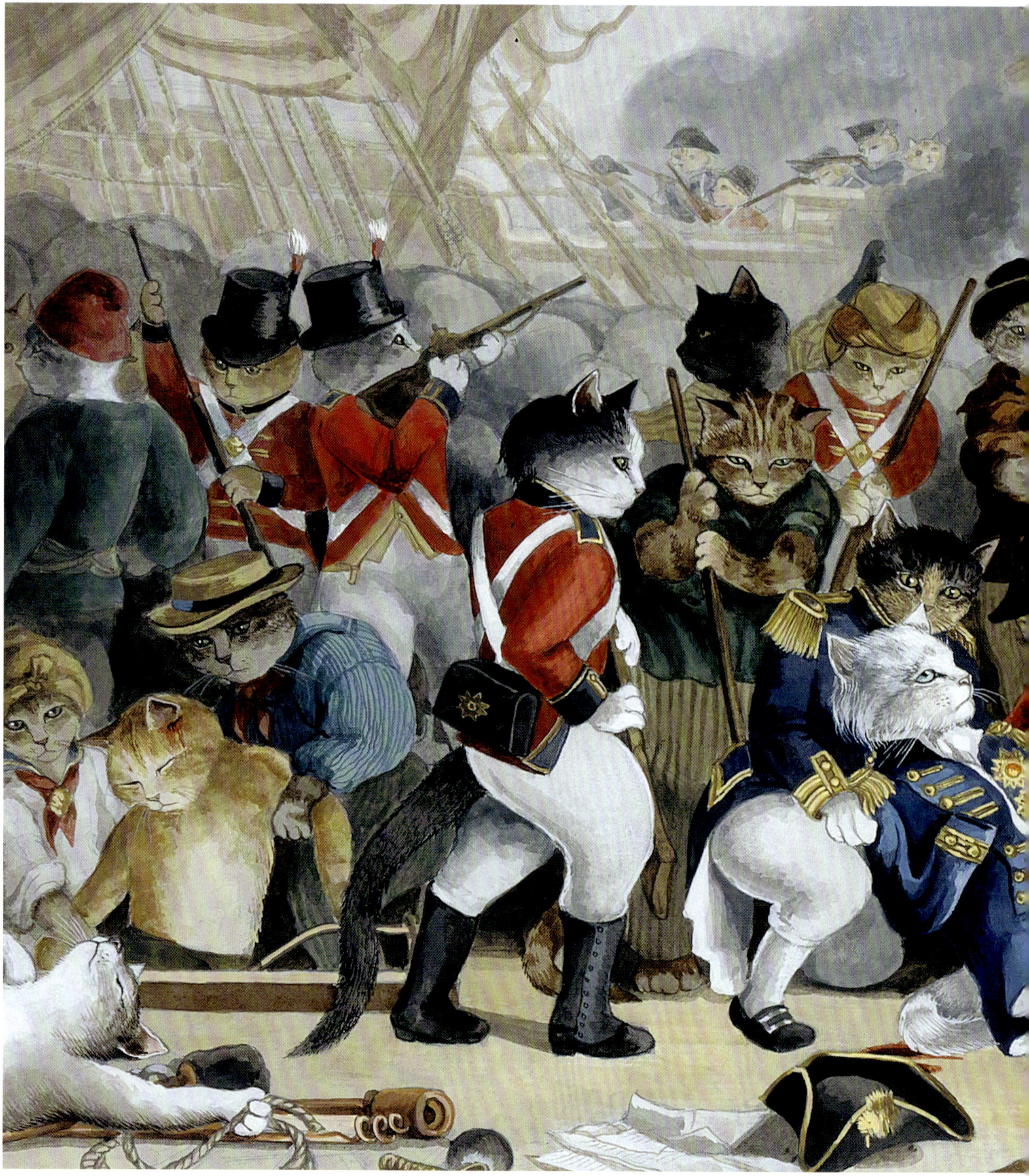

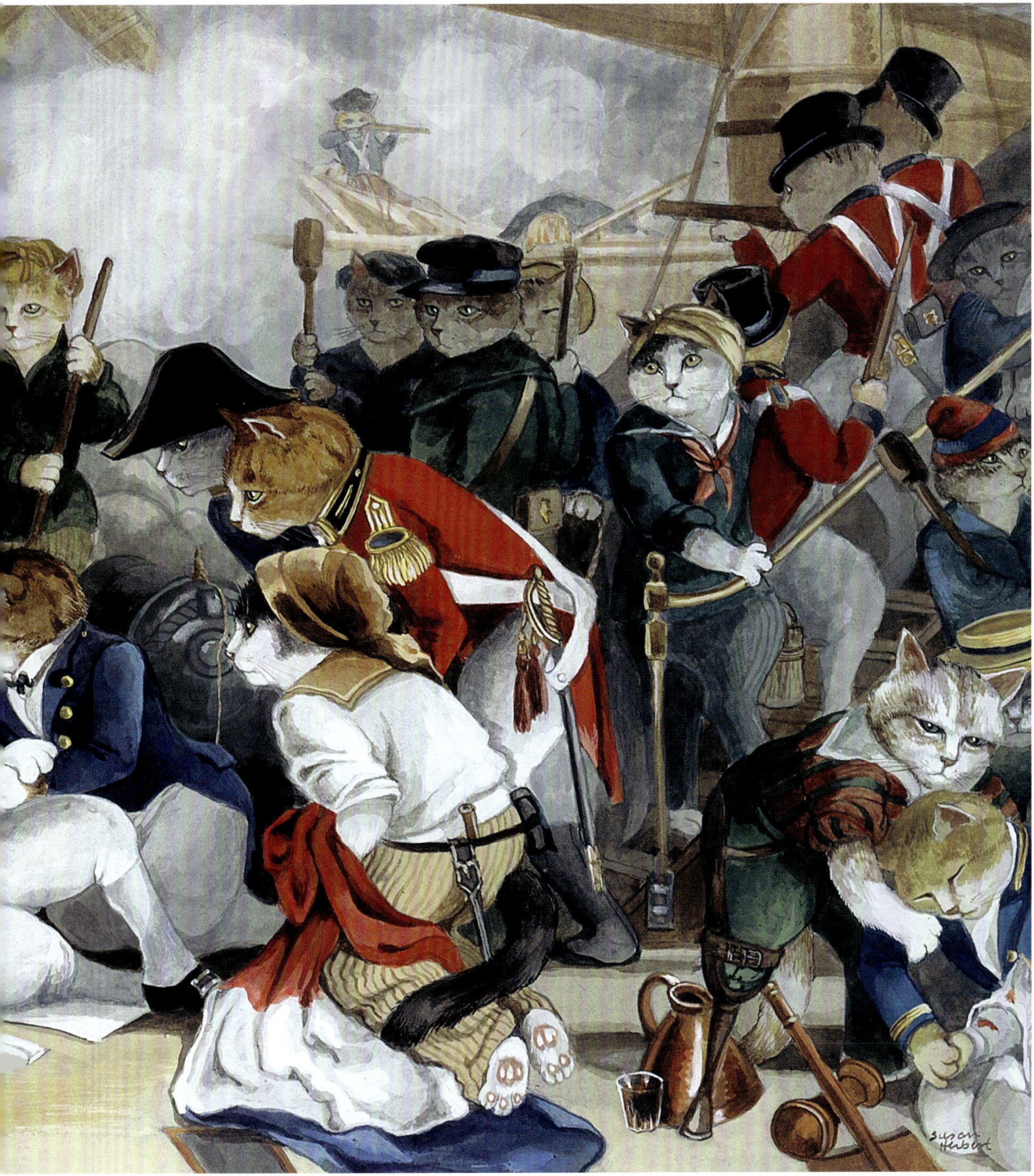
Susan Herbert

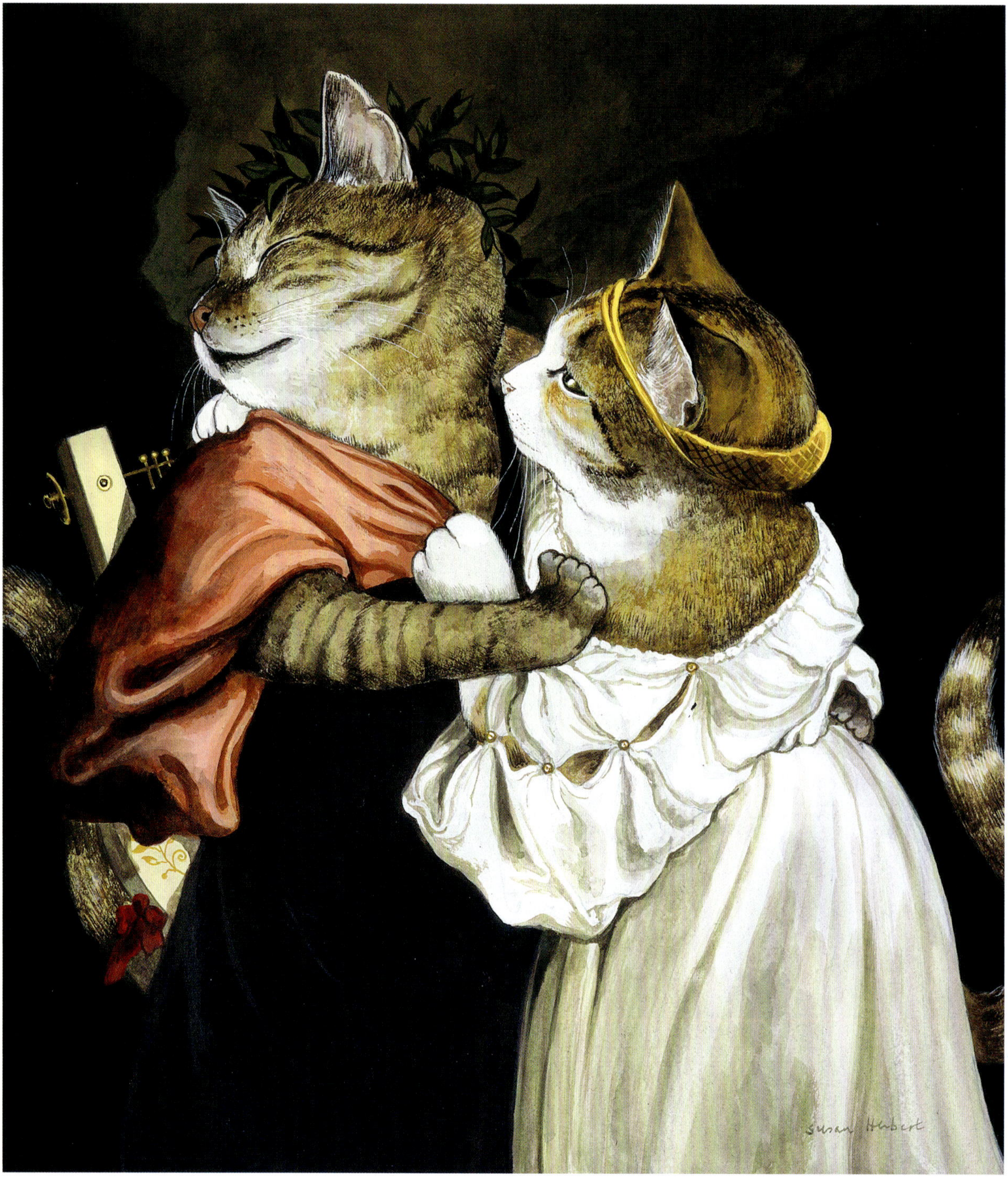
Susan Herbert

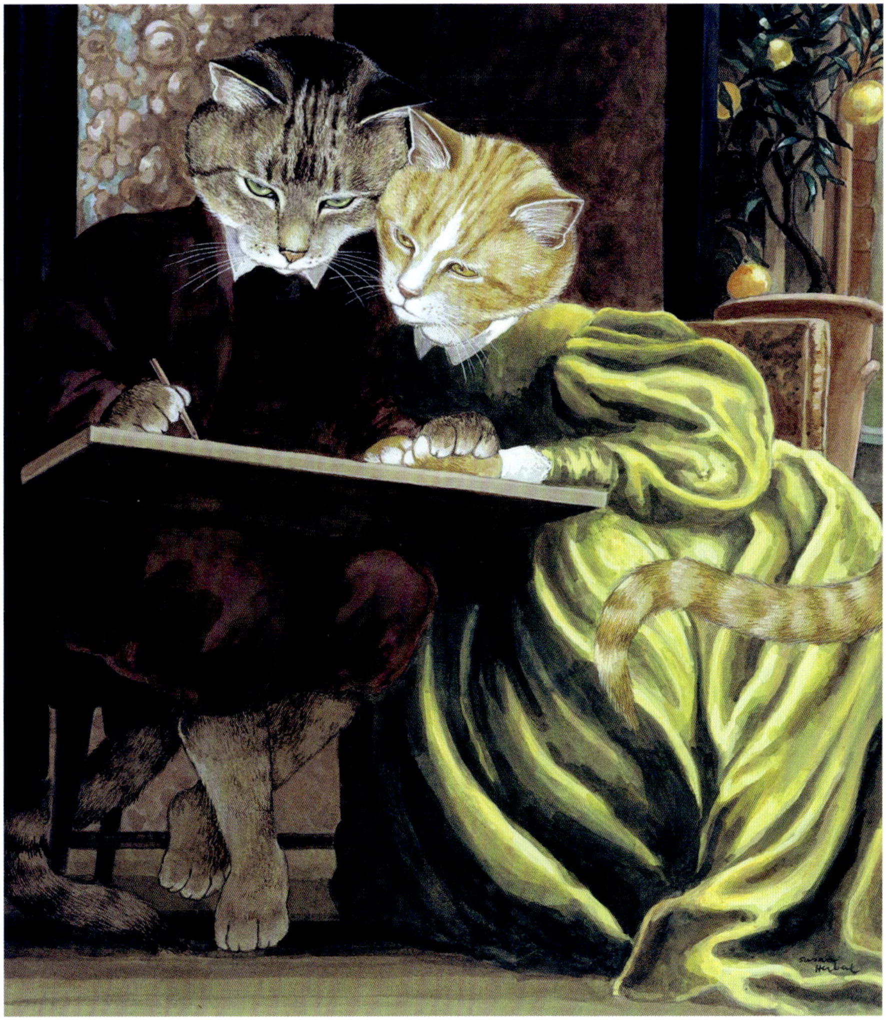

oben Frederic Leighton, *Flitterwochen des Malers*, ca. 1864

gegenüber Frederic Leighton, *Orpheus und Euridike*, 1864

nachfolgende seite, links Dante Gabriel Rossetti, *Monna Vanna*, 1866

nachfolgende seite, rechts Dante Gabriel Rossetti, *Die Geliebte*, 1865–1866

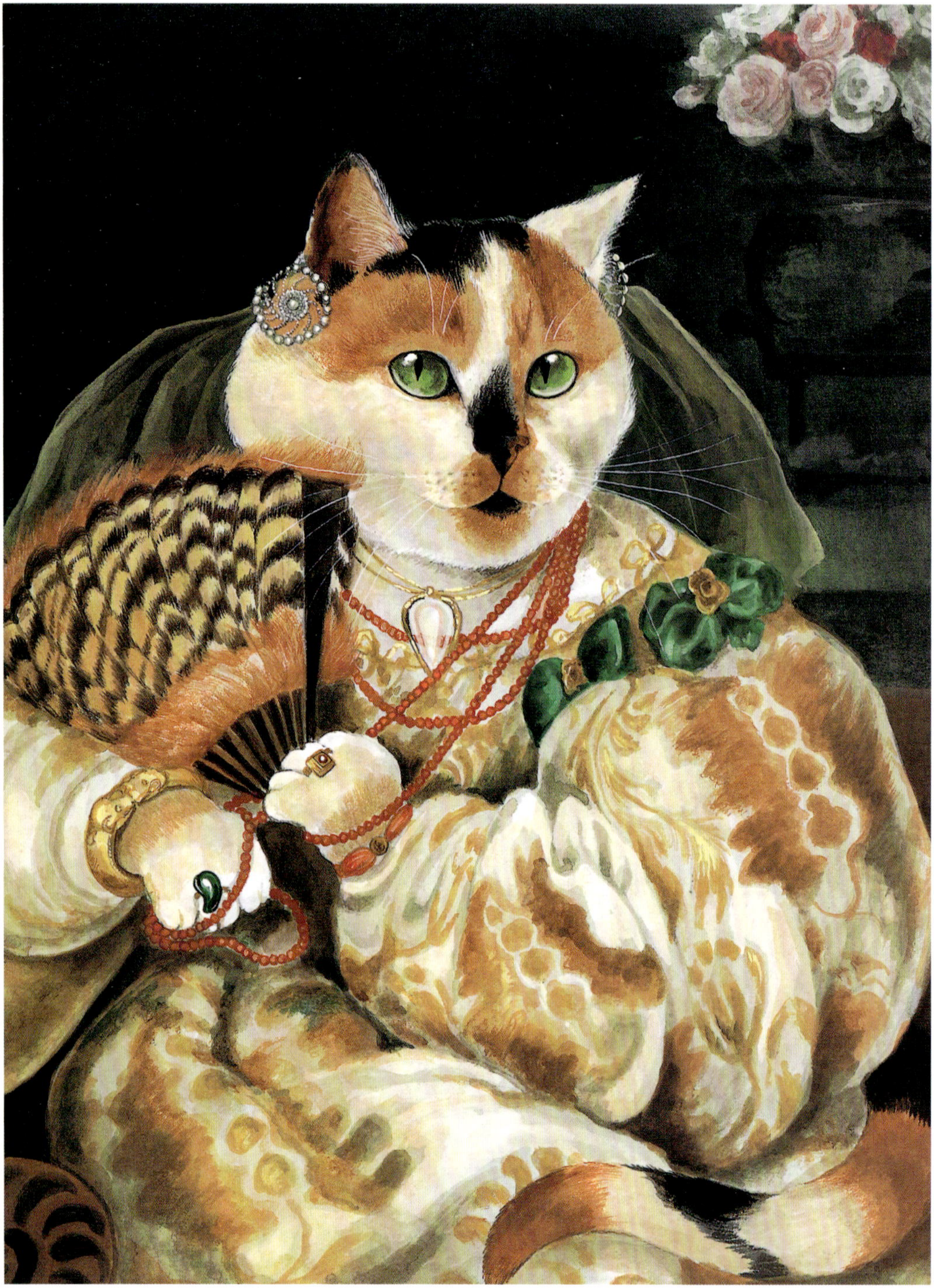

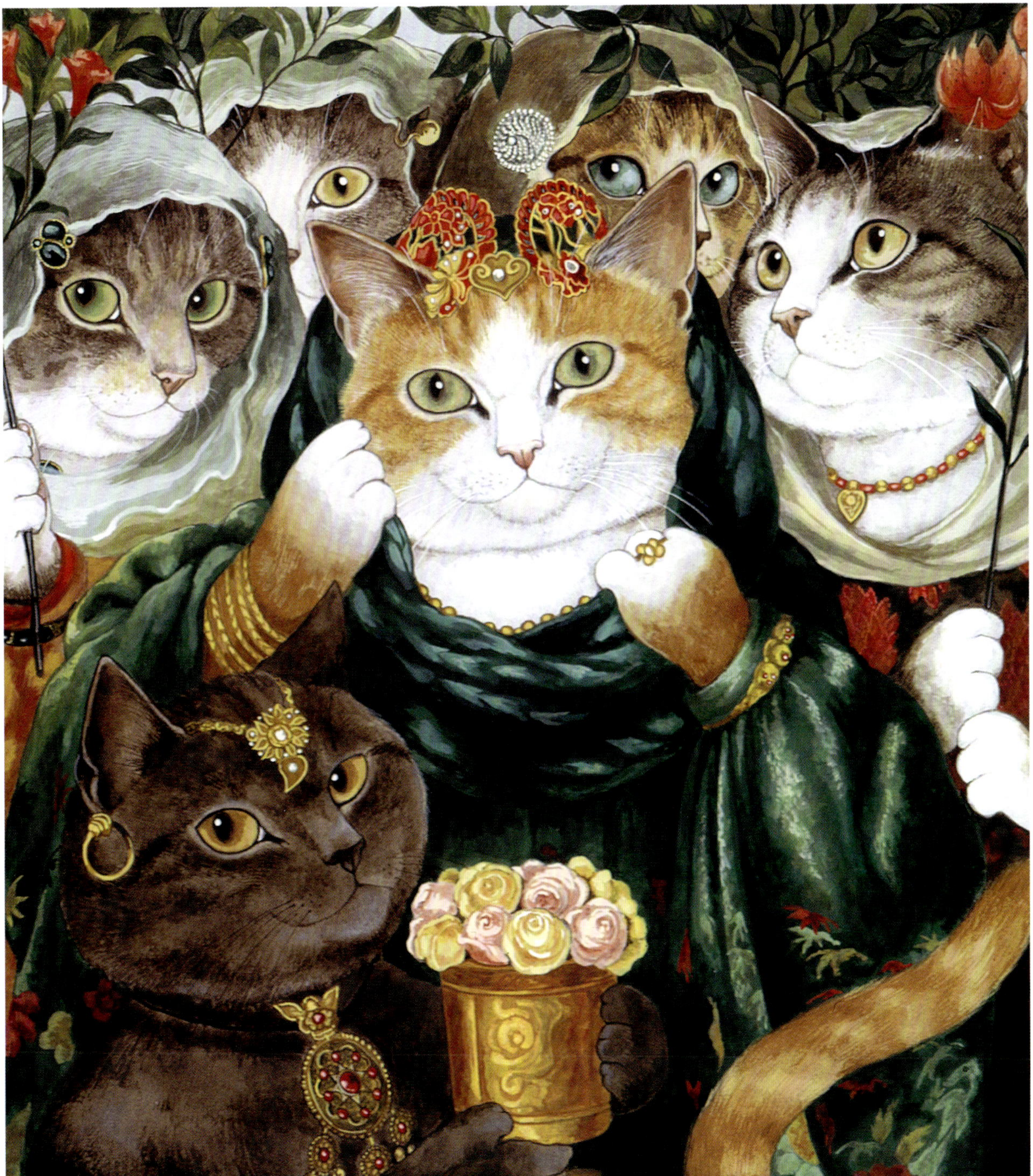

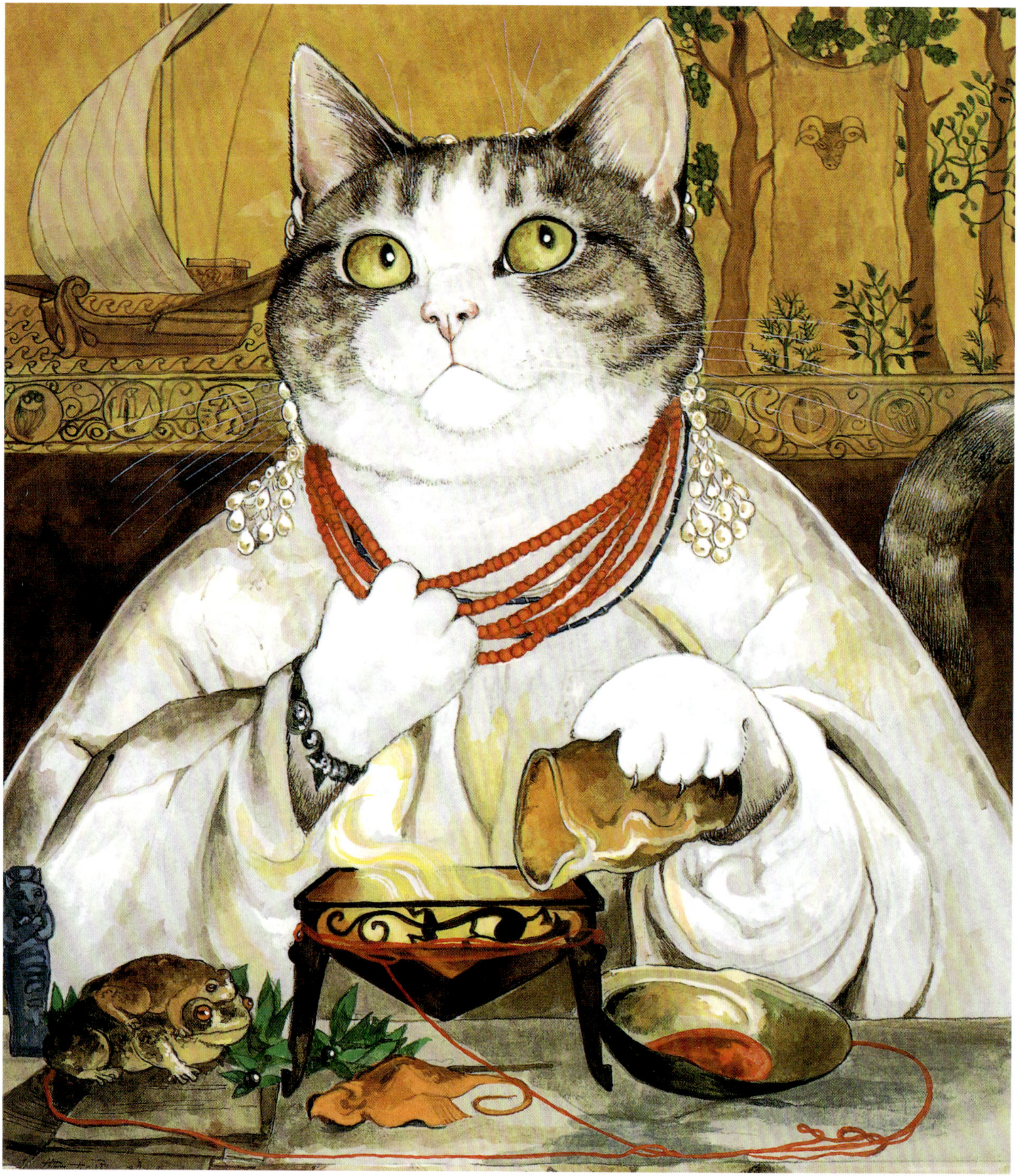

FREDERICK SANDYS

Medea

1868

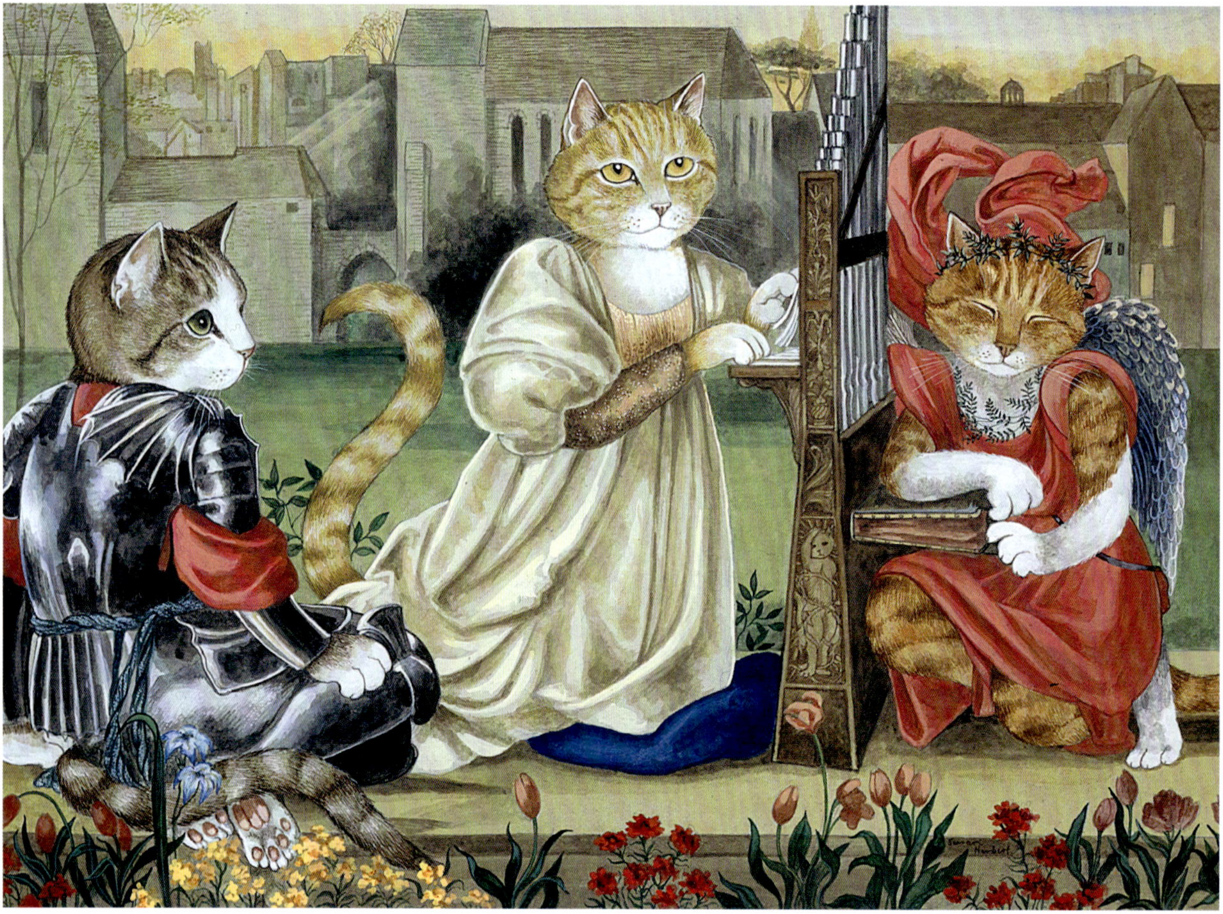

OBEN Edward Burne-Jones, *Ein Liebeslied*, 1868–1877

GEGENÜBER Edward Burne-Jones, *Liebe in Ruinen*, 1873

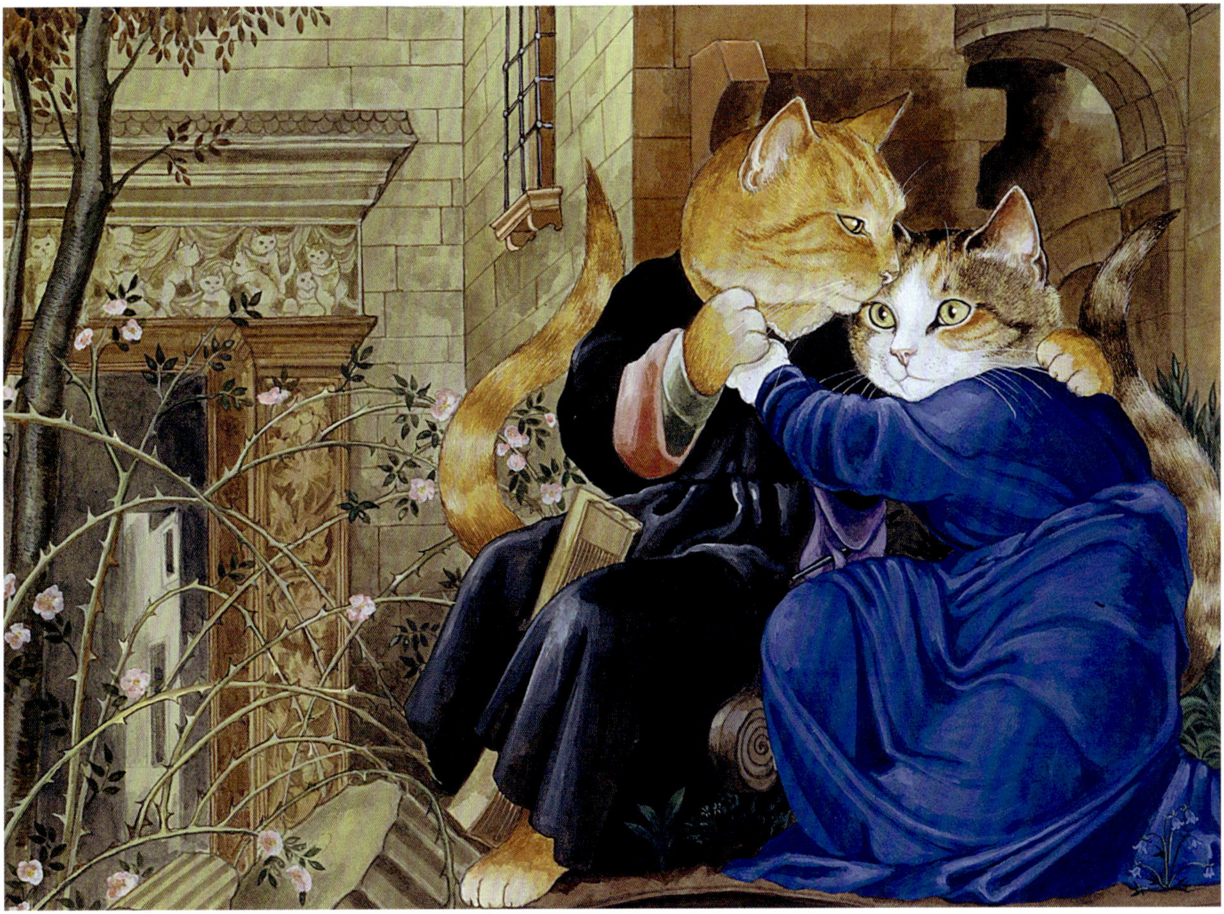

NACHFOLGENDE SEITE, LINKS Edward Burne-Jones, *Die Verführung von Merlin*, 1872–1877

NACHFOLGENDE SEITE, RECHTS Dante Gabriel Rossetti, *Proserpine*, 1874

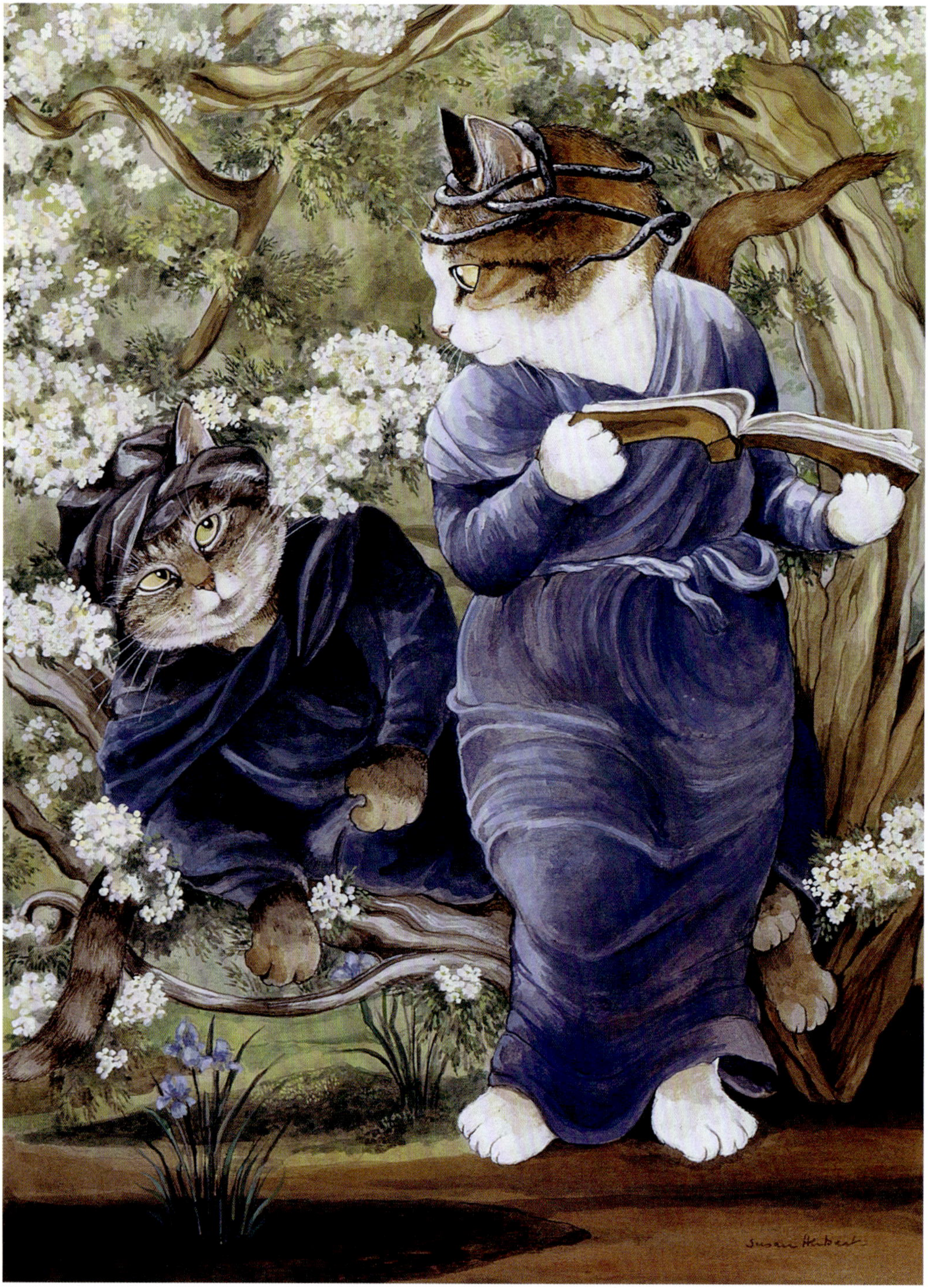
Susan Herbert

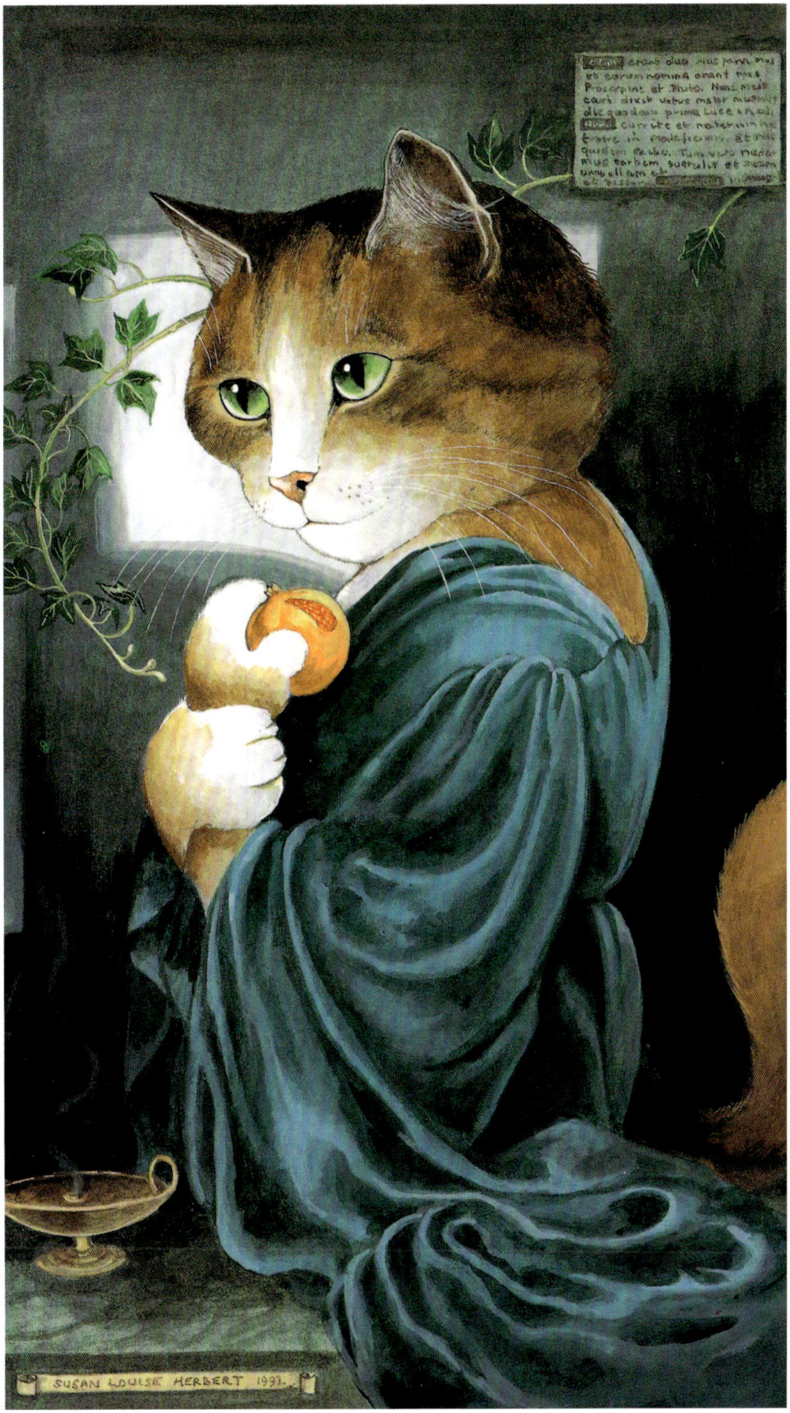
SUSAN LOUISE HERBERT 1997.

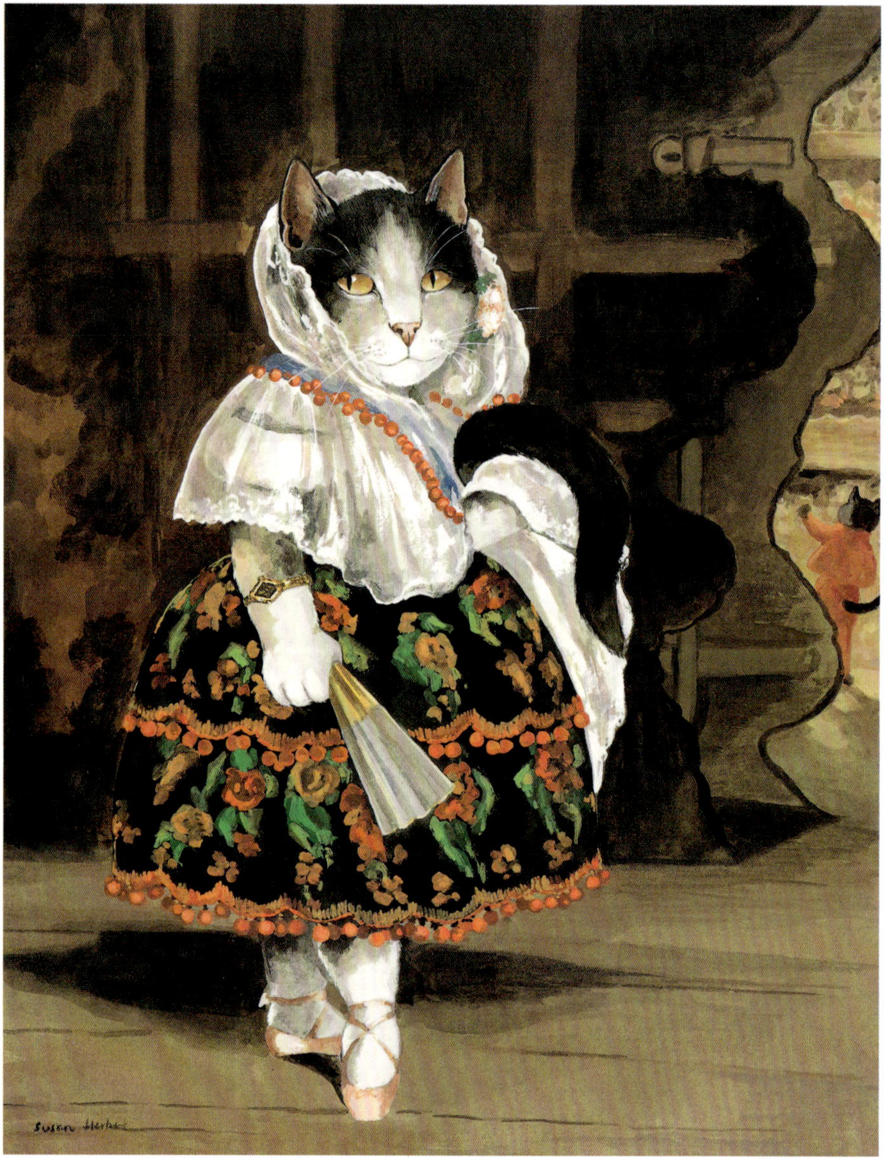

Édouard Manet, *Lola de Valence*, 1862

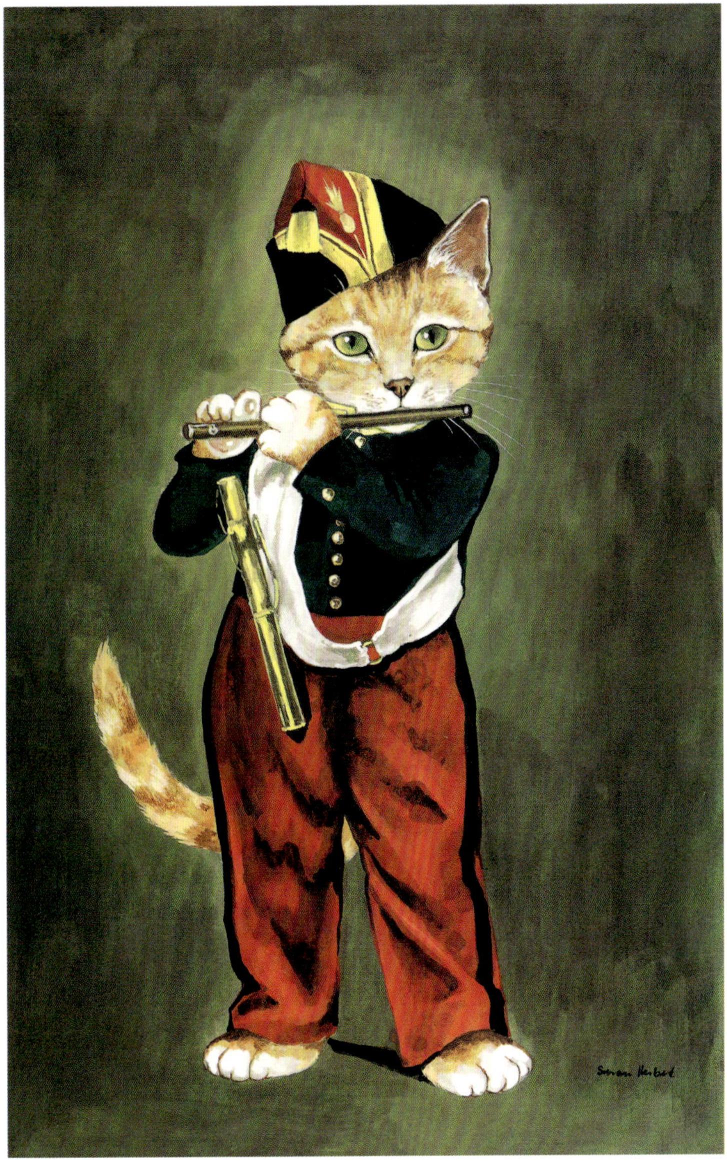

Édouard Manet, *Der Pfeifer*, 1866

ÉDOUARD MANET

Das Frühstück im Grünen

1862–1863

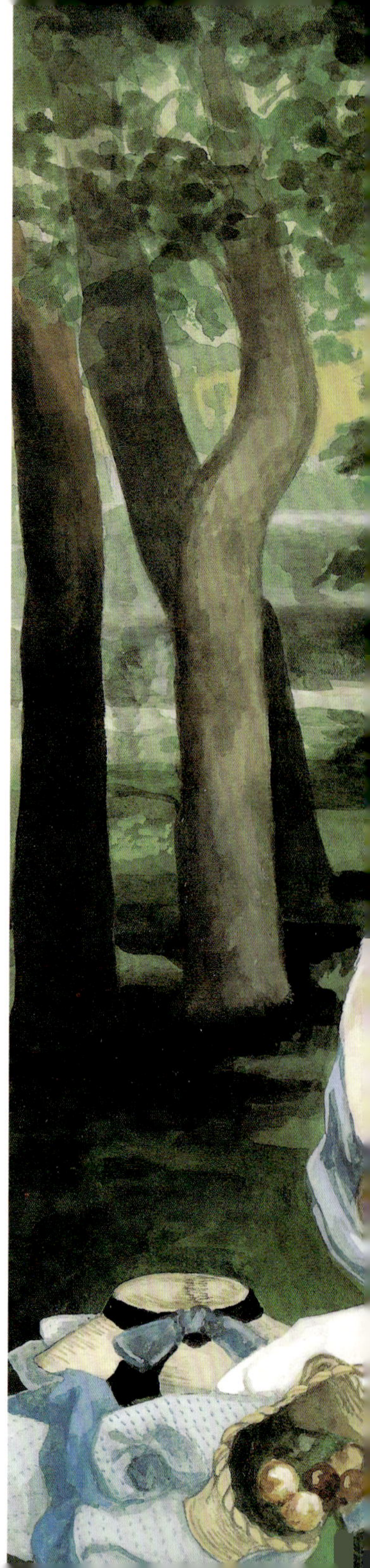

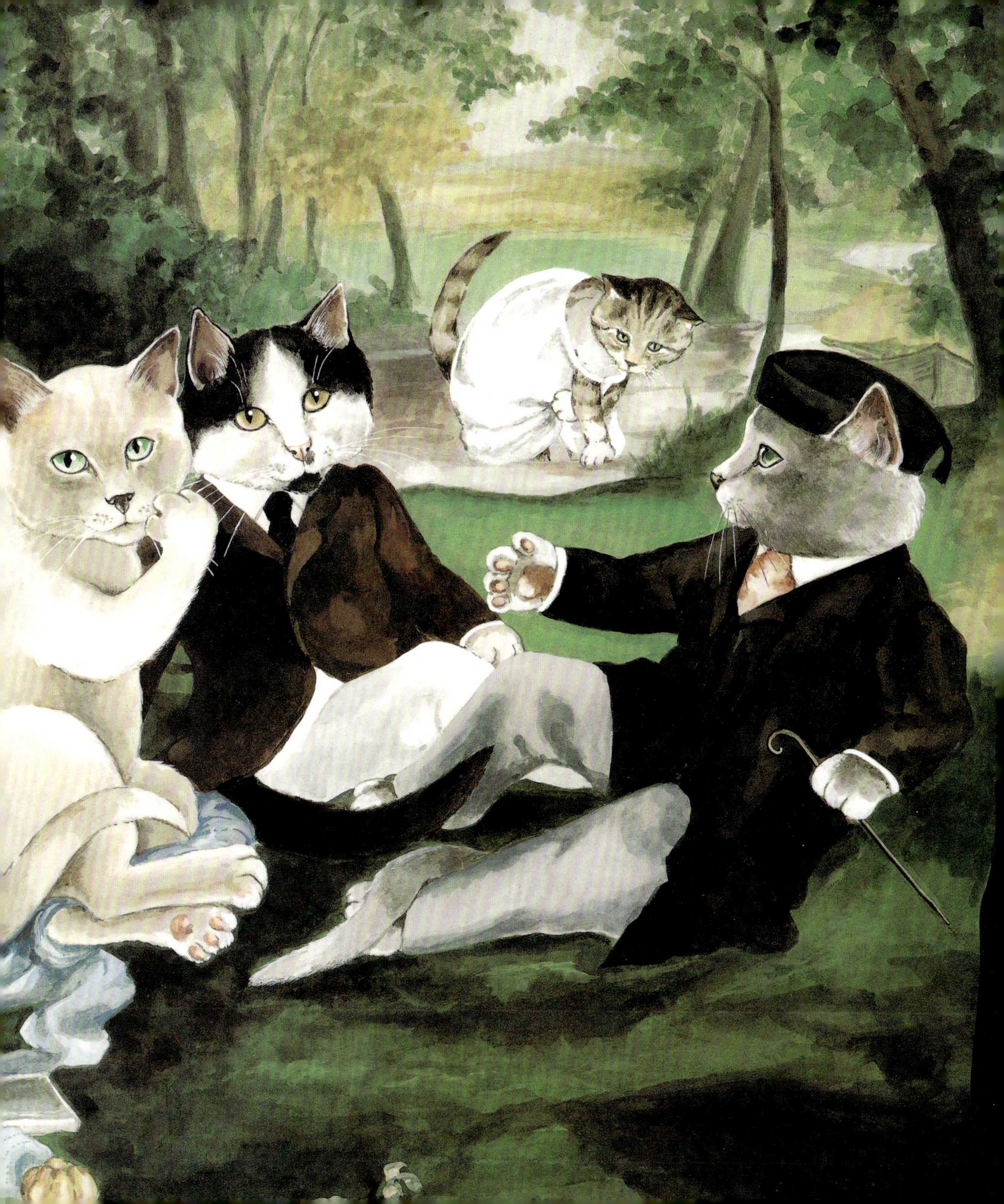

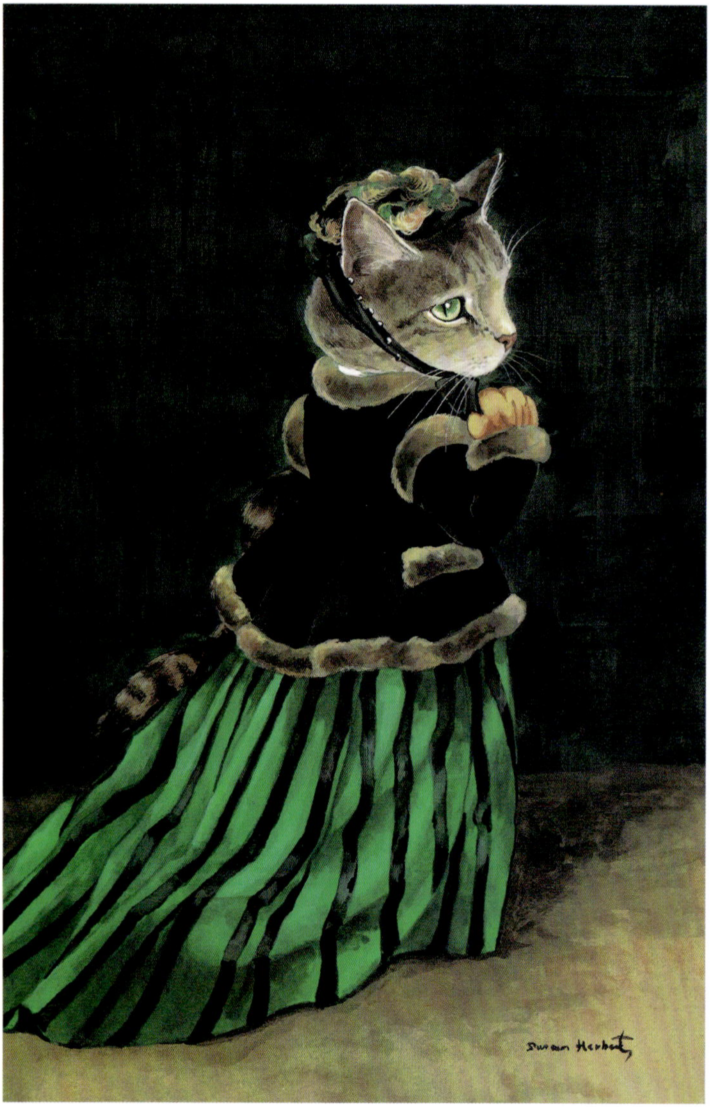

OBEN Claude Monet, *Camille im grünen Kleid*, 1866

GEGENÜBER Claude Monet, *Frauen im Garten*, ca. 1866

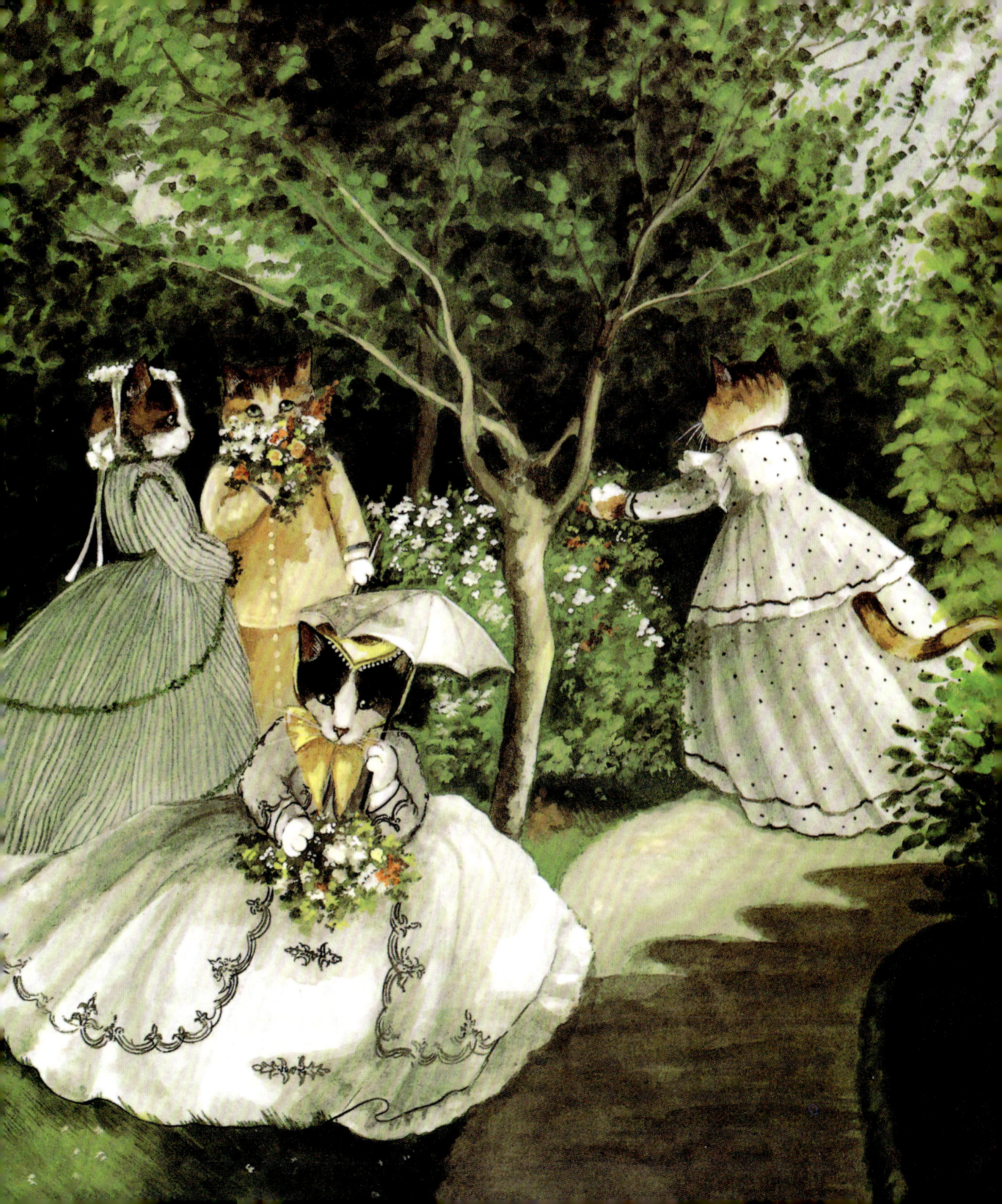

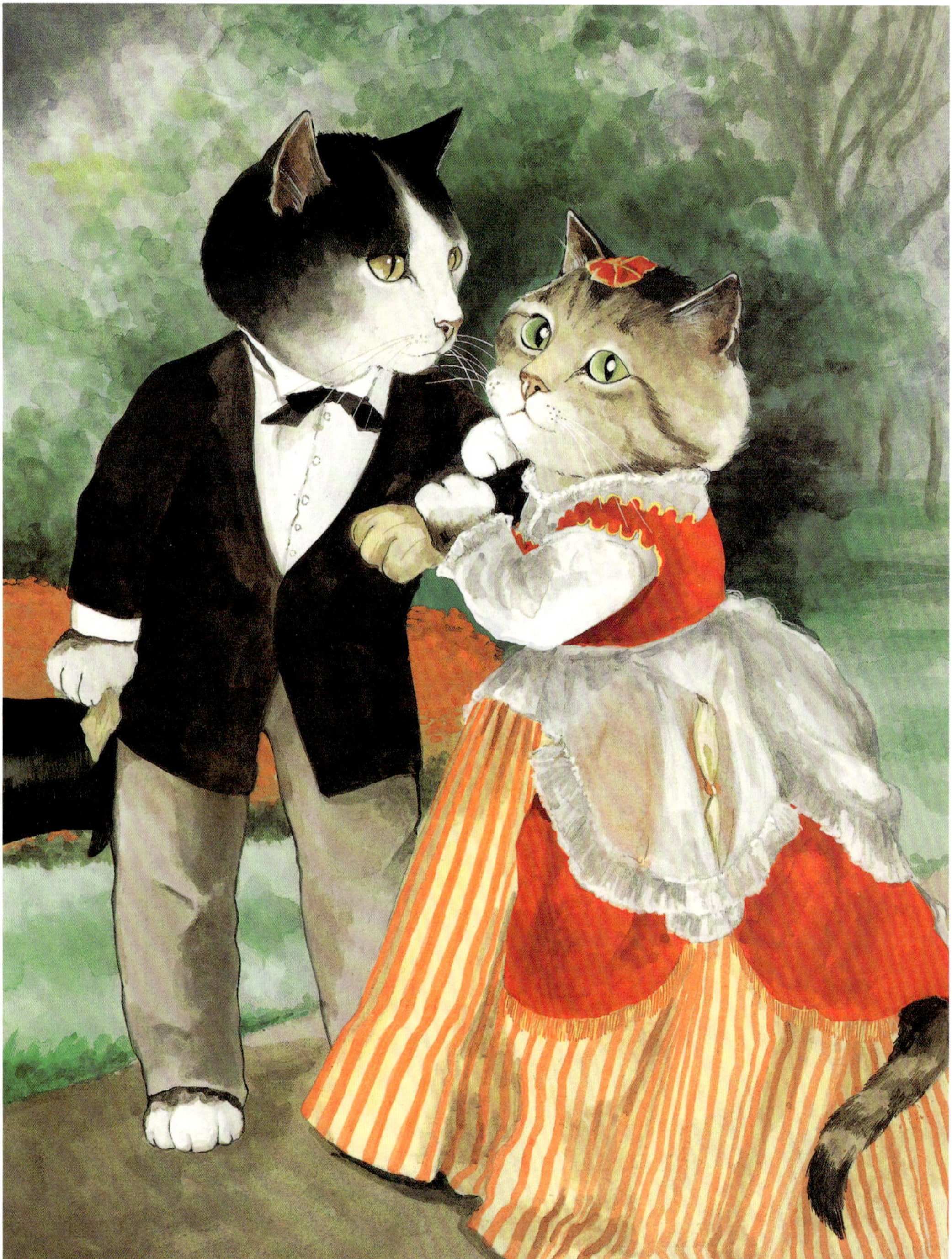
Susan Herbert

PIERRE-AUGUSTE RENOIR

Ein Paar im Grünen

CA. 1868

NACHFOLGENDE SEITE, LINKS Édouard Manet, *Der Balkon*, 1868–1869

NACHFOLGENDE SEITE, RECHTS Édouard Manet, *Eva Gonzalès*, 1870

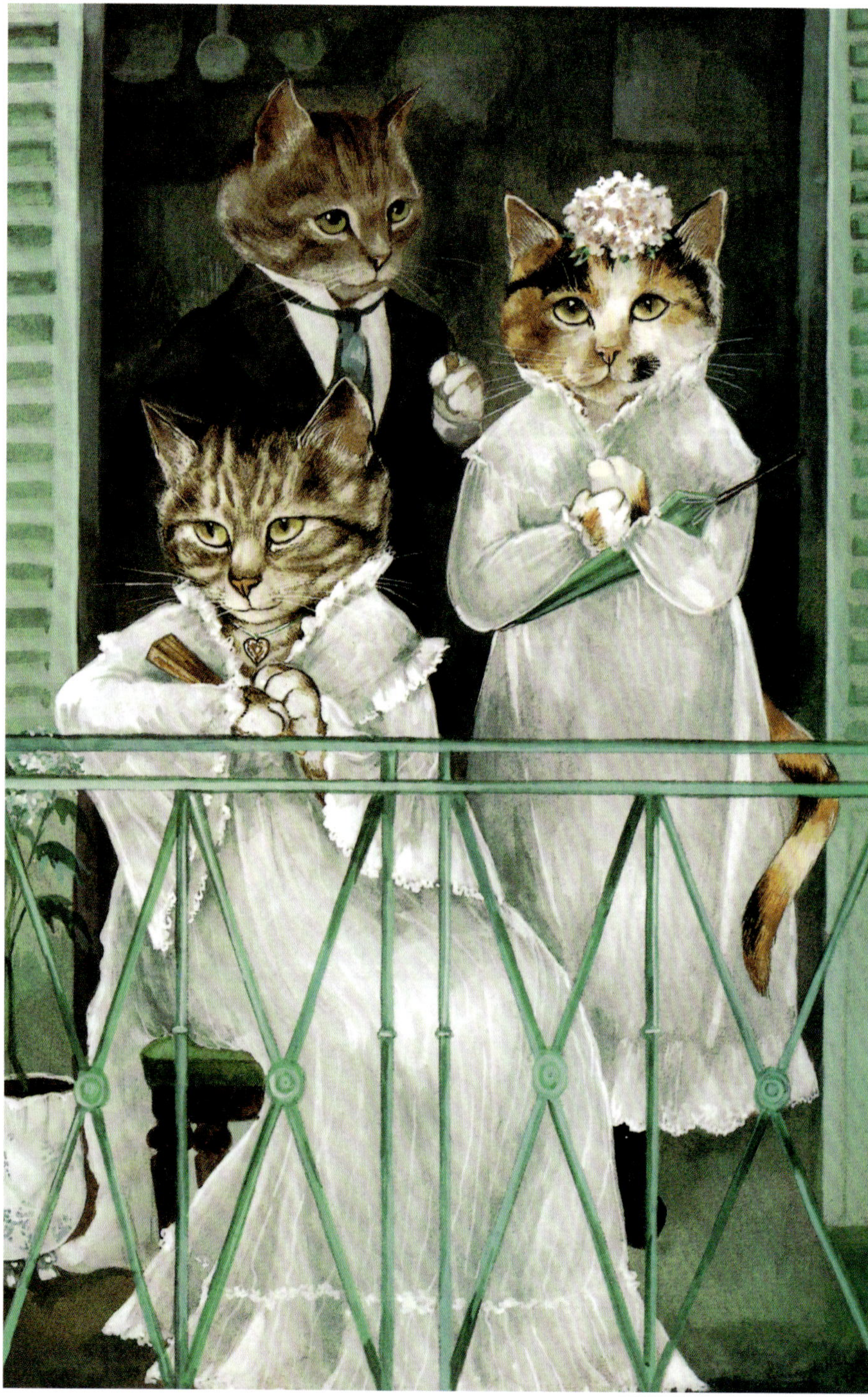

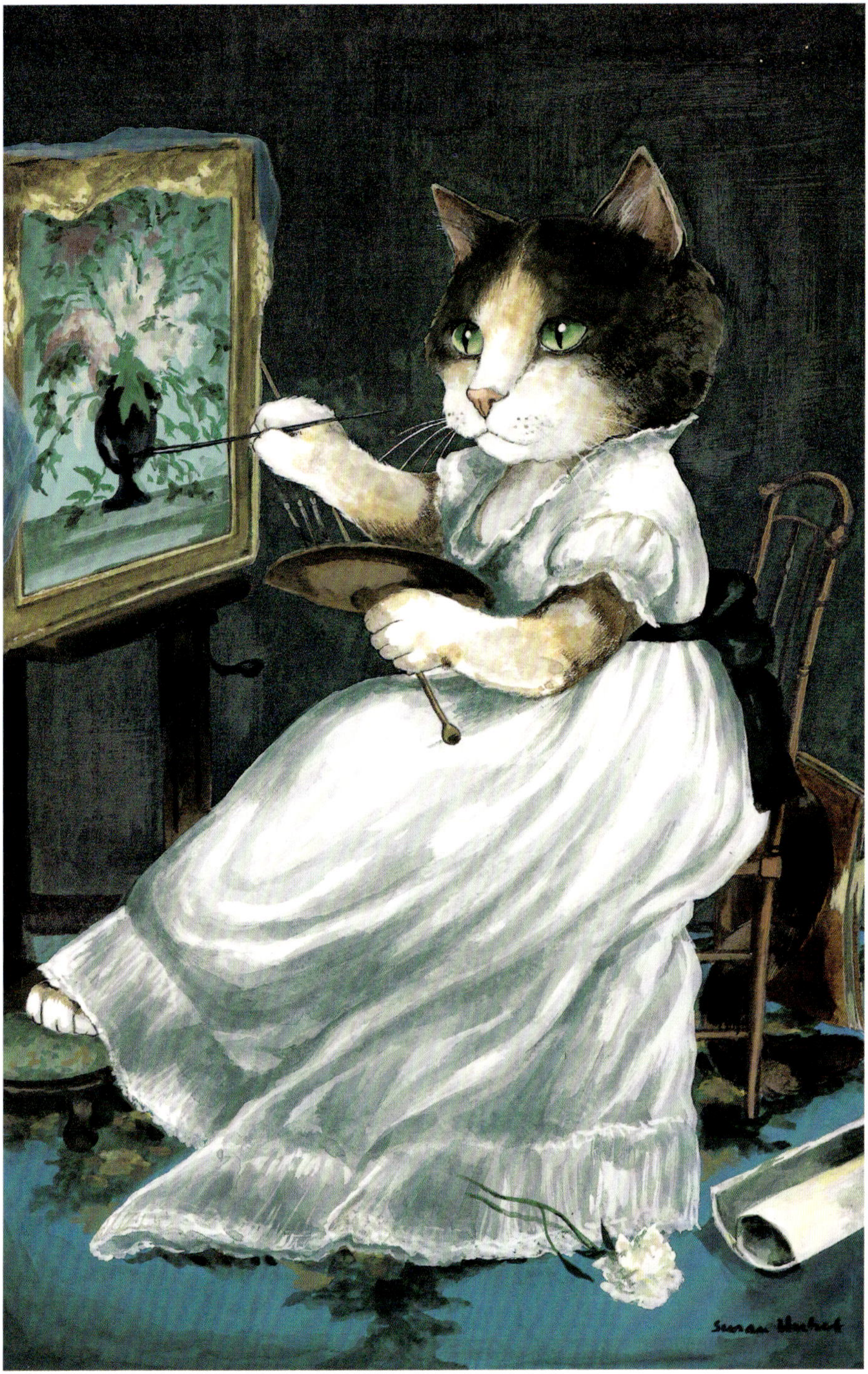

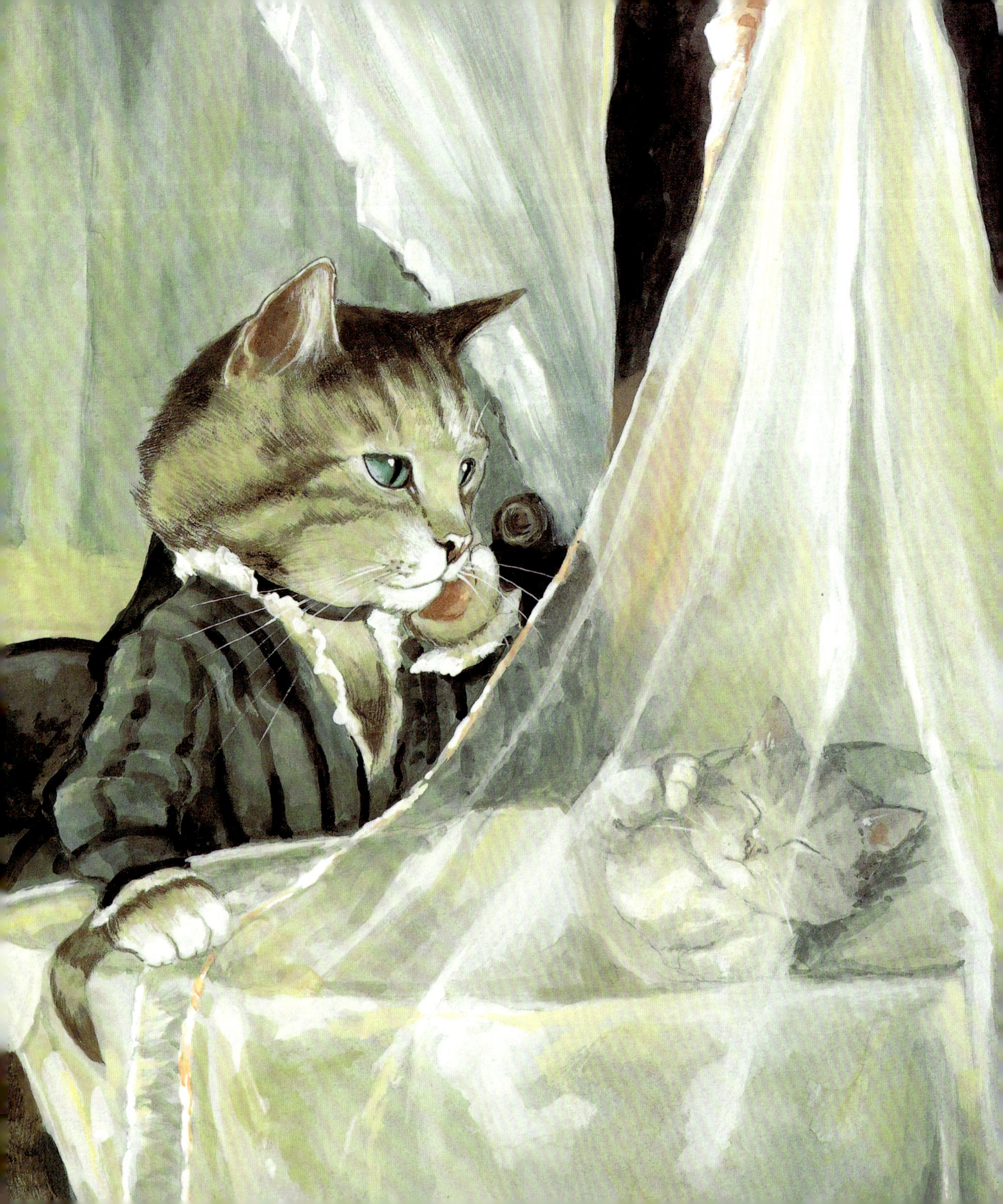

BERTHE MORISOT

Die Wiege

1872

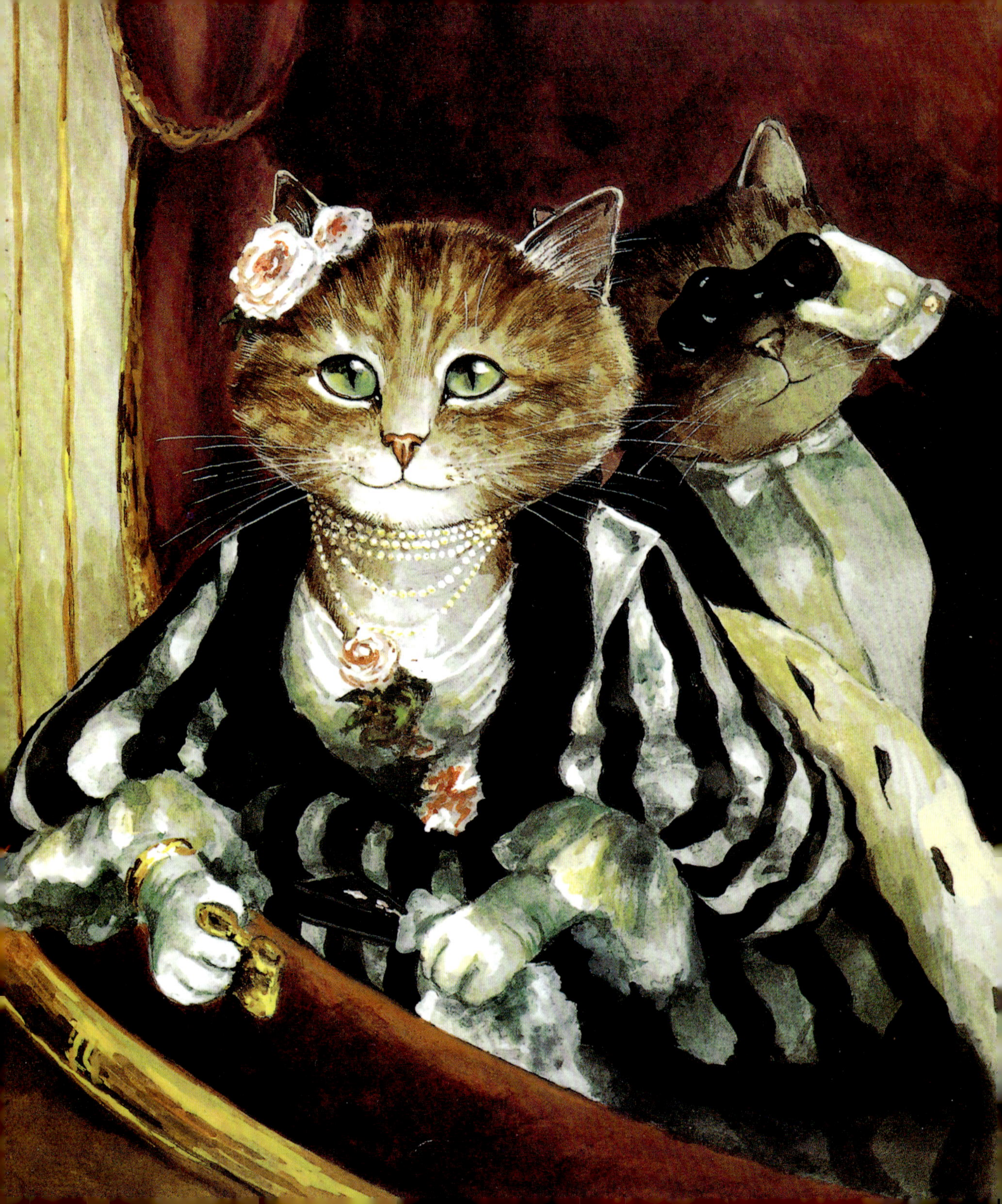

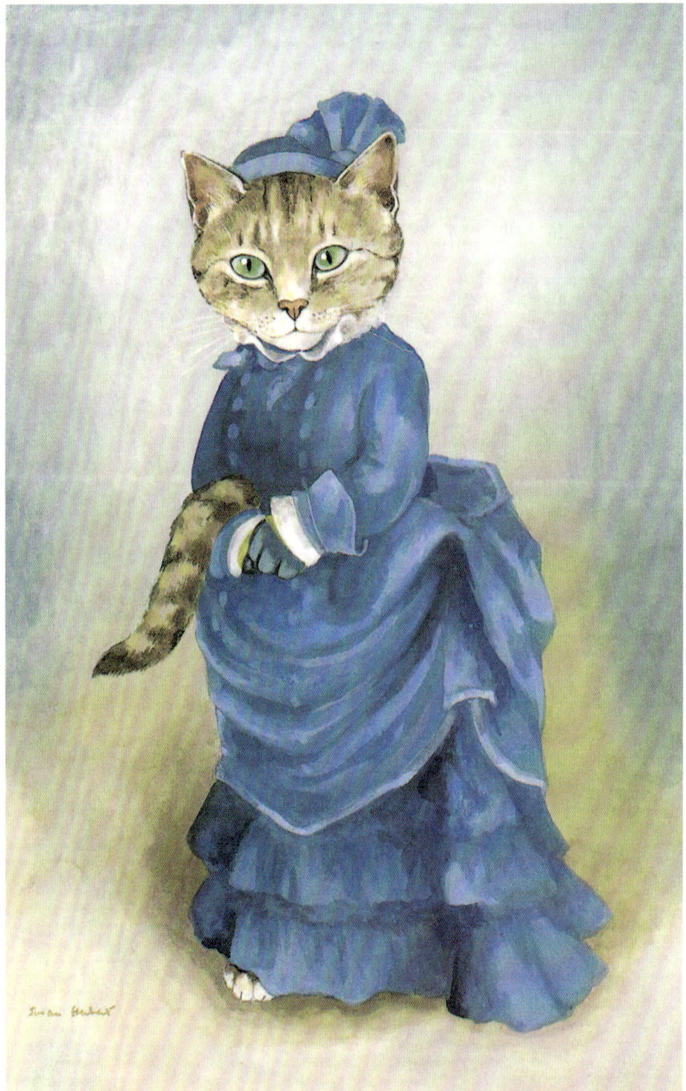

OBEN Pierre-Auguste Renoir, *Pariser Mädchen (Die Dame in Blau)*, 1874

GEGENÜBER Pierre-Auguste Renoir, *Die Loge*, 1874

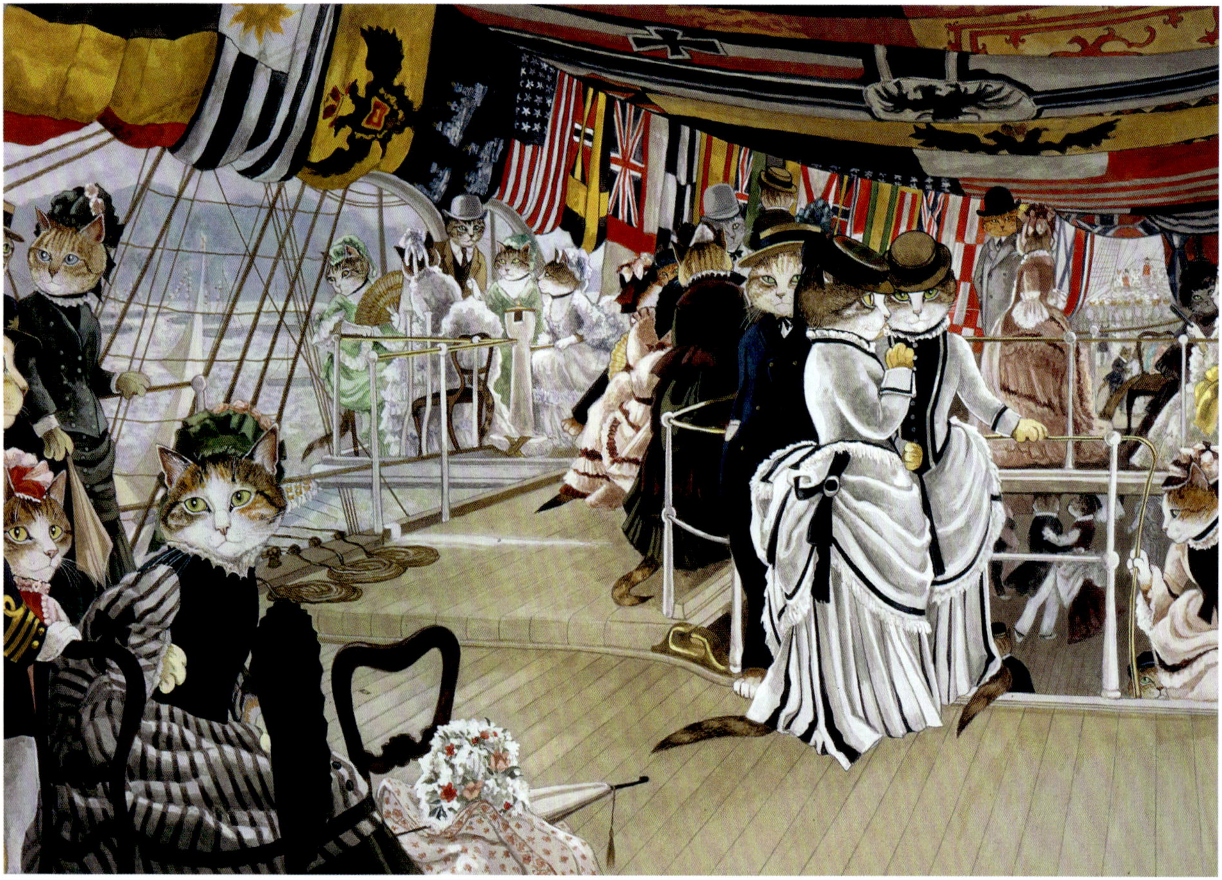

James Tissot, *Ball an Bord*, ca. 1874

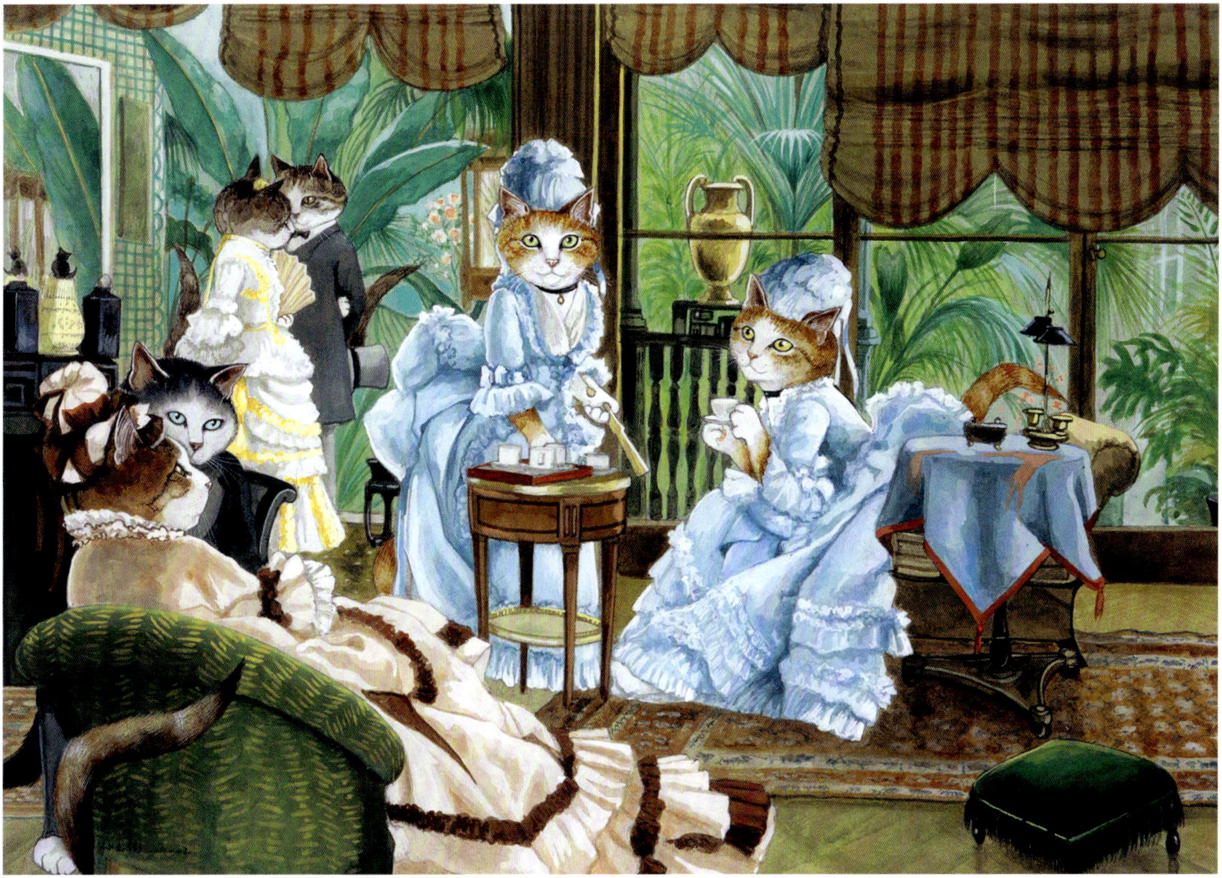

James Tissot, *Im Wintergarten (Die Rivalen)*, 1875–1878

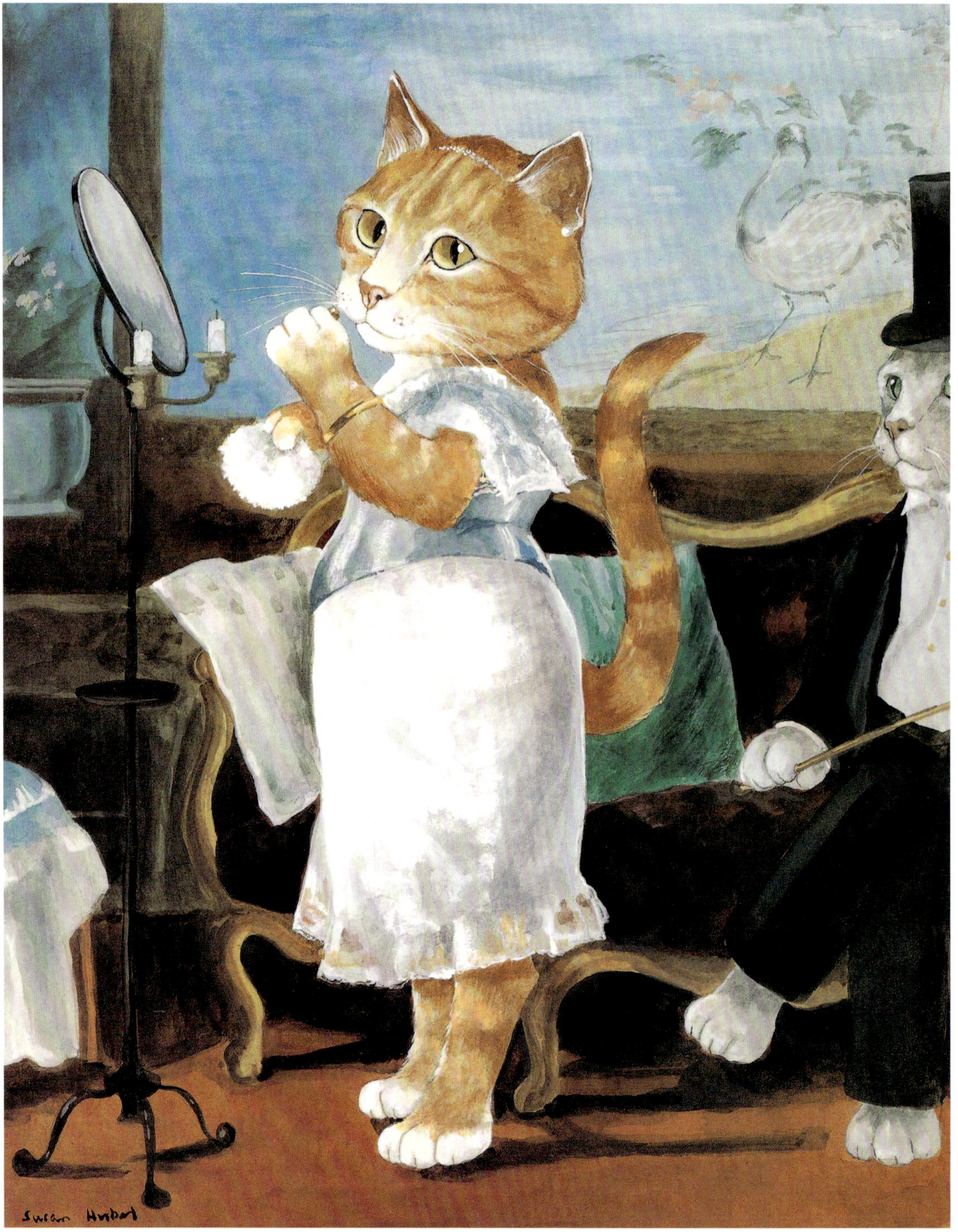

ÉDOUARD MANET

Nana

1877

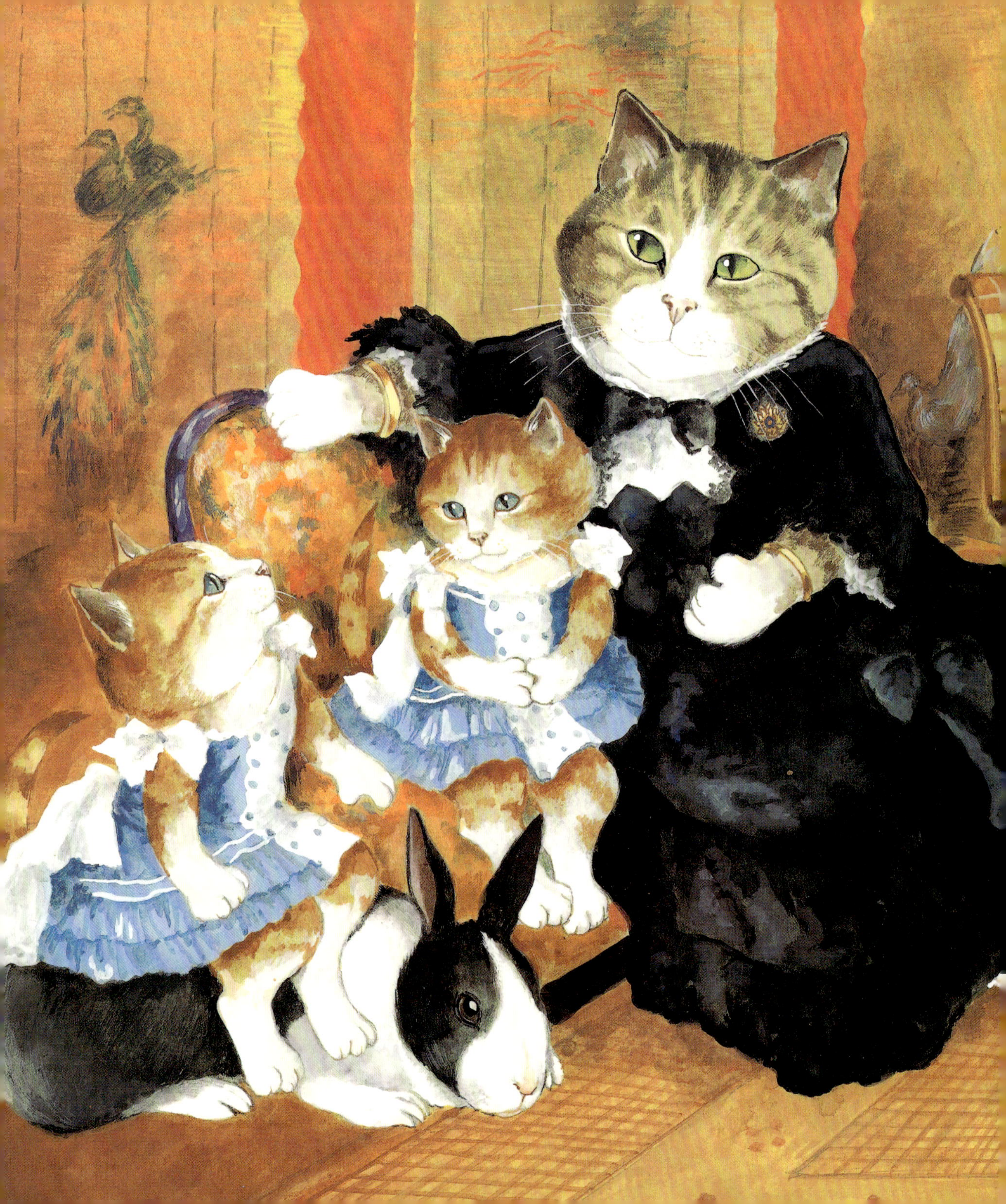

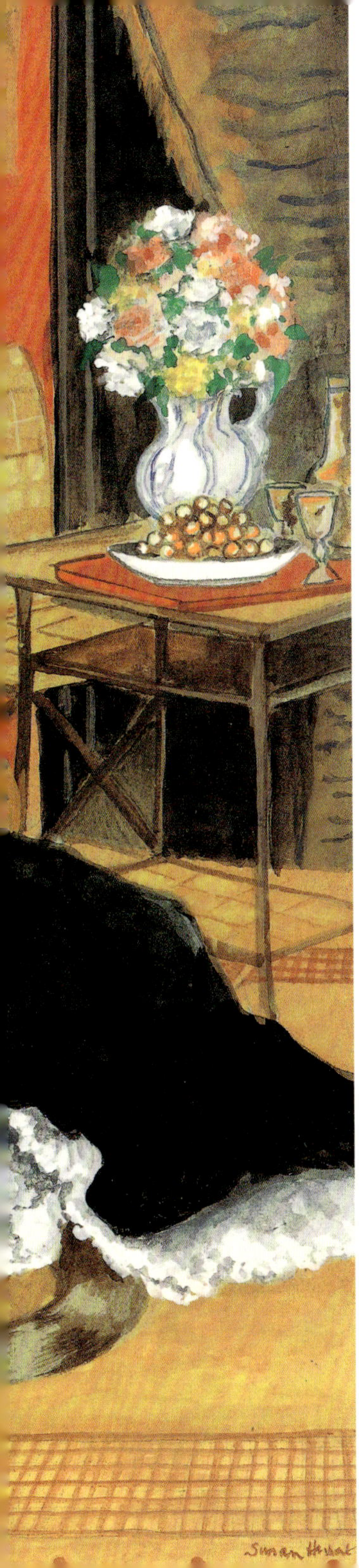

PIERRE-AUGUSTE RENOIR

Madame Georges Charpentier und ihre Kinder

1878

EDGAR DEGAS

Das Modewarengeschäft (Bei der Putzmacherin)

1879–1886

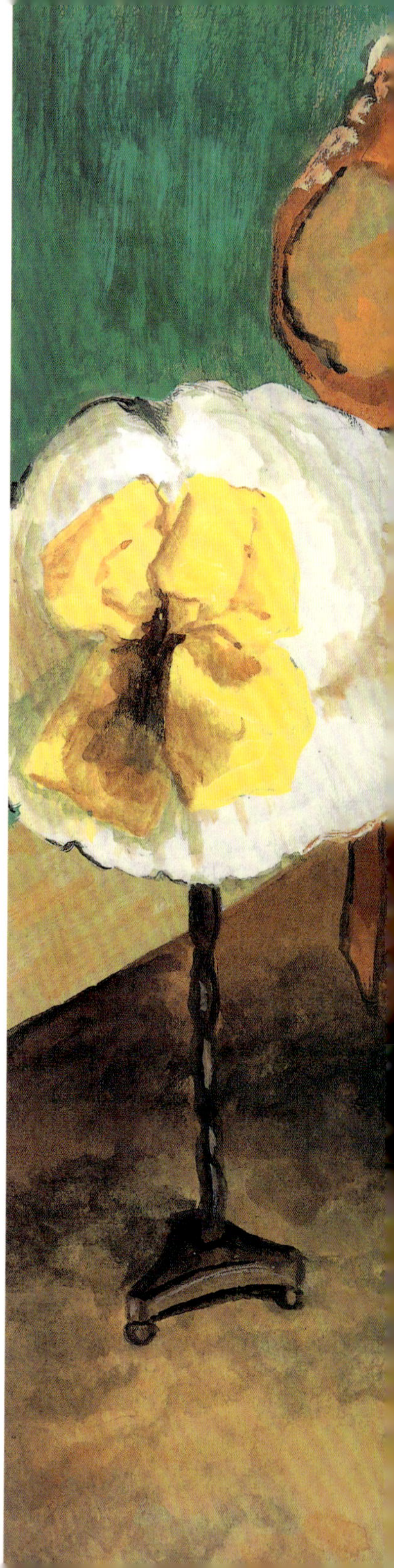

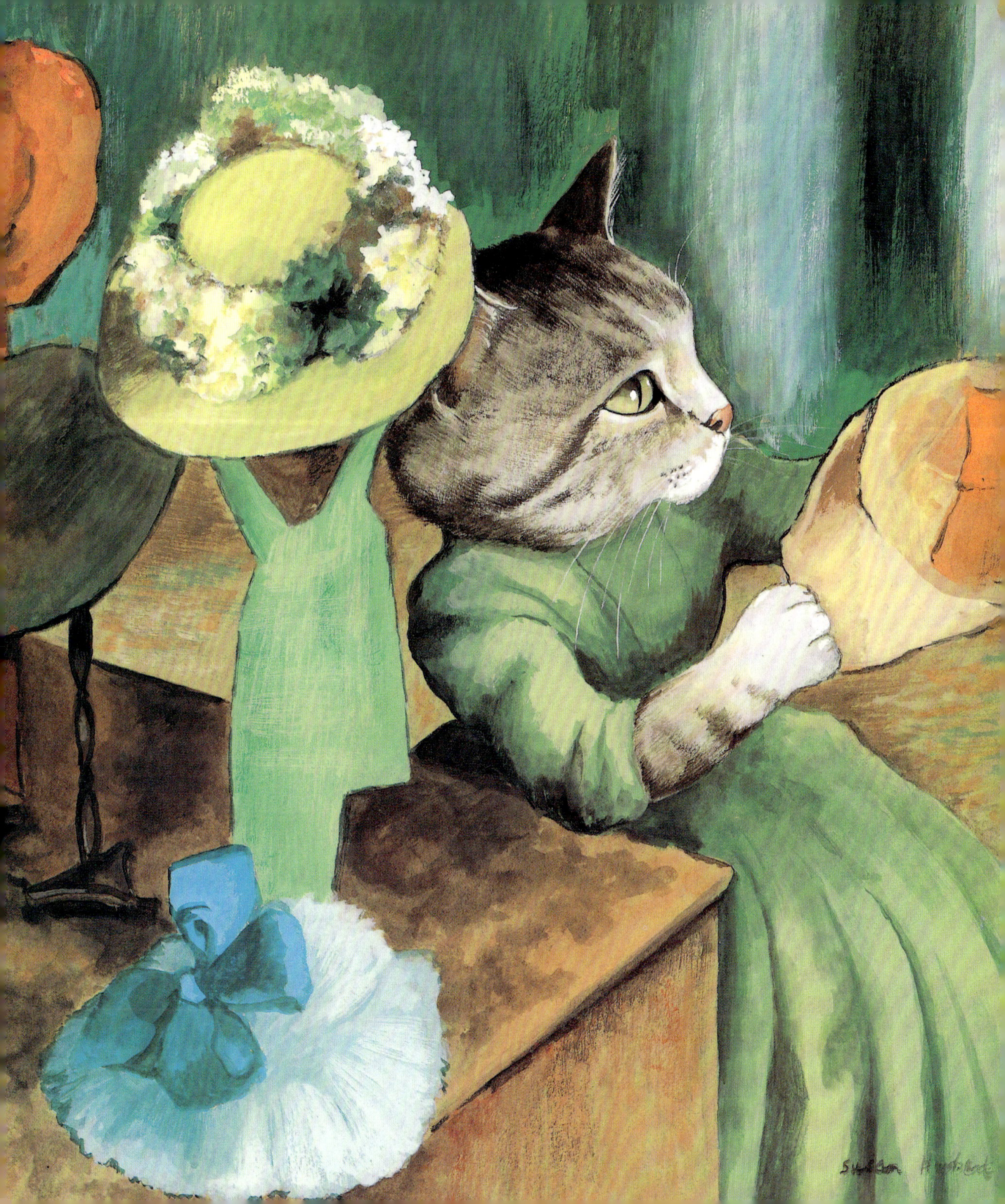

MARY CASSATT

Die Loge

ca. 1878–1880

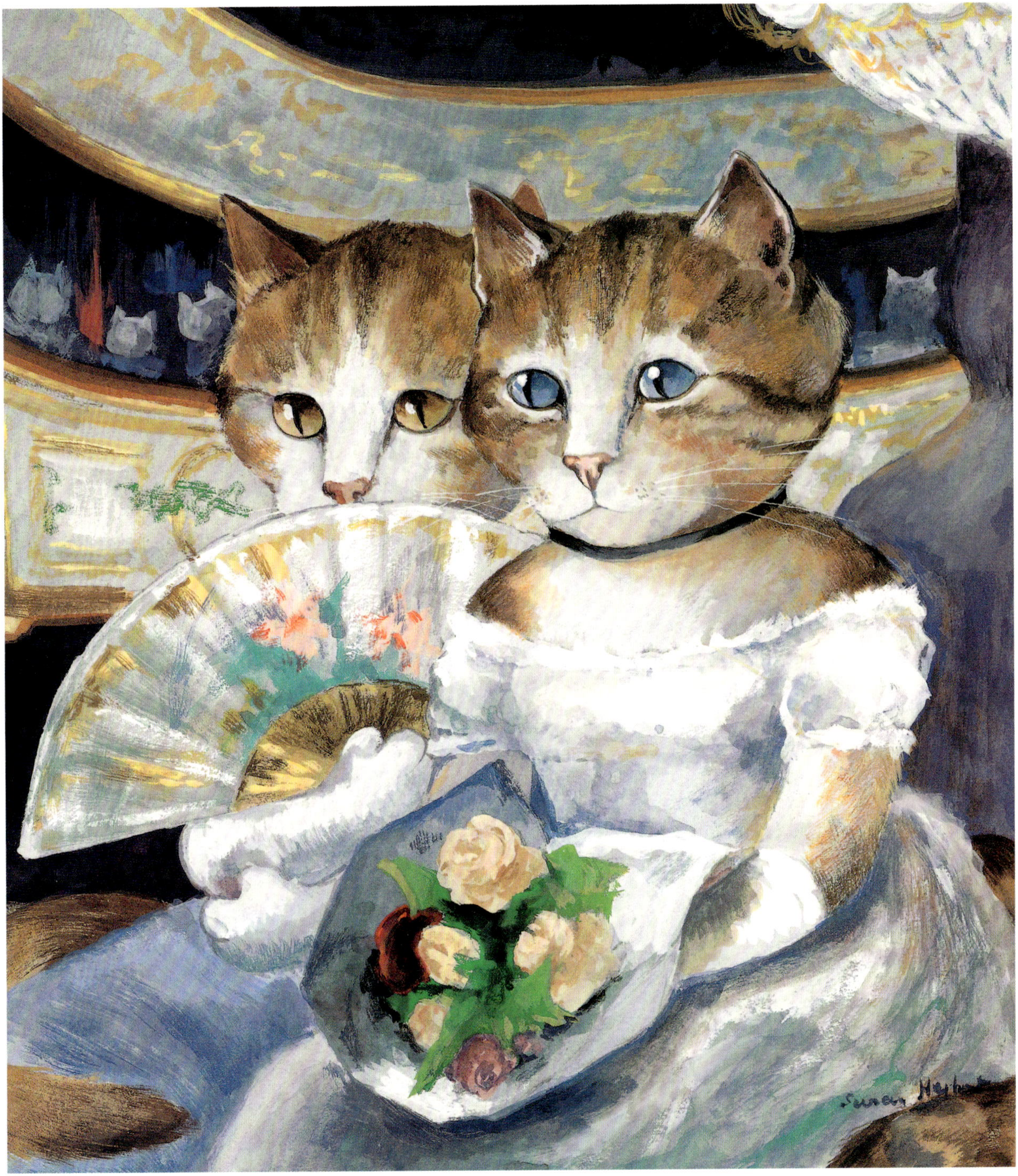

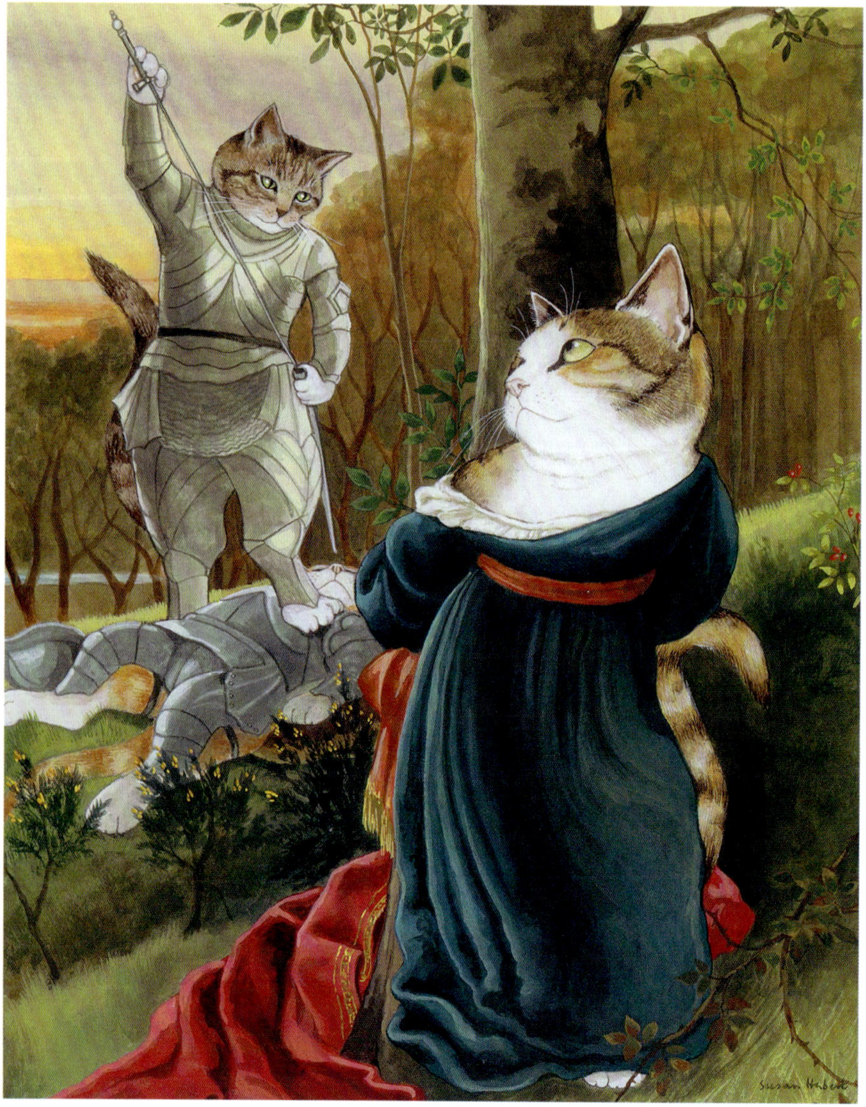

OBEN Frank Dicksee, *Ritterlichkeit*, 1885

GEGENÜBER Dante Gabriel Rossetti, *Der Tagtraum*, 1880

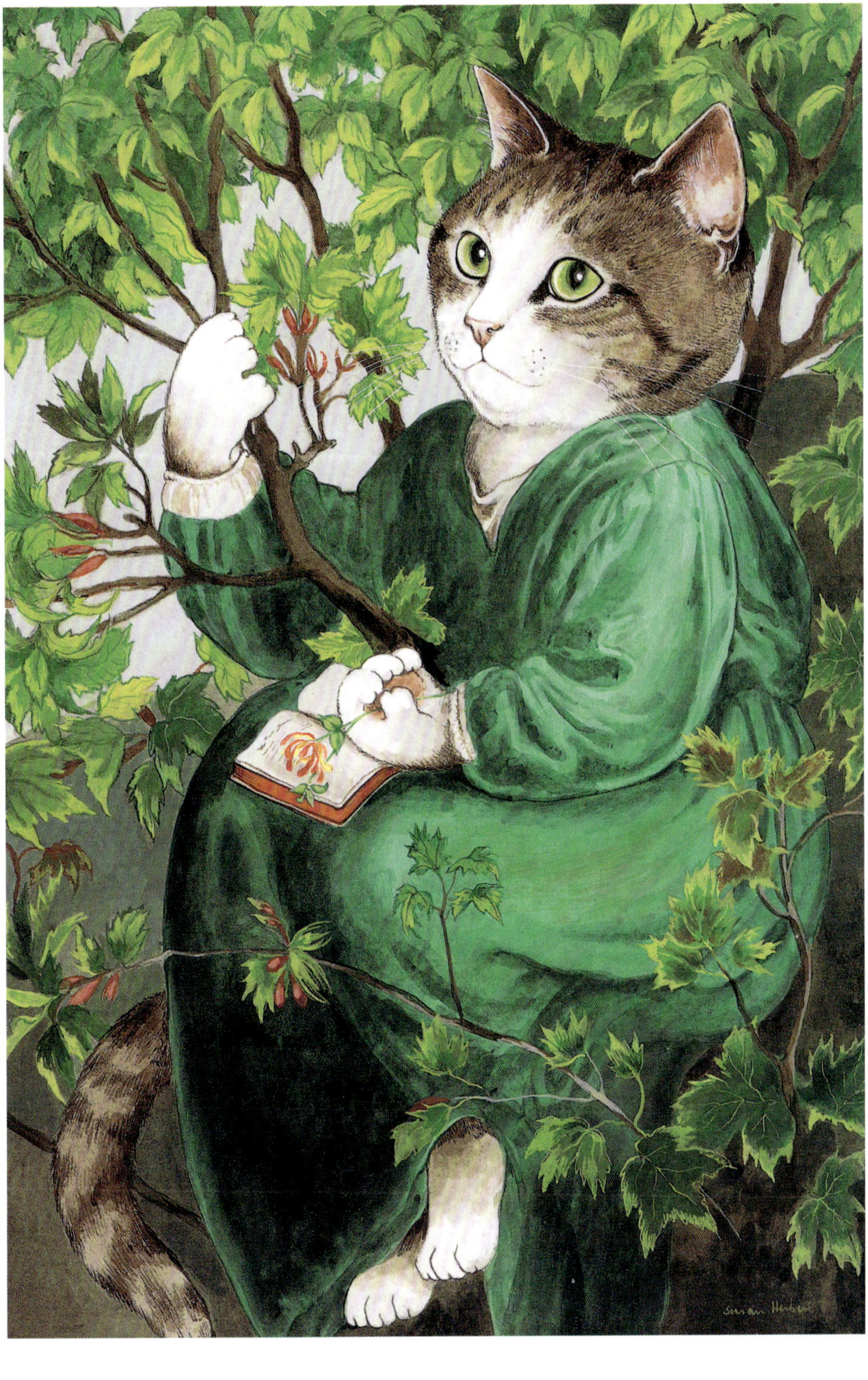

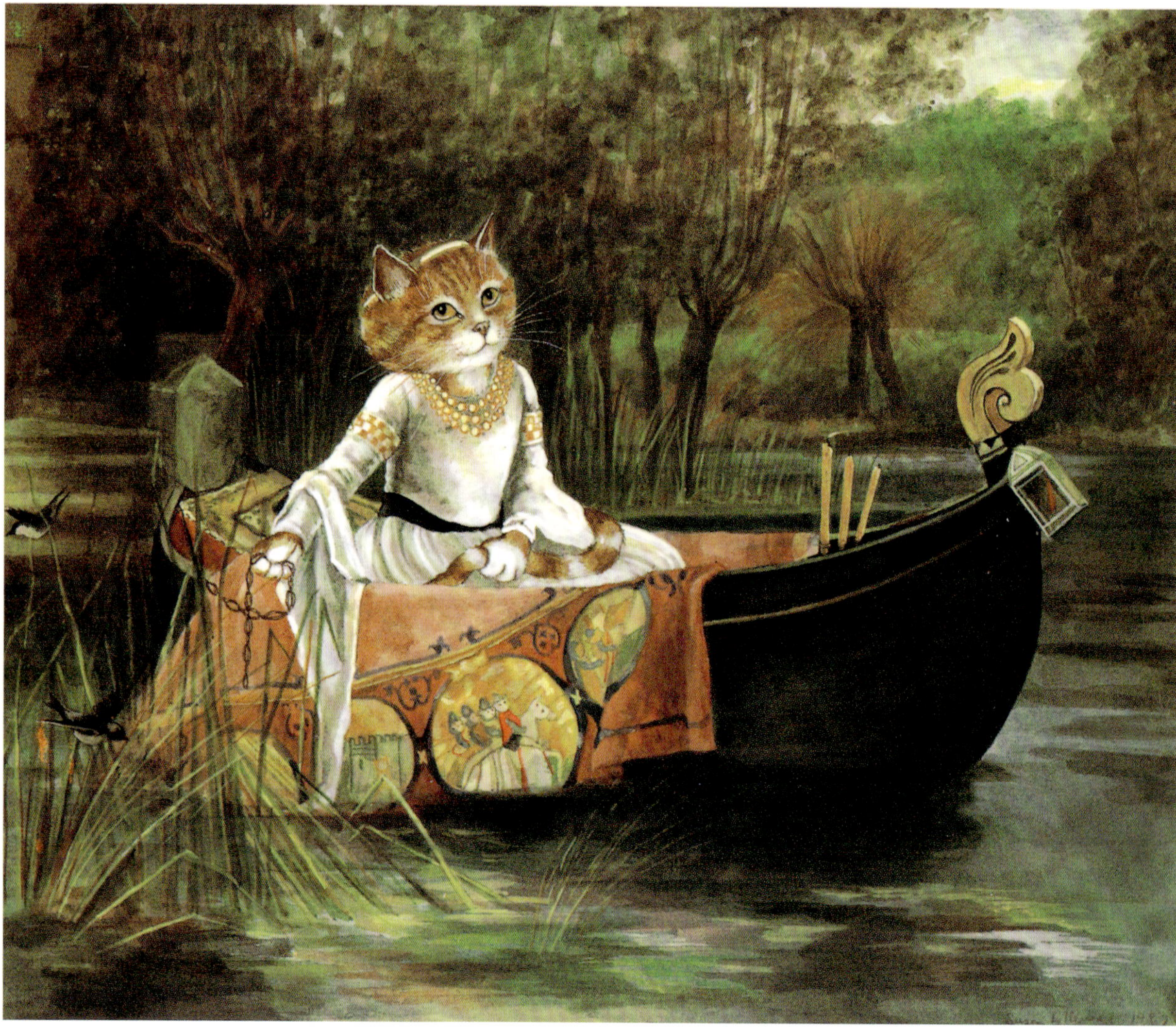

OBEN John William Waterhouse, *Die Lady von Shalott*, 1888

GEGENÜBER John William Waterhouse, *Ophelia*, 1894

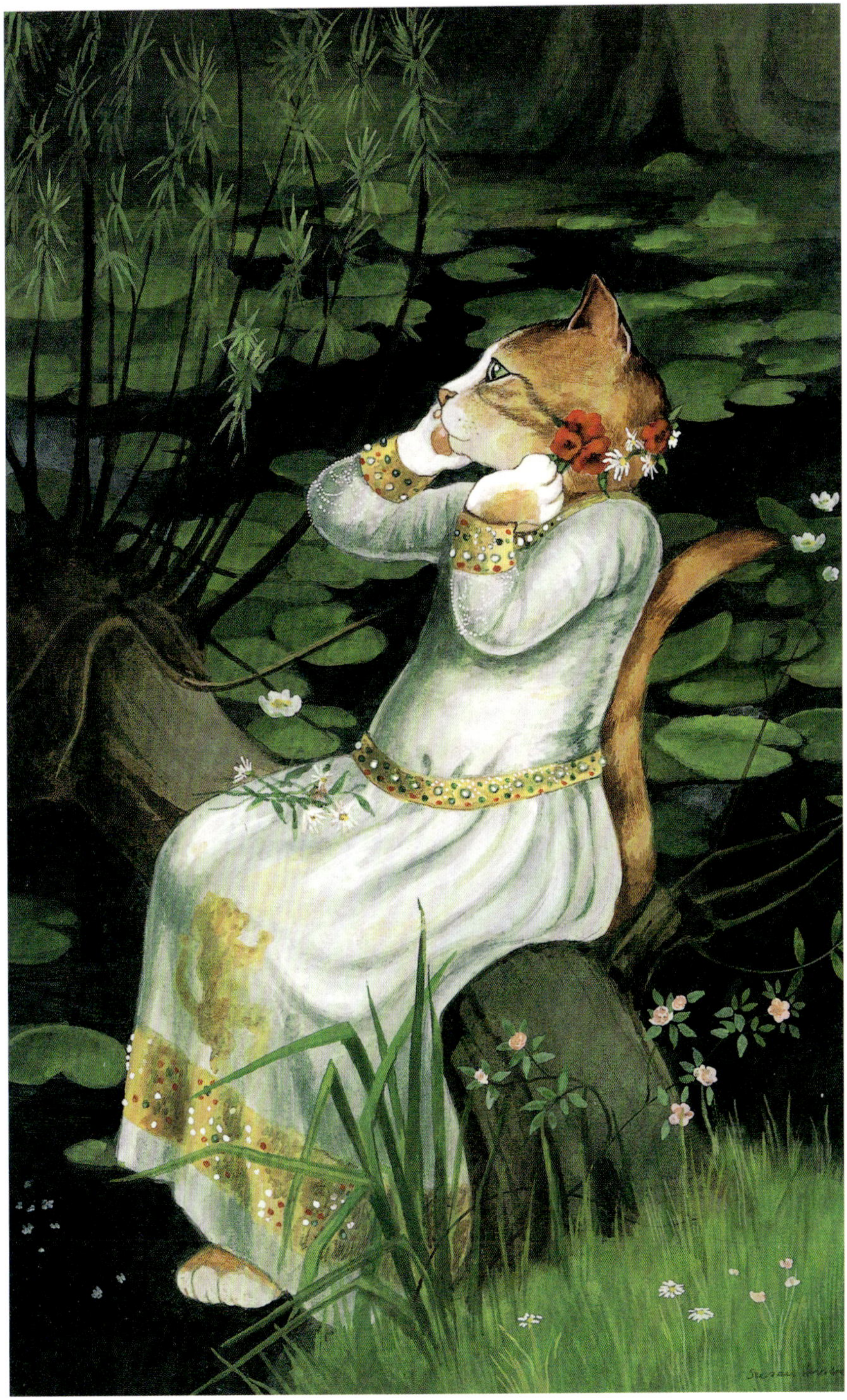

VINCENT VAN GOGH

Selbstbildnis

1889

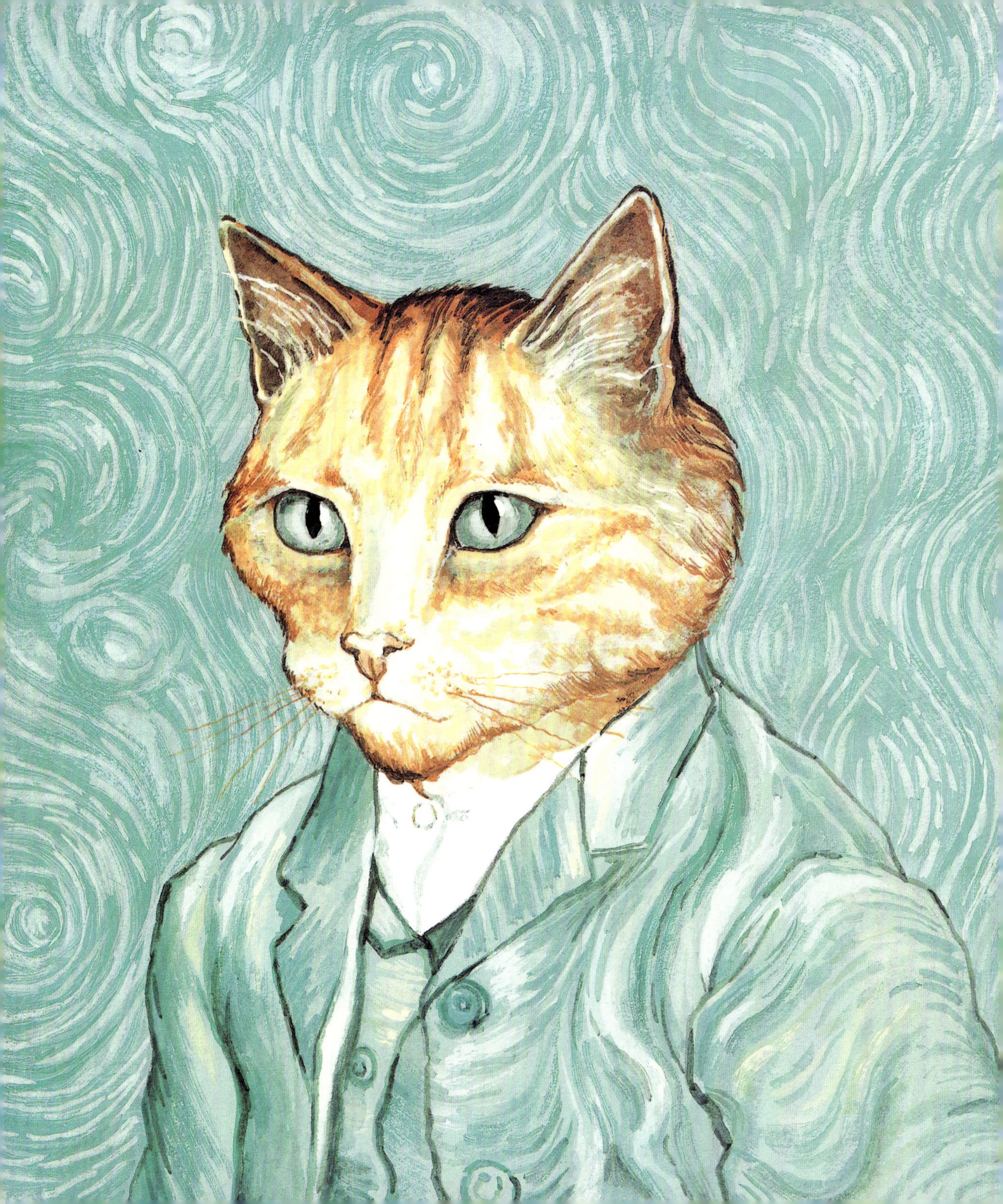

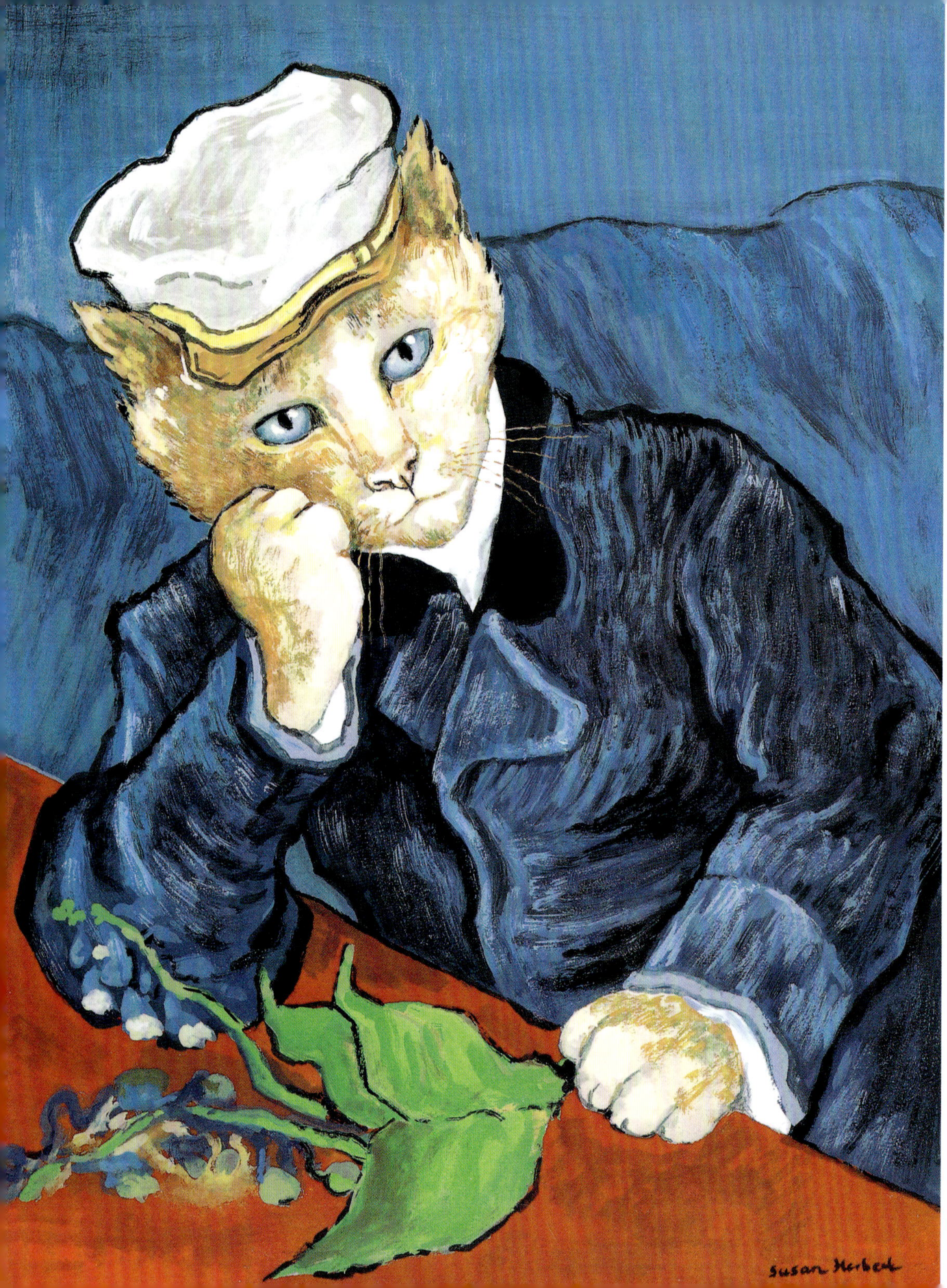
Susan Herbert

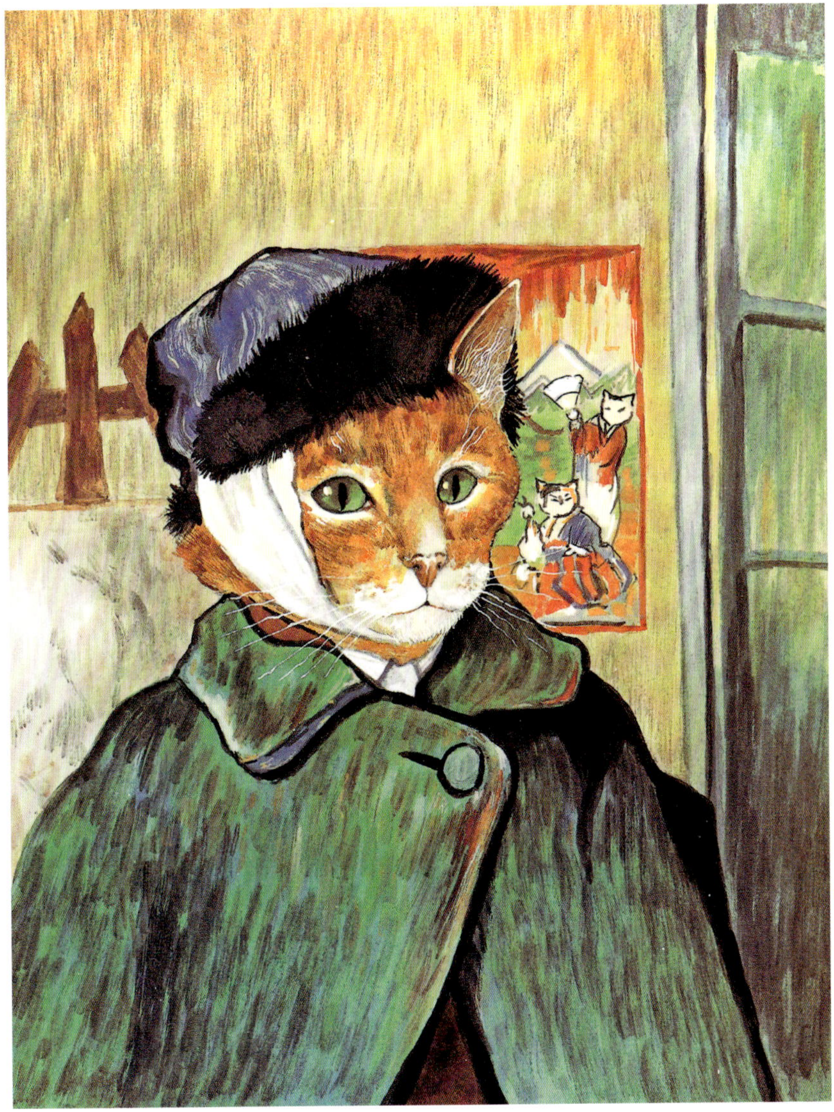

OBEN Vincent van Gogh, *Selbstbildnis mit verbundenem Ohr*, 1889

GEGENÜBER Vincent van Gogh, *Porträt des Dr. Gachet*, 1890

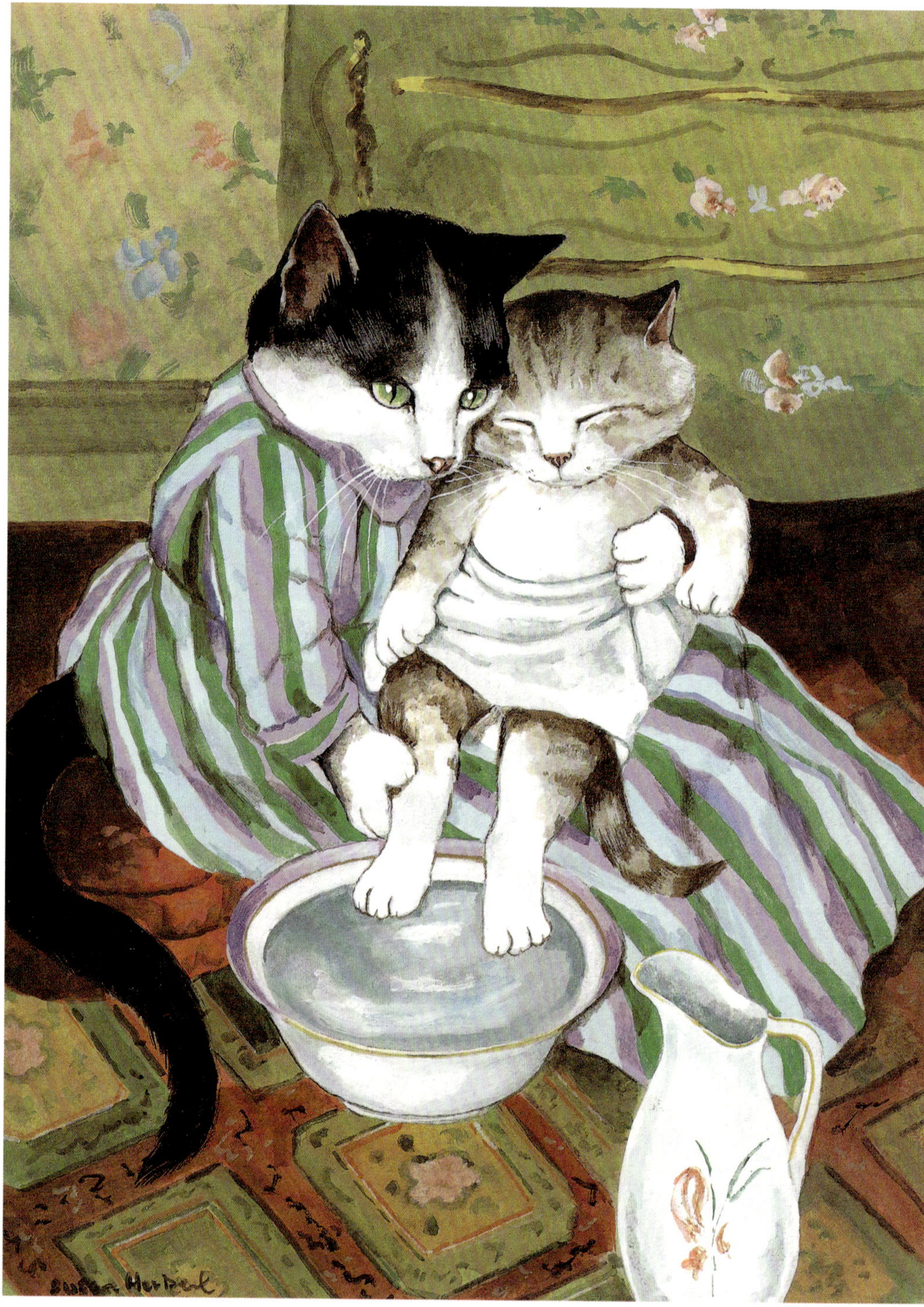

MARY CASSATT

Das Bad

1893

FRANÇOIS FLAMENG

Porträt der Prinzessin Sinaida Jussupowa mit ihren zwei Söhnen auf Archangelskoje

1894

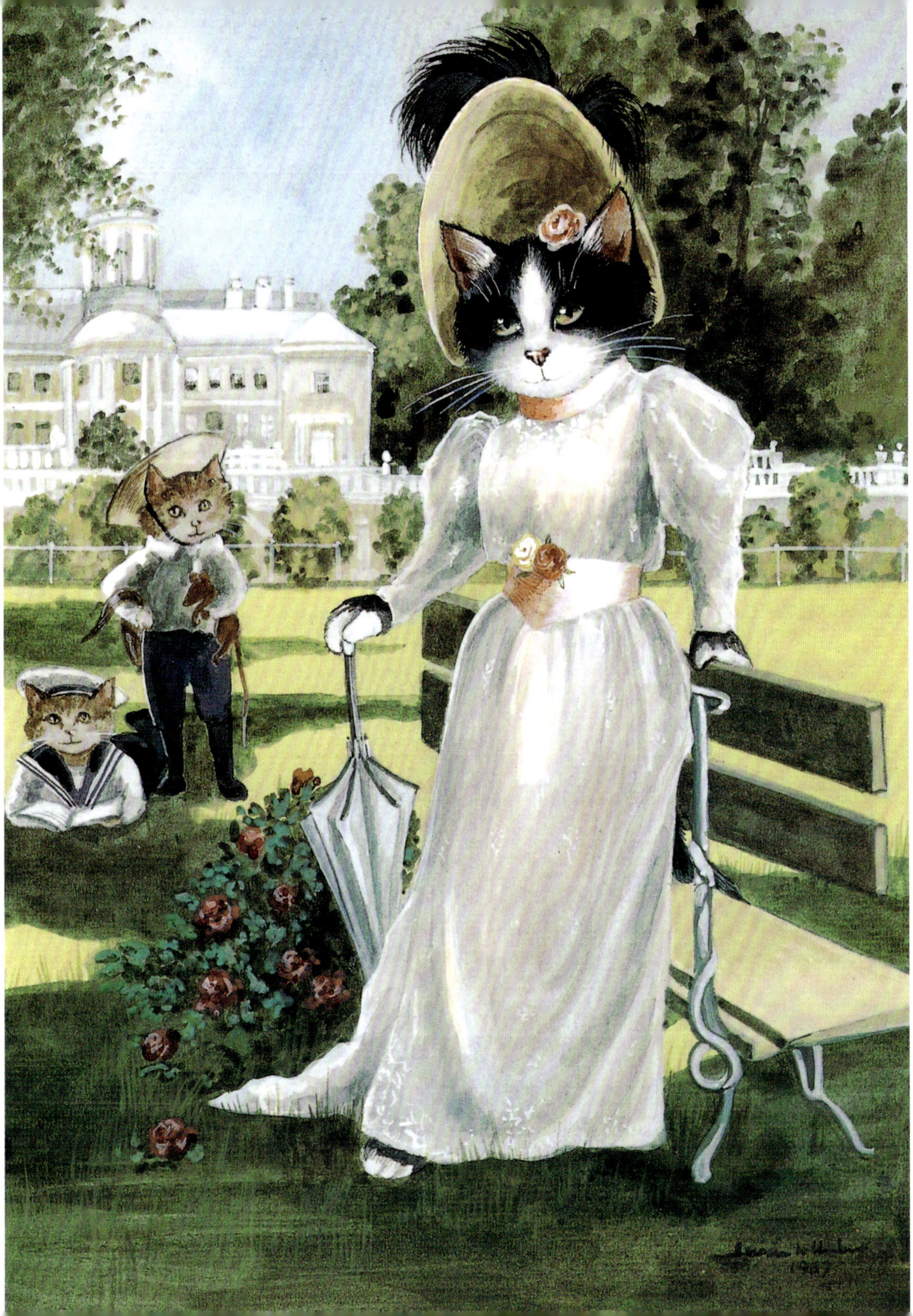

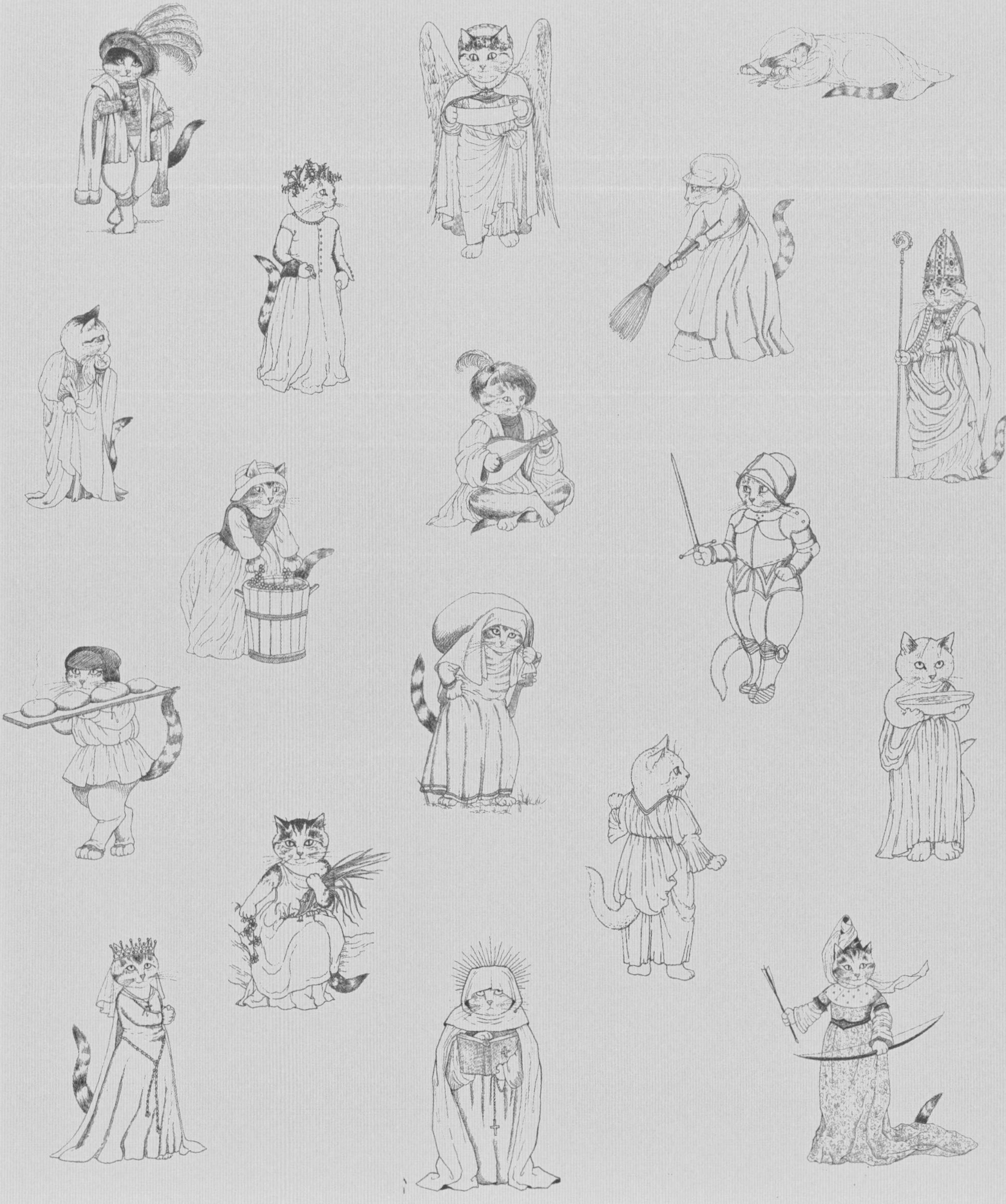